世界史是打出來的

暢銷新版

看懂世界衝突的第一本書

從 20 組敵對國關係
了解全球區域紛爭
掌握國際脈動對我們的影響

ライバル国からよむ世界史

關真興 著 ｜ 李建銓 譯

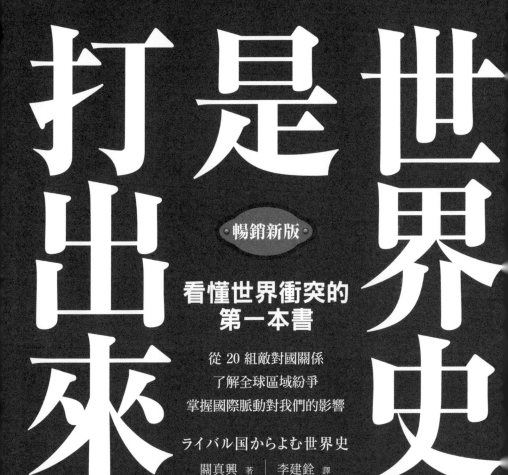

前言

二〇一四年，俄羅斯將克里米亞（Crimea）半島由烏克蘭手中併入自己的領土。原本屬於「烏克蘭」的國土，一夕之間，突然變成「俄羅斯聯邦」的一部分，許多人對這則新聞感到十分震驚。

試想，一個國家的領土，最初到底是怎麼決定屬於哪個國家的呢？回顧最近的歷史，世界各國的領土，在第二次世界大戰結束後，就已經大抵劃分完成。直至現代，各大強國的領土已經不再有明顯的變化。因此，也難怪俄羅斯此舉，在國際間會引起如此軒然大波。

然而，把歷史的軌跡拉長來看，在人類的歷史上，各國領土幾乎沒有變更的時代，其實可說是非常少見。掀開歷史上各國的版圖，我們經常會驚訝於某個國家，在過去竟然擁有那麼寬闊的領土。目前各國的國境，都是在不斷的對立及衝突中形成的版圖，當然，也不是所有國家都認同目前的國土劃分。

兩個國境鄰接的國家之間，達成決議的事情，理所當然必須遵從，但是這兩個國家，卻經常發生許多對立與衝突。就像開頭介紹的俄羅斯與烏克蘭，其他還有德國與法國、印度與巴基斯坦（Pakistan）、日本與中國——等等，真要說起來，例子多到舉不完。在世界地圖上，看似和平共處的兩個國境相接的國家，往往都為了國境、民族、資源等原因，在互相爭奪中變成「敵國」。

另外，即使國境並未相鄰，俄羅斯與美國、英國等，各大強國之間的勢力之爭也未曾間斷，其中也有些國家將彼此視為「敵國」。

現在，不只是烏克蘭，在世界各地仍有許多國家，正面臨嚴峻的對立。雖然其中也不是沒有兩國間解開心結的例子，但這樣的情況可說少之又少，相對地，敵對的各國間，一觸即發的危機仍相繼不斷發生。綜觀人類的歷史，這樣的危機層出不窮，而且深植在國民的情感深處，形成鄰國間的芥蒂、「敵國意識」以及「對立意識」。就這樣，過去發生的各種鬥爭，並非只留在「歷史」的洪流當中，而是衍生出現代國際社會間的紛爭、對立與領土問題。

本書的目的，就是希望與各位讀者一同來思考，現今各國之間的衝突，是由什麼樣的問題衍生而來，並且為何會演變成目前這般劍拔弩張的現狀。

關真興

CONTENTS
目　錄

CONTENTS
目錄

CONTENTS

目錄

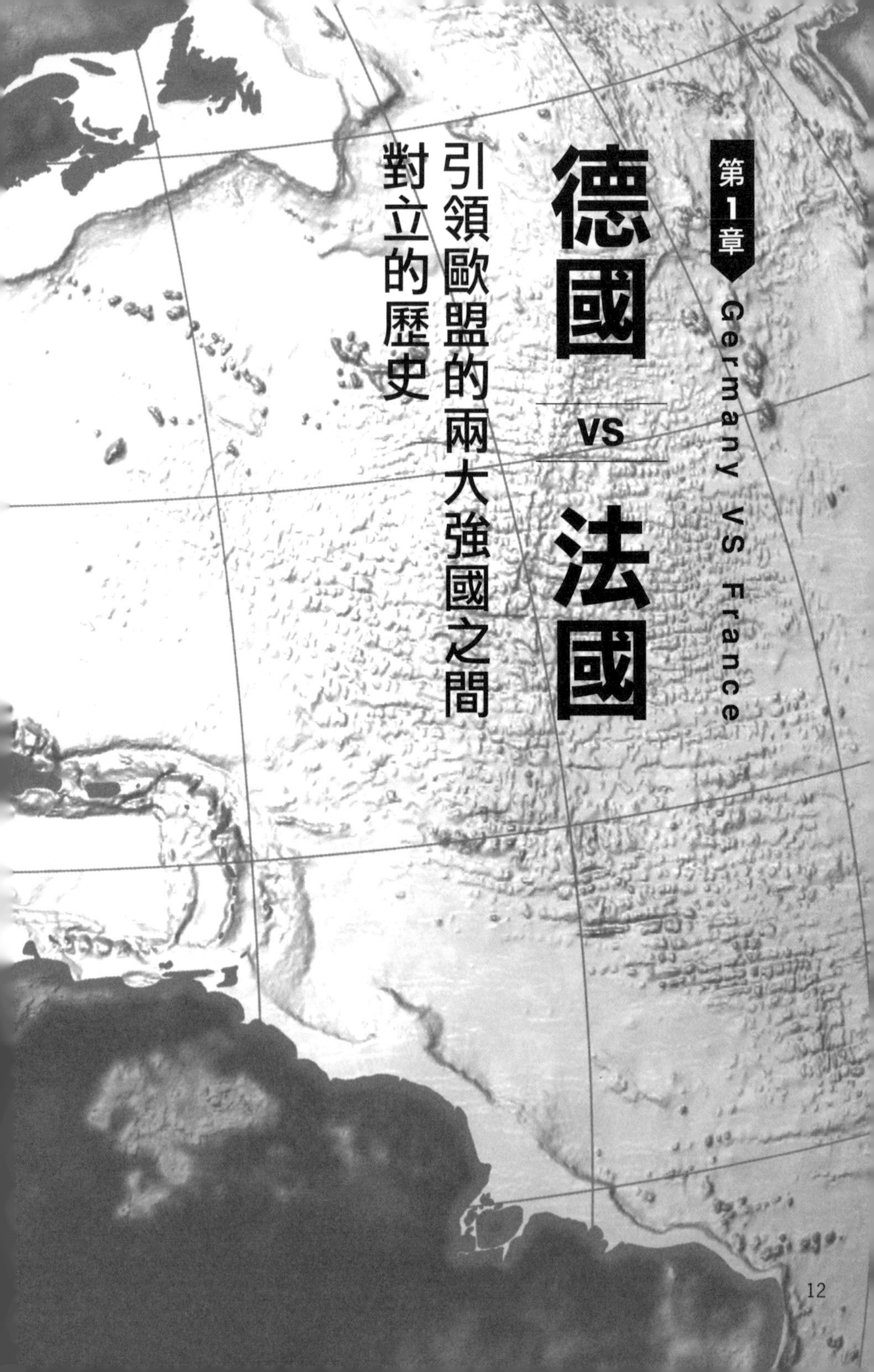

第1章

德國 vs 法國

Germany vs France

引領歐盟的兩大強國之間對立的歷史

法國與德國的歷史，可以說是從建國的過程以來，就已經充滿連續不斷的對立。保守一點來說，從十六至十七世紀，組成民族國家的期間，在國境地帶為了領土問題而紛爭不斷。

這段歷史中，最嚴重的問題發生於一八七一年，隨著德國統一，法國將**亞爾薩斯─洛林（Alsace-Lorraine）**地區割讓給德國，該地也是引發第二次世界大戰的原因之一。

接下來，我將為各位說明，在歷史上兩國國境地帶引發的衝突。若說德國與法國的對立（當然，英國與俄羅斯也牽扯在其中）是牽動歐洲歷史的主因，的確並非言過其實，總之，兩國一直處於紛爭不斷的局面中。也由於這兩國的主導，歐洲各國才會開始整合，組成現今的歐盟。這樣的結果，正是兩國從歷史中汲取教訓，試著改變關係的一種實驗。

一九三九年，第二次世界大戰開始，德國轉眼間就占領了法國。然而，想到第一次世界大戰時，兩國交戰使得國境地帶變成一片焦土的慘狀，此次法國竟然輕易落敗，如此叫人大為吃驚的結果，後人形容這是一場「奇怪的戰敗」。

另一方面，也有專家指出，**這場戰役的慘敗，讓法國開始意識到，基於民族主義來面對戰爭，終究迎向力有未逮的結局。這也是促使法國在戰後，開始尋求國際合作的契機。**

經過以上粗略的介紹，讓我們來看看歷史上，法國與德國截至二十世紀為止，圍繞著國境問題發生的紛爭。

分裂的德國與集權化的法國

談論歐洲史，首先一定會提到**法蘭克王國**（Frankish Kingdom）**的查理曼大帝**（法語為Charlemagne，**英語為** Charles the Great）。當時，他統治的版圖，即是以現今的德國與法國為中心，包括周邊地區，創造出結合**日耳曼人血統、基督教信仰與羅馬歷史傳統，三者結合的政權，也就是歐洲在世界歷史上的定位**。

然而，在他死後，這個國家由子孫統治，分裂成西法蘭克、中法蘭克及東法蘭克三個王國，西法蘭克王國後來成為法國，東法蘭克王國即是日後的德國。而中法蘭克王國的北部遭到東、西兩國瓜分，南部地區則成為義大利的一部分。這幾個國家的國境劃分有些複雜，本章後續將詳細說明。

最初，法國與德國的形成歷史大同小異，**但法國漸漸朝著中央集權發展，德國則一直傾向分裂**。造成兩國局勢差異的原因很多，其中有一項說法指出，法國國土多屬平原，而德國森林較多，導致兩國政權走向不同。

過去的德國之所以傾向分裂，是因為整個國家是分由許多大小不一的「領邦」來統治，這些領邦就像一個個小型國家（包括都市）。諸多學者表示：「一六四八年，三十年戰爭結束的時候，東法蘭克王國大約分成三百多個『領邦國家』。」其中有些領邦占地較大，如：奧地利（Austria）和普魯士（Prussian），也有些領邦國家規模比一個都市還小。

另一方面，整個法國領土內，在十世紀末，**卡佩王朝**（Capetian Dynasty）崛起之後，便一直持續由該王朝嫡系長男承襲統治（史學家稱之為「卡佩奇蹟」）。雖然該王朝同時也有許多勢力龐大的諸侯存在，然而王族體制仍舊保有絕對性權力。在卡佩王朝沒落之期，法國發生**百年戰爭**，此時取而代之的瓦盧瓦王朝（Valois Dynasty，卡佩王朝的旁系），順利渡過此次戰亂帶來的危機。

百年戰爭更加速法國的集權化統治，到了十六世紀的宗教戰爭（The Huguenots War，法國歷史稱為胡格諾戰爭）末期，經過政權交替崛起的波旁王朝（Bourbon Dynasty），更確立具有絕對權勢的君主政權。而德、法兩國間的國境問題，也是在波旁王朝時期開始明朗化，當時法國方面主張「天然疆界」。

德意志聯邦共和國的前身——神聖羅馬帝國

德國這個國家的名稱，是在歷史上較晚的時期才出現。目前的正式國名是「德意志聯邦共和國」，德語是「Bundesrepublik Deutschland」。但是學者對於「Deutschland」還有些未釐清的問題，這個字源自拉丁文的「theodiscus（民族語言、民眾的）」。

對於德國國名的語源，在學術界眾說紛紜，另外還有一派學說認為，泛指日耳曼民族的「條頓民族（Teutoni，語源為teutonicus）」，就是「德意志」這個詞的語源。然而，「德意志」一詞是在十三世紀才開始使用，顯示德國人的國名意識，興起的時期意外地晚。

另外還有一點，在我們談到德國的時候，**「神聖羅馬帝國（Holy Roman Empire）」**這個名稱又不免啟人疑竇。十七世紀簽訂的西伐利亞和約（The Peace Treaty of Westphalia），象徵著歐洲大陸最後因宗教引發，且規模最大的三十年戰爭就此告終，德國境內約有三百餘個都市與領邦，都取得實質上的獨立地位，世人稱之為「神聖羅馬帝國的死亡確認書」。但實際上，即使還沒到十七世紀，在十一、十二世紀發生的俗人授職爭議（Investiturstreit，一〇七七年發生的「卡諾沙之辱〔Gang nach Canossa〕」是該紛爭的最高潮）之後，**神聖羅馬帝國就已經逐漸邁向虛有其表之路**。

一三五六年，一紙「金璽昭書（Goldene Bulle）」制定七名選帝侯（Elector），來選出神聖羅馬帝國的皇帝，此時帝國已經確定終將有名無實。但是，皇帝這個稱號在歐洲大陸人民的認知中，仍舊是權威的象徵。例如，十六世紀前半，卡爾五世（亦即西班牙國王查理一世〔Carlos I〕，卡爾是德語發音的稱呼）的威望，依然由尼德蘭（Nederland，荷蘭的前身）遠播至西班牙（乃至於新大陸）。

其後，緊接著法國大革命之後發生拿破崙戰爭（Napoleonic Wars），拿破崙一世占領德國多處領土，並建立起「萊茵邦聯（Confederation of the Rhine）」，在一八〇六年，神聖羅馬帝國就此正式宣告滅亡。拿破崙失勢之後，**「日耳曼邦聯」**也隨之成立，然而這個邦聯是由三十五個領邦和四個自由都市組成的聯盟體制，邦聯主席由奧地利擔任。

分處於德、法兩國之間的勃艮第地區

德國與法國的邊陲地帶，曾有一個由日耳曼人成立的**勃艮第（Burgundians）王國**，位於法國的西南部，該地區在歷史上也占有一席之地。

查理曼大帝統一歐洲大陸後，到了他的孫子掌權的時代，西元八四三年簽訂的凡爾登條約（Treaty of Verdun），中法蘭克王國羅塞爾（Lothar）皇帝將該地編入自己的領地，羅塞爾死後，東、西法蘭克王國便開始爭奪勃艮第地區。

十世紀中期的歐洲

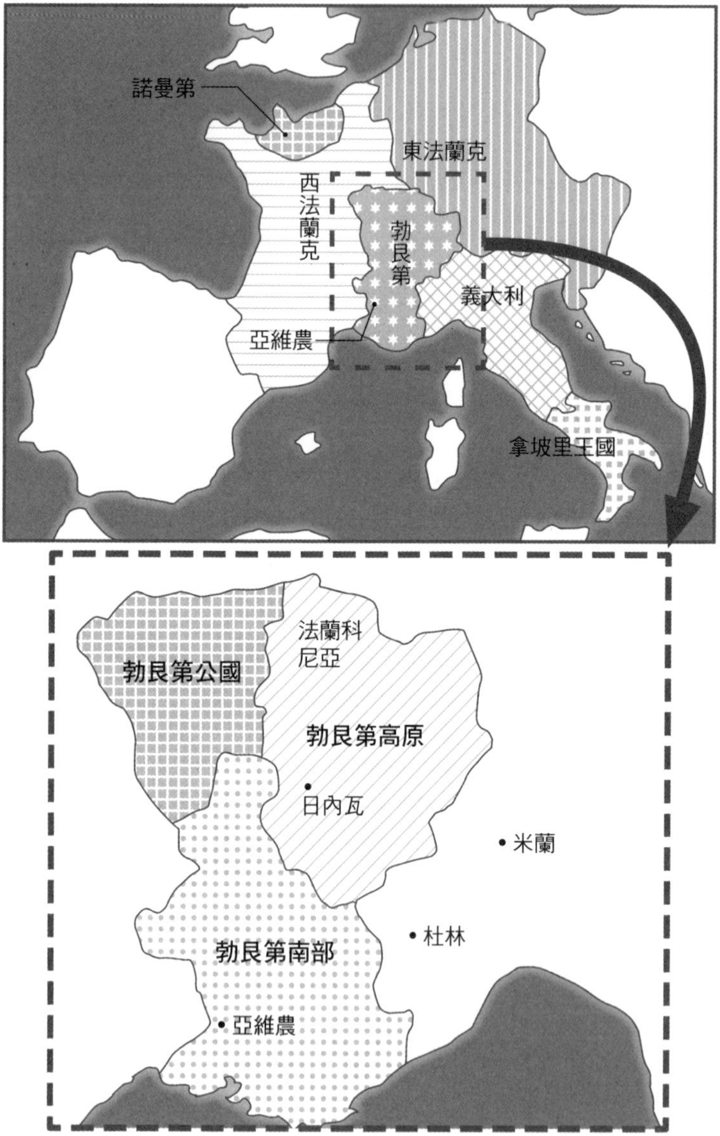
諾曼第
東法蘭克
西法蘭克
勃艮第
義大利
亞維農
拿坡里王國
法蘭科尼亞
勃艮第公國
勃艮第高原
日內瓦
米蘭
杜林
勃艮第南部
亞維農

西元八七〇年，梅爾森條約（Treaty of Mersen）簽訂後，東、西法蘭克王國仍維持對立，到了九世紀末，各地諸侯各自為政，致使勃艮第王國分裂為下勃艮第王國（侏羅〔Jura〕下勃艮第王國）與上勃艮第王國（侏羅上勃艮第王國及高原勃艮第王國）。同時，勃艮第地區北方以索恩河（la Saône）為界，分裂出一個隸屬於西法蘭克王國（法蘭西王國）的諸侯國，日後成為勃艮第公國（Duchy of Burgundy，詳情後述）。

下勃艮第王國與高原勃艮第王國在十世紀前半，合併成為勃艮第王國（亦稱為亞爾王國〔Arles Kingdom〕）。該國臣服於神聖羅馬皇帝奧圖（Otto）大帝，因此併入神聖羅馬帝國的領地。

然而，神聖羅馬帝國並未實行中央集權制，勃艮第地區諸侯自立為王的現象愈趨明顯，到了十三世紀，南部普羅旺斯（Provence）地區改向法蘭西王權靠攏，十四世紀時，連北部地區也臣服於法蘭西王國之下。

十世紀左右，勃艮第王國東北部出現一個**薩伏依公國（Duchy of Savoy）**。該國曾經併吞瑞士的日內瓦（Geneva）一段時間，並且向周邊擴大領地，到了十八世紀，甚至支配了西西里島（Sicilia Island）和薩丁尼亞島（Sardegna Island），當地領主甚至自封為薩丁尼亞王，之後該地方為**義大利統一戰爭的核心勢力**。其後，由於在戰爭中獲得拿破崙三世的援助，到了中世紀，該國將薩伏依家族發源地與尼斯（Nice）一同割讓給法蘭西王國。

最後一個令人矚目的地方，是位處普羅旺斯西方隆河（Rhone river）下游的亞維農（Avignon）。此地自十三世紀起就是一個自治城市，但是自從基督教異端純淨教派（Cathares，又稱阿爾比教派〔Albigeois〕）興盛之後，法蘭西諸侯便開始侵入該地。

十四世紀，法蘭西國王菲利普四世（Philipe IV）強迫教皇克雷門五世（Clemens V）移居到亞維農（又稱為第二次巴比倫之囚〔Babylonian Captivity〕），此時，教會將該地買下，成為教皇的領地，最後在法國大革命時，遭到法國政府沒收。

法蘭科尼亞成為西班牙領地的始末

北部勃艮第的西方，是「勃艮第公爵（Duke Burgundy）」崛起的地方，他的領地也就是剛才提過的「勃艮第公國」。在東方世界稱之為**「法蘭科尼亞（Franche-Comté，意思是自由的伯爵領地）」**，通常譯為「勃艮第侯國」。

法蘭科尼亞的外交手段十分高明，巧妙地遊走在神聖羅馬帝國和法蘭西王國之間，但因為內部繼承問題一直無法解決，最後在十五世紀後半，成為西班牙支配的地區。之後，法蘭西王國積極想將該地區納入領地，經過三十年戰爭到了一六七九年，路易十四世發起侵略戰爭，其中一場名為荷蘭（尼德蘭）戰爭，該戰役結束後簽訂的奈梅亨條約（Treaty of Nijmegen），使得法蘭科尼亞成為法蘭西的領土。

另一邊的西勃艮第公國，從中世紀以來就是名門望族統治的國家，但家族血脈曾經中斷一時，直到十五世紀再次復興，並且日益強大。百年戰爭中，與法蘭西其中一支王族瓦盧瓦家族持續對立的國

十七世紀中期的歐洲

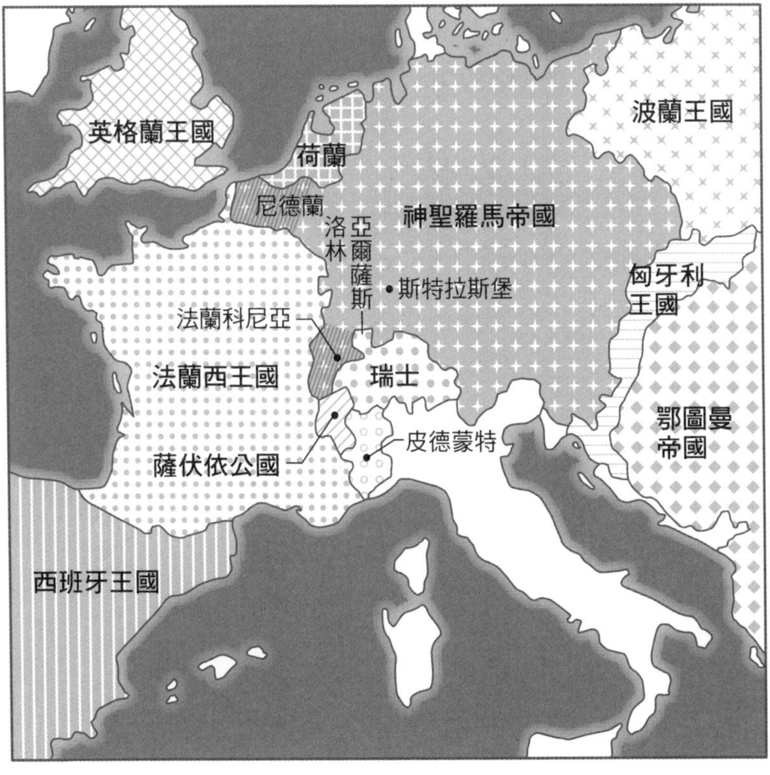

家，就是這個勃艮第公國的王族。另外，西勃艮第公國最廣為人知的事蹟，就是將法國的救國少女聖女貞德（Jeanne d'Arc）賣給英國一事。

勃艮第家族過去曾是羅塞爾統治的王國，為了有朝一日能夠重新復興中法蘭克王國，他委身於法蘭西王國底下，以臣子的身分統治曾是神聖羅馬帝國領地的洛林地區，勢力版圖甚至拓展至歐洲中部的尼德蘭等地，實際上他的領地已經可以稱為一個「國家」。

但是，經過百年戰爭後，勃艮第公國在一四七七年宣告滅亡。結果，讓哈布斯堡家族（Habsburger）透過姻親關係，將該國納入領地。由於哈布斯堡家族與西班牙也有聯姻關係，**法蘭西王國的南方（西班牙）、東北方（尼德蘭）以及西方（法蘭科尼亞），可以說都被哈布斯堡家族包圍，從地緣政治學及軍事的角度來看，法蘭西的情勢十分嚴峻。**

十七～十八世紀，路易十四世掌握法蘭西主權，提倡天然疆界，而且對於擴大領土懷抱極大的野心。因此，上述的狀況對他而言，絕對無法等閒視之。

亞爾薩斯—洛林——歐盟議會所在地，象徵各國的整合

接下來，讓我們先了解**洛林**地區的地理位置。最簡單的說法，該地位在法蘭科尼亞北側，東側是亞爾薩斯，西側則是香檳（Champagne）。

香檳地區在中世紀是歐洲的經濟中心，當地定期舉辦的市集極負盛名。十三世紀後半，菲利普四世時代是法蘭西的領地，然而歷經百年戰爭後，經濟開始衰退。甚至影響到北方的荷蘭，乃至於盧森堡及比利時。

洛林公國幾乎涵蓋了整個洛林地區，德、法兩國長年爭奪這個國家，但最後是法國占優勢。在三十年戰爭中，該國的實質地位是由法國統治，經過法蘭茲（Pfalz）選帝侯繼承問題引發法蘭茲繼承戰爭（奧古斯堡同盟戰爭〔War of the League of Augsburg〕）後，歸屬於神聖羅馬帝國。

十八世紀，法蘭茲受封成為洛林公爵，與奧地利女王瑪莉亞·泰瑞莎（Maria Theresia）結婚，之後成為**神聖羅馬帝國皇帝**。法蘭西王國要求以洛林做為交換條件，才願意承認法蘭茲成為皇帝，因此洛林又成為法蘭西的領地。

亞爾薩斯的中心都市斯特拉斯堡（Strasbourg），原意是指「道路之都」。包括萊茵河的水路在內，是一個東西南北四通八達的中樞，現今**歐盟的歐洲議會設置於此**，也可以說是取其象徵性

的意義。

亞爾薩斯地區從中世紀以來，就屬於神聖羅馬帝國管轄。由於位處法國邊界，自十七世紀以後，德、法兩國就為此地紛爭不斷。實際上，三十年戰爭時，法國占領了此地，並且在簽訂西伐利亞和約時，奪走梅茲（Metz）、杜爾（Tours）及凡爾登（Verdun）這三塊原本由主教統治的地區，其後更在法蘭茲繼承戰爭後，簽訂雷斯維克議和條約（Treaty of Ryswick），取得整個亞爾薩斯地區。

阿爾薩斯和洛林這兩個地區，統治權轉變經過大約如下：在一八七一年，德國統一戰爭時為德國所有，第一次世界大戰過後又成為法國領土，接著在第二次世界大戰剛開始的時候又被德國占領，戰後再次回歸法國。以日本人的觀點來說，或許有些難以理解，不過現實中，國境地帶的確時常處於嚴重的紛爭之中。

尼德蘭地區的分裂

凡爾登條約將尼德蘭地區編入中法蘭克王國（羅塞爾的王國），其後，統治權一直在東、西法蘭克兩國間轉換。在這樣的情況下，**法蘭德斯地區（Flanders，比利時北部）**的毛織品工業仍舊十分發達，成為中世紀歐洲的經濟中心。此處也是法蘭西王國與神聖羅馬帝國交界處，長期受到兩國紛爭的壓力所苦。

十四世紀，這個地區也屬於勃艮第公國統治，然而在十五世紀末，勃艮第家族滅亡時，哈布斯堡家族趁虛而入將該地占為己有。當哈布斯堡家族分裂為奧地利與西班牙兩個派系時，該地為西班牙派系持有。

然而，十六世紀是宗教革命的時代。**西班牙是個天主教國家，因此對尼德蘭的新教徒（蔑稱為乞食者〔Geusen〕）展開高壓迫害**，結果造成荷蘭人正式起義反抗，荷蘭的獨立戰爭也愈演愈烈。一六〇九年，簽訂停戰協定後，荷蘭取得實質上的獨立地位，一六四八年，西伐利亞和約讓瑞士與荷蘭，在國際上獲得正式的獨立地位。

荷蘭獨立戰爭中，最初比利時也參與其中，但比利時境內天主教徒人數眾多，又屬於西班牙管轄，因而停止涉入。

對尼德蘭地區的人民而言，歷史上最大的一次震撼是在法國大革命之後的拿破崙戰爭時代，該地區納入法國領地。其後，維也納會議（Congress of Vienna）上決議，將比利時割讓給荷蘭，但比利時境內的人民對此不滿，於一八三〇年宣布獨立，並得到國際承認。另外，比利時南部的盧森堡原本也是荷蘭的領地，一八九〇年成功獨立。

最後，在比利時西方有一個法國統治的地區名為「阿托瓦（Artois，目前已不再使用這個名稱）」。該地區也曾受到勃艮第公國支配，最後成為西班牙領土。事實上，阿托瓦並不是唯一的例子，這個地區周邊零星邦國林立，一直到十七世紀後期，在路易十四世發起多次戰役的過程中，這些小邦國一一成為法蘭西的領地。

Column 1

米蘭、杜林和威尼斯成為「義大利」的過程

義大利的國境與法國、瑞士、奧地利，以及斯洛維尼亞（Slovenija，前南斯拉夫）相接，這些國家之間的疆界劃分過程十分複雜。在此，僅就義大利北方三個行政區，包括皮德蒙特（Piedmont，首府城市為杜林〔Torino〕）、倫巴底（Lombardia，即米蘭省〔Milano〕）及威尼西亞（Veneto，威尼斯省〔Venice〕）簡單說明。

義大利和德國一樣，中世紀以來就處於分裂狀態，一直持續到十九世紀。義大利曾經發生過數次統一運動，**最後是由薩丁尼亞王國完成統一**。

然而，薩丁尼亞王國最初的發源地薩伏依，現在實際上是法國領土。一八六六年的統一戰爭，由於法蘭西王國（當時統治者為拿破崙三世）出兵支援，戰後割讓薩伏依和尼斯兩個地區，可說是充滿屈辱的犧牲才換得的統一。

薩伏依家族自十二世紀以來，就將王宮設於香檳，並且持續統治這個地區，到了十六世紀遷都到皮德蒙特地區的杜林。西班牙繼承戰爭時，薩伏依用地中海的西西里島交換，取得薩丁尼亞島（一七二〇年）。

薩丁尼亞島自十二世紀以來，就是一個獨立的「王國」，自從薩伏依家族接管之後，薩伏依公國重組為「薩丁尼亞王國」之後，**成為義大利民族主義組織的旗手**。

倫巴底位於皮德蒙特東部，這個地區是一支名為倫巴底（Lombard）的日耳曼民族，在此建國而得其名，此地的中心都市是米蘭。而當時以米蘭為核心地帶，有一個中世紀義大利特有的**「公社」**（Kommune，都市與農村一體化的行政組織，施行共和制，但偶爾會有集權獨裁的統治者出現）形態國家產生，即稱為**米蘭公國**。

到了十五世紀末，法國入侵義大利，「義大利戰爭」就此展開。十六世紀中葉，米蘭由分支為西班牙及奧地利的哈布斯堡家族輪流統治，在拿破崙戰爭中成為法國領土。拿破崙失勢之後，經過維也納會議協調，再度回歸奧地利統治，十九世紀中期，在第一次義大利統一戰爭中，薩丁尼亞併吞了這個地方。

第三個地區，我們來談談威尼西亞，**此地和熱那亞（Genova）並列為義大利中世紀最具代表性的都市**。

羅馬帝國末期，為了閃躲日耳曼民族遷徙帶來的紛爭，人們開始移居到亞得里亞海（Adriatic Sea）沿岸的島上。這些島嶼上，從古代就住著威尼斯人（Venessia），而這個族群的名稱，也沿用為今日的威尼西亞（Veneto）及威尼斯市。從西元六世紀以後，島嶼上的人口增加，因為地處交通要衝，威尼斯人在中世紀就是地中海商業活動的重鎮。

隨著經濟蓬勃發展，威尼斯人的商船也成為亞得里亞海盜的攻擊目標。因此，威尼斯人不僅自組武裝船隊，更將版圖擴張至亞得里亞海周邊陸地，並且與十字軍合作，勢力曾經強大到幾乎將東羅馬帝國（拜占庭〔Byzanz〕帝國）消滅。同時，他們也打敗了義大利半島最大的商業對手熱那亞，完全掌控了黎凡特（Levant，東方的意思）貿易的霸權。

但是，隨著大航海時代來臨，威尼斯的榮景日漸消退。維持了一陣子獨立，遭到拿破崙占領後，最後割讓給奧地利。

一八六一年，義大利王國成立後，威尼斯仍為奧地利統治。直到一八六六年，普奧戰爭（Deutscher Krieg）之後，威尼西亞才編入義大利領地。同年，也是義大利將薩伏依和尼斯割讓給法國，藉此取得軍援完成統一大業。

第2章

Austria VS Germany, France

奧地利 VS 德國、法國

哈布斯堡家族撼動歐洲的歷史

二〇一五年，正是第二次世界大戰結束七十年。戰後第二年，也就是一九四六年，二戰期間領導英國的首相邱吉爾（Sir Winston Leonard Spencer-Churchill），在密蘇里州福爾頓的西敏學院（Westminster College）發表了著名的鐵幕演說：「**從波羅的海的斯泰丁（Stettin）到亞得里亞海的的里雅斯特，一幅橫貫歐洲大陸的『鐵幕』已然降下。**」

斯泰丁位於奧得河（Oder river）流向斯泰丁湖的湖口，目前是波蘭領土，而奧得河流經波蘭與德國的國境。的里雅斯特是亞得里亞海的沿岸城市，現今為義大利領地。

我們在地圖上從斯泰丁與的里雅斯特大致畫上一條線，可以發現很諷刺的一件事情，以捷克的西側做為「西方（資本主義）」，而奧地利東側為「東方（社會主義）」，兩國分別區隔於「鐵幕」的對側。

捷克與奧地利不只在冷戰時期壁壘分明，從中世紀以來，就在東西方世界之間，扮演著重要的角色。特別是奧地利更是責任重大，從十六世紀以來，這個國家就像一道防波堤，為歐洲大陸抵擋鄂圖曼帝國的侵襲，在對抗的過程中，奧地利本身也不斷擴張自己的版圖。

奧地利帝國是由哈布斯堡家族統治，這個家族在歐洲可說是名門貴族中的佼佼者。讓我們一同見證，隨著這個家族的興衰，歐洲內陸動盪不休的歷史。

亞洲始於「維也納東郊」

提到奧地利，不免一定會想到**哈布斯堡家族**，而首都**維也納**從十九世紀起，就是歐洲社交界的中心。然而，各位讀者是否清楚了解，奧地利與捷克斯拉夫（Czechoslovakia）、匈牙利之間的地理位置關係？

如果我說奧地利是一個內陸國家，各位可能很難想像具體的地理位置，我自己也經過很長一段時間鑽研，才確切掌握奧地利的所在地。接下來，我舉例說明的方式或許有點奇特，請各位雙手握拳，左手在下、右手在上交疊起來。下方的拳頭就代表奧地利，上方的拳頭是前捷克斯拉夫（現在已分裂成捷克與斯洛伐克）。接著，右手腕的部位大約就是匈牙利，右拳前方就是波蘭。對照地圖來看，左拳的更左邊就是瑞士，我想這樣各位應該有一個初步的了解。

十九世紀，奧地利首相**梅特涅**（**Metternich**）創立一項國際秩序，名為**維也納體系**（**Vienna System**），他曾經過說：**「我的宅邸後方開始是亞洲」**。以奧地利這個國家的位置來看，的確是頗具象徵性質的一句話。

奧地利這個國家，原本的語源是德語「Ostmark」，意思代表「邊防區」。提到民族遷徙這件事，最有名的一次就是「日耳曼民族大遷徙」，然而在歷史上，還有許多大小規模的遷徙行動。

造成遷徙的原因有很多，諸如：傳染病、自然災害與人口增加等，也有不少是**政治人為因素，強制性的民族遷徙**。

一般人都知道，東歐世界大多是斯拉夫民族（Slavonic），但是經常有亞洲民族進入這個地區。或許有些人聽說過，造成日耳曼民族大遷徙的原因之一，就是「匈族（Huns）」的入侵。也有一說，匈族可能就是蒙古（Mongol）高原上的「匈奴」，另外也有學者表示，匈族的「匈」字，也可能是「匈牙利」的語源。

接下來，繼匈族之後，遊牧民族阿瓦爾（Avars）也跟著遷入匈牙利。也有學者指出，他們可能就是來自亞洲的

第二次世界大戰後的歐洲

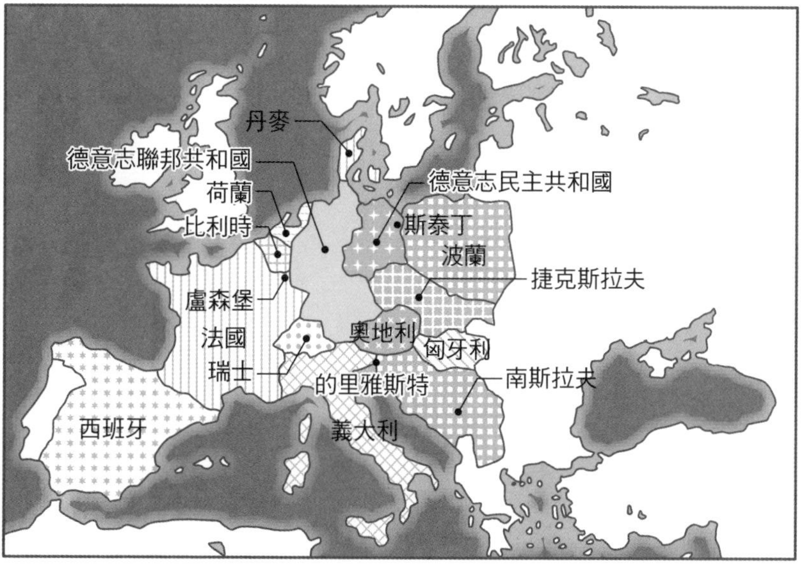

「柔然人」。

在阿瓦爾人之後，接著**馬扎爾人（Magyars）**也來到匈牙利，他們也被視為是亞洲地區的民族，從九世紀左右就開始入侵匈牙利平原。剛才提到**「奧地利」**的語源**「Ostmark」，就是為了抵擋遊牧民族設下的東方邊界**。西元九五五年，馬扎爾族人和東法蘭克王鄂圖（即日後成為神聖羅馬帝國皇帝的鄂圖大帝）在列希菲德（Lechfeld）展開激戰，戰敗後，馬扎爾族便定居於匈牙利。

正如梅特涅所說，奧地利在歷史上，與東方的亞洲世界有著密不可分的淵源。

以神聖羅馬皇帝的「權威」做為武器，擴大勢力的哈布斯堡家族

讓我們再由地理位置的角度說下去，接下來談到奧地利西邊的瑞士。本章的主題雖然是哈布斯堡家族，但其實該家族的起源是瑞士出身。在瑞士的東北部，萊茵河上游有一座「鷹堡（Habichtsburg）」，其音經過訛傳，就成為「哈布斯堡」的名稱由來。

瑞士出身的哈布斯堡家族，是在十三世紀左右轉移陣地到奧地利。哈布斯堡家族出身的神聖羅馬帝國皇帝魯道夫一世（Rudolf I），打敗了波西米亞（Bohemia，現在的捷克）王，並將奧地

利傳給兒子當做領地，到了十四世紀中期，當地公爵魯道夫四世的時代，試著將奧地利提升為大公國，並自稱「奧地利大公」。十三世紀末期，哈布斯堡家族初次當上神聖羅馬皇帝，直到十五世紀前期，阿爾布雷希特二世（Albrecht II）的時代，才開始實行世襲制。

但是，其實在十四世紀中葉，波西米亞王，亦即神聖羅馬皇帝查理四世制定了「金璽詔書」，自此開始，神聖羅馬皇帝將由七位選帝侯來選出。但是，這個制度的目的，是為了讓神聖羅馬帝國（德國）不會出現一名足以侵犯諸侯權利的「皇帝」。

實際上，這個制度的確也成功達到效果，**皇帝這個稱號已經不再具有「權力」，而只是「權威」的象徵。但是，哈布斯堡家族巧妙地利用這份權威，在德國以外各地，仍舊掌握極大的權力。**

哈布斯堡家族的聲勢在十五世紀後半，馬克西米連（Maximilien）即位後，達到最高峰。他和法蘭西西部的大諸侯，勃艮第家族的瑪莉結婚。恰巧在當時，瑪莉的父親查爾斯（Charles）六世過世，勃艮第家族的廣大領土（尼德蘭及法蘭科尼亞等地）也成為哈布斯堡家族的領地。

而且，馬克西米連的兒子菲利普和西班牙公主胡安娜（Juana，伊莎貝拉〔Isabella〕女王的女兒，曾資助哥倫布〔Columbus〕）結婚，兩人的兒子查理一世（神聖羅馬帝國皇帝查理五世）**更將勢力擴張到新大陸，並且統治一片廣大的領土。**

利用戰爭及聯姻擴大領土

查理一世最著名的事蹟，是在一五五五年以神聖羅馬皇帝身分承認奧古斯堡和議裡「一邦一教，教隨君訂」。但是，**隨著他辭世之後，哈布斯堡家族分裂成西班牙支派（其子菲利浦二世）和奧地利支派（其弟費迪南一世〔Ferdinand I〕）**。尼德蘭由西班牙支派的哈布斯堡家族繼承，但菲利浦二世因為荷蘭獨立戰爭而深感苦惱。此後，比利時仍舊由西班牙統治，而成功獨立的荷蘭也開始登上世界舞台。

十五世紀後期開始的義大利戰爭，一直持續到十六世紀初。**這是一場統治南義大利的瓦盧瓦家族（法蘭西），和哈布斯堡家族之間的戰役**，與法國結盟的鄂圖曼帝國也有參戰。

一五二六年，匈牙利國王戰死於摩哈赤戰役（Battle of Mohács）中，匈牙利領土由奧地利和鄂圖曼帝國瓜分。匈牙利從西元十世紀以來就歷經紛爭，但還是勉強維持王室政權，但是此時國土北部三分之一歸屬奧地利，東南部三分之二由鄂圖曼帝國統治，**這使得匈牙利成為基督教徒和穆斯林對峙的最前線**。

再者，鄂圖曼帝國統治的匈牙利，有大部分在一六九九年，因簽訂卡爾洛奇夫條約（Treaty of Karlowitz），和當時匈牙利統治的克羅埃西亞與斯洛維尼亞，一同納入奧地利領土。

對哈布斯堡家族而言，波西米亞（現在的捷克）也是一塊重要的領土。這裡是制定金璽詔書的盧森堡家族查理四世（亦即波西米亞王卡瑞爾一世〔Karel I〕）的出身地，他的勢力範圍也擴及至周邊地區。

三十年戰爭是歷史上最大的宗教戰爭，最初的導火線是波西米亞首都布拉格（Prague）的新教徒發起的叛亂行動，而波西米亞在一六二〇年敗給奧地利軍隊，隨即併入奧地利領土。此時，盧森堡地區也歸奧地利所有。

接下來這段算是閒聊，波西米亞周邊地區叫做賽利西亞（Silesia，德屬領地則以德語發音，稱為西利西亞〔Schlesien〕）。此地在一七四〇年，瑪莉亞．泰瑞莎即位成為奧地利女王之際，發生奧地利王位繼承戰爭，隨後發生七年戰爭，最後割讓給普魯士。

哈布斯堡家族靠著戰爭和聯姻政策，持續擴大領土。若要全部說明，內容相當複雜，因此，接下來我只挑選主要的事件來做介紹。提醒各位特別注意，其中有許多事件與義大利有關。各位應該可以從地圖上看到，奧地利西南部直接與義大利相接。而過去的義大利，並未出現任何足以一統當地的強大勢力，一直都處於小國林立的情況。

水火不容的關係——與法國聯手的「外交革命」

一七〇〇年，西班牙盧森堡家族滅絕之際，歐洲大陸發生西班牙繼承戰爭。最後的結果，奧地利獲得尼德蘭的南部（比利時和盧森堡），以及米蘭王國、拿坡里王國和薩丁尼亞島（這座島在一七二〇年，和薩伏依交換西西里島）。

之後在一七三三年，波蘭繼承戰爭時，奧地利併吞了托斯卡納公國（Toscana，以翡冷翠〔Firenze〕為中心的一個小國），並且在波蘭分裂（詳情將於第七章說明）時，取得波蘭西南部的加利西亞（Galicia）地區。到了這個時候，**奧地利這個多民族國家就此誕生**，雖然在三十年戰爭中，國勢有消耗的傾向，但是在**十八世紀又開始回復，甚至趕上普魯士，與之並駕齊驅**。

另一方面，普魯士也在西班牙繼承戰爭時，藉由取得「王號」來提升地位。並且也趁著波蘭分裂之際，擴大自己的領土，甚至在瑪莉亞．泰瑞莎繼承奧地利王位時，與薩克森（Saxony）等國站在同一陣線，提出異議。隨後在奧地利繼承戰爭及七年戰爭獲得勝利，從奧地利手中奪走賽利西亞。

奧地利的哈布斯堡家族與法蘭西之間的紛爭，從瓦盧瓦家族延續到波旁家族，長久以來處於對立的狀態。但是，為了與日漸強盛的普魯士對抗，在奧地利繼承戰爭之後，於宰相考尼茨

（Kaunitz）的建言下，**奧地利開始與法蘭西王國聯手**。瑪莉亞・泰瑞莎將女兒瑪莉・安東妮（Marie Antoinette，之後成為路易十六世的王后）嫁給法蘭西王儲，也是基於政治考量。

哈布斯堡家族對法蘭西王國在政策上的大轉變，後世稱為「外交革命」。

「妥協」後誕生的奧匈雙元帝國

十八世紀末，鄰國發生**法國大革命**，也對奧地利帶來極大的衝擊。嫁給路易十六世的瑪莉・安東妮，遭到革命派處刑身亡，**法國大革命的精神若傳入奧地利，勢必將形成一股威脅**，這是奧地利王國必須防範的情況。一七九一年，奧地利與普魯士發表皮爾尼茨宣言（Declaration of Pillnitz），與法國進入戰爭狀態，但由於法國出現拿破崙勢力，因而占有壓倒性的優勢。

拿破崙戰爭發生的細節，在此暫且省略，總之一八〇四年，拿破崙成為法蘭西的皇帝，法蘭西第一帝國就此成立。此時，與之對抗的奧地利也從王國升格為帝國。

但是，由於敗給拿破崙，致使德意志多數領邦改制或廢除，結果在**一八〇六年，神聖羅馬帝國宣告滅亡**。戰後簽訂的**維也納協定（Vienna Conventions）**，讓奧地利取得倫巴底（以米蘭為中心的地區）和威尼西亞（威尼斯）。這兩個地方合稱為倫巴底・威尼西亞王國（Regno Lombardo-

Veneto）。

拿破崙戰爭帶來的影響，也讓義大利的民族主義開始成形，同時也是義大利統一成為一個國家的契機。

義大利是以薩丁尼亞王國為中心完成統一大業，最初雖然不斷失敗，後來得到法蘭西的拿破崙三世援助，在一八五九年的統一戰爭，取回倫巴底。接著又趁一八六六年的**普奧戰爭**，奪回威尼西亞。到了這個階段，奧地利擁有的義大利領土，就只剩下南提羅爾邦（詳情請參考本章專欄），直到第一次世界大戰之後，義大利才成功取回此地。

關於普奧戰爭，讓我們稍微深入了解一下。**德意志和義大利一樣，在中世紀的時候，積極由分裂狀態朝著統一國家邁進**。這場戰役的主導者是普魯士首相俾斯麥（Bismarck），他明白要讓德意志統一，就必須將奧地利這個多民族國家的勢力趕走，因此才會策動這場戰役。

戰敗後的奧地利，面對企圖脫離掌控的匈牙利，開始調整兩國間的關係。一方面承認匈牙利的主權，但是匈牙利的君主仍舊由奧地利皇帝來擔任，形成「奧匈雙元帝國」這樣的政治體制。這個帝國的體制在德語中稱為「Ausgleich」，意思是「妥協（Ausgleich）」。**被迫從德意志脫離的哈布斯堡家族（奧地利），與匈牙利妥協後，得以保留「帝國」的面貌**。但是，在這個帝國中，除了匈牙利以外，捷克與克羅埃西亞（Croatia）並未獲得應有的權利。

到了一八七七年，俄羅斯援助匈牙利半島的斯拉夫民族主義勢力，發動俄土戰爭，奧匈帝國（Österreich-Ungarn）因而得以占領波士尼亞與赫塞哥維納（Bosnia and Herzegovina）。一九〇八年，奧匈帝國更利用薩隆尼加革命（Young Turks Revolution，亦即鄂圖曼帝國發生的青年土耳其革命）引發的混亂，將該地區完全併吞。

波士尼亞與赫塞哥維

德意志、義大利統一時的歐洲

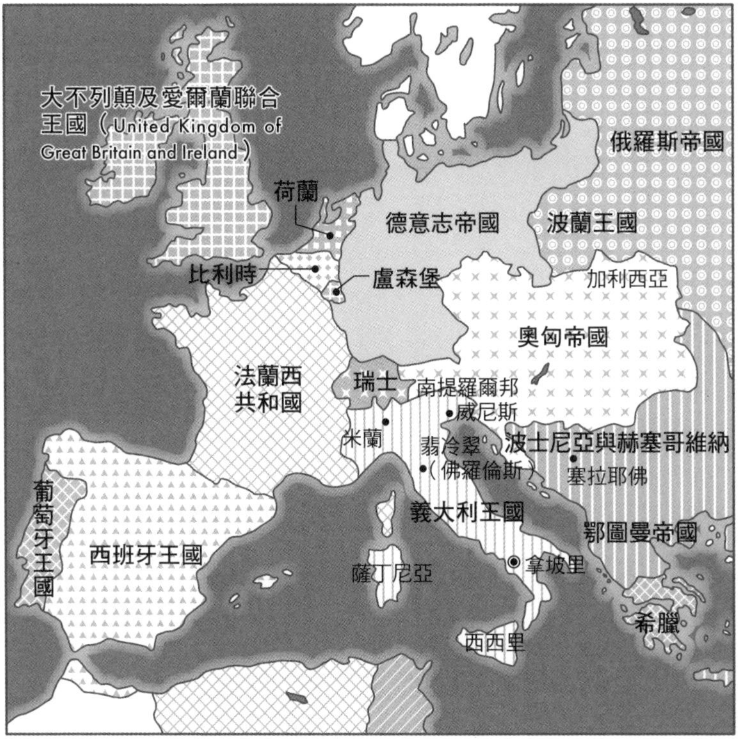

納最後取得奧匈帝國的領土，而當時誰又能想像得到，塞拉耶佛（Sarajevo）這個城市，竟然是將該帝國導向滅亡之路的命運之地呢？

一夕之間，領土銳減為四分之一——世界大戰與帝國滅亡

一九一四年，奧匈帝國皇太子法蘭茲・斐迪南（Franz Ferdinand）前往波士尼亞政區塞拉耶佛進行軍事演習的視察，卻在當地遭到塞爾維亞（Serbia）的愛國青年暗殺。**此次事件，就是第一次世界大戰爆發的導火線**。奧匈帝國在大戰中敗北，卡爾皇帝（法蘭茲・約瑟夫二世〔Franz Josef Ⅱ〕死於戰爭中）負起責任而退位，**奧匈帝國至此宣告瓦解**。

戰後，各國基於巴黎和會（Paris Peace Conference）的**「民族自決（各民族擁有歸屬與政治的自決權，其他民族不得干預）」**精神，簽定了對奧和約（Treaty of Saint-Germain），**原本在奧地利統治下的各民族，紛紛獨立建國，奧地利就在一夕之間失去四分之三的領土**。

該條約並限制奧地利與德意志不得結盟，但是希特勒（Hitler）破壞了條約，在一九三八年併吞了奧地利。奧地利運用過去君臨東歐各國的統治手腕，協助納粹（Nazis）支配歐洲東部。**到**

了第二次世界大戰結束，一九五五年，奧地利宣誓永久保持中立，才回復獨立國家的地位。

冷戰時期，一九五六年，匈牙利發生動亂，一九六八年，捷克斯拉夫發生鎮壓「布拉格之春」運動的事件，奧地利擔任接濟窗口，接收了許多難民。雖然奧地利宣稱中立立場，但國內卻有一位貴族名為康登霍維・凱勒奇（Coudenhove-Kalergi），極力提倡歐洲一體化，一九九五年，奧地利也加入歐盟，兩相對照，可說是頗為諷刺的一件事。

最後，讓我引述華勒斯坦（Immanuel Wallerstein）提出的「世界系統論（World-system Theory）」，來探討曾經擁有廣大領土的哈布斯堡家族，在歷史上擔任的角色。

繼荷蘭之後，英國也曾實行征服世界的侵略及殖民行動，然而，**在這兩國大肆擴張國土的背後，哈布斯堡家族可以說是鎮守在歐洲大陸，對抗鄂圖曼帝國威脅的一大功臣。**本章一開始提及梅特涅所說的那句話，或許就能說明歐洲世界對亞洲的看法。

Column 2

奧地利VS義大利——提羅爾邦地區的紛爭

一直到現在，奧地利和義大利之間，國境問題仍未釐清。

阿爾卑斯山脈（Alps）橫跨奧地利與義大利之間，山脈的東部是**提羅爾邦（Tirol）地區**。這個地區又分為四個區域，阿爾卑斯山脈北側是北提羅爾邦（這裡的中部有一個名為因斯布魯克（Innsbruck）的城市，曾經舉辦過冬季奧運）和東提羅爾邦，阿爾卑斯山脈南側有南提羅爾邦和特倫提諾（Trentino，這個地區的中心都市是特倫托〔Trento〕，英語系國家稱為特倫特〔Trent〕，在十六世紀中期，曾經召開過對抗宗教改革的大公會議〔Ecumenical council〕）。北側兩個地區是奧地利領地，南側兩個地區為義大利國土。

提羅爾邦地區，自十四世紀以來就是哈布斯堡家族的領地。實際上北部兩個地區，有許多德語系的移民，而南部的共通語言則有義大利語。拿破崙戰爭中，這些地區曾經暫時合併，收歸為法國所有，但經過維也納會議協議後，再度編入奧地利帝國領地。

一八六一年，義大利王國成立，此時威尼西亞和提羅爾邦地區，都包含在奧匈帝國領土中。一八六六年，為促使德意志統一而發動的普奧戰爭中，義大利收復了威尼西亞領土，但南提羅爾邦依然由奧地利統治，**義大利國人稱之為「未收復的義大利」，民間呼籲合併該地的聲勢日趨壯大。**

第一次世界大戰時，義大利雖然宣布維持中立，但仍舊以收復南提羅爾邦為前提，與英、法站在同一陣線參戰，終於在對奧和約簽訂後，合併了南提羅爾邦。不久後，在墨索里尼（Mussolini）時代，該地強制推行義大利語為官方語言，並且有許多義大利人移居此地。然而，到了希特勒政權統治德國時，併吞了奧地利之後，原屬奧地利所有的北提羅爾邦和東提羅爾邦也成為德國的領土。而希特勒與墨索里尼達成協議，讓德國人離開義大利管轄的南提羅爾邦，或是將留滯於當地的德國人與義大利人同化。

到了第二次世界大戰末期，隨著德國投降，奧地利也收復了提羅爾邦地區，並且企圖再次整合南提羅爾邦。戰後，南提羅爾邦出現一些組織，希望回歸奧地利，因而採取各種恐怖攻擊行動。最後到了一九六九年，提羅爾邦地區的自治權大幅提升，該地區的紛爭才終告休止，直至現在。

Column 3

為什麼瑞士人會成為梵蒂岡的傭兵？

瑞士是歐洲大陸中央的一個內陸國家，國境與義大利、法國、德國、奧地利以及列支敦斯登（Liechtenstein）相接。從某個角度來看，這個國家或許可說是**歐洲最早的「民族國家」**。一六四八年，西伐利亞和約承認瑞士為一個獨立的國家，但到了十六世紀初，瑞士在實質上才算真正完成獨立建國。瑞士得以獨立的契機，主要是當初與哈布斯堡家族對戰時，獲得勝利帶來的成果。

查理曼大帝統一歐洲時，瑞士歸屬於法蘭克王國版圖中，隨著王國分裂，便由東法蘭克王國，亦即神聖羅馬帝國統治。十三世紀時，聖哥達（Saint-Gothard）山口開通，因此，瑞士的經濟也為之活絡起來，不久之後，便由哈布斯堡家族統治。而當地人民對於淪為哈布斯堡家族支配一事感到不滿，進而有了「威廉泰爾（William Tell）」的英雄傳說（威廉泰爾是一名擅長使弓的神射手，由於對抗哈布斯堡家族地方官，被迫必須射穿自己兒子頭上的蘋果，才能獲得赦免，而他也漂亮地達成這項任務）。

面對哈布斯堡家族的高壓統治，瑞士人民在一二九一年，集結了三洲同盟（瑞士原有的三洲）。這裡的「洲」，瑞士語為「Canton」，意思是擁有自治權的瑞士人民組成的行政區。這個時期的三洲分別是烏里（Uri）、施維茨（Schwyz）及下瓦登（Unterwalden），其中施維茨是「瑞士」這個名稱的語源由來。於是，瑞士的農民兵在一三一五年，莫爾加滕（Morgarten）隘口一役，打敗哈布斯堡家族的騎兵隊，之後更是屢戰屢勝，加入同盟的洲也愈來愈多。一四九九年，在施瓦本（Schwaben）戰爭中擊敗哈布斯堡家族的馬克西米連，終於贏得實質上的獨立。

到了宗教改革與宗教戰爭的時代，法國神學家約翰．喀爾文（Jean Calvin）在日內瓦，實行宗教專制政治一段時間，此時瑞士人民儘量避免與之在宗教上產生對立。但是，由於獨立戰爭一路走來，造就了瑞士人勇猛善戰的性格，成為當時各國亟欲網羅的戰力，多數瑞士人也加入傭兵行列，參與戰爭。**這項歷史上的傳統一直延續至今，因此，梵蒂岡（Vatican City）的傭兵都是瑞士人。**

瑞士一直到了一六四八年，簽定西伐利亞和約之後，獨立地位才獲得國際承認。雖然在拿破崙戰爭時，暫時受到法國支配，經過維也納會議後，重新取回獨立地位，並且確立了**永世中立**的立場。「中立」的意義，代表瑞士絕對不會向周邊國家擴張領土，而周邊國家也不得侵犯瑞士的中立立場，這是一種集體性的安全保障體制。因此，現在的瑞士仍舊保持武裝中立，可以擁有軍隊來自衛，並且施行全民皆兵制度。

對瑞士而言，比較棘手的問題，是與聯合國這類國際性組織，該保持什麼樣的關係。在第一次世界大戰後，各國共同成立了一個國際聯盟（League of Nations），而瑞士雖然身為原始加盟國，卻為了必須保持中立而遭受批評，因此在第二次世界大戰過後，瑞士並未加入聯合國（United Nations）。即使如此，瑞士仍然有加入聯合國內的非軍事組織，並且在二〇〇二年舉辦全民公投，依開票結果決定加入聯合國，成為第一百九十個會員國。而身為中立國家也有其優點，過去國際聯盟以及國際紅十字會等國際性的組織，都將本部設於瑞士（聯合國的本部在紐約）。

然而，目前瑞士還有一個懸而未決的最大問題，那就是至今尚未加入歐盟（EU＝歐洲聯盟）一事。但是，瑞士在各領域仍舊與歐盟有合作關係，與各會員國之間，在經濟面的關係日益深厚。

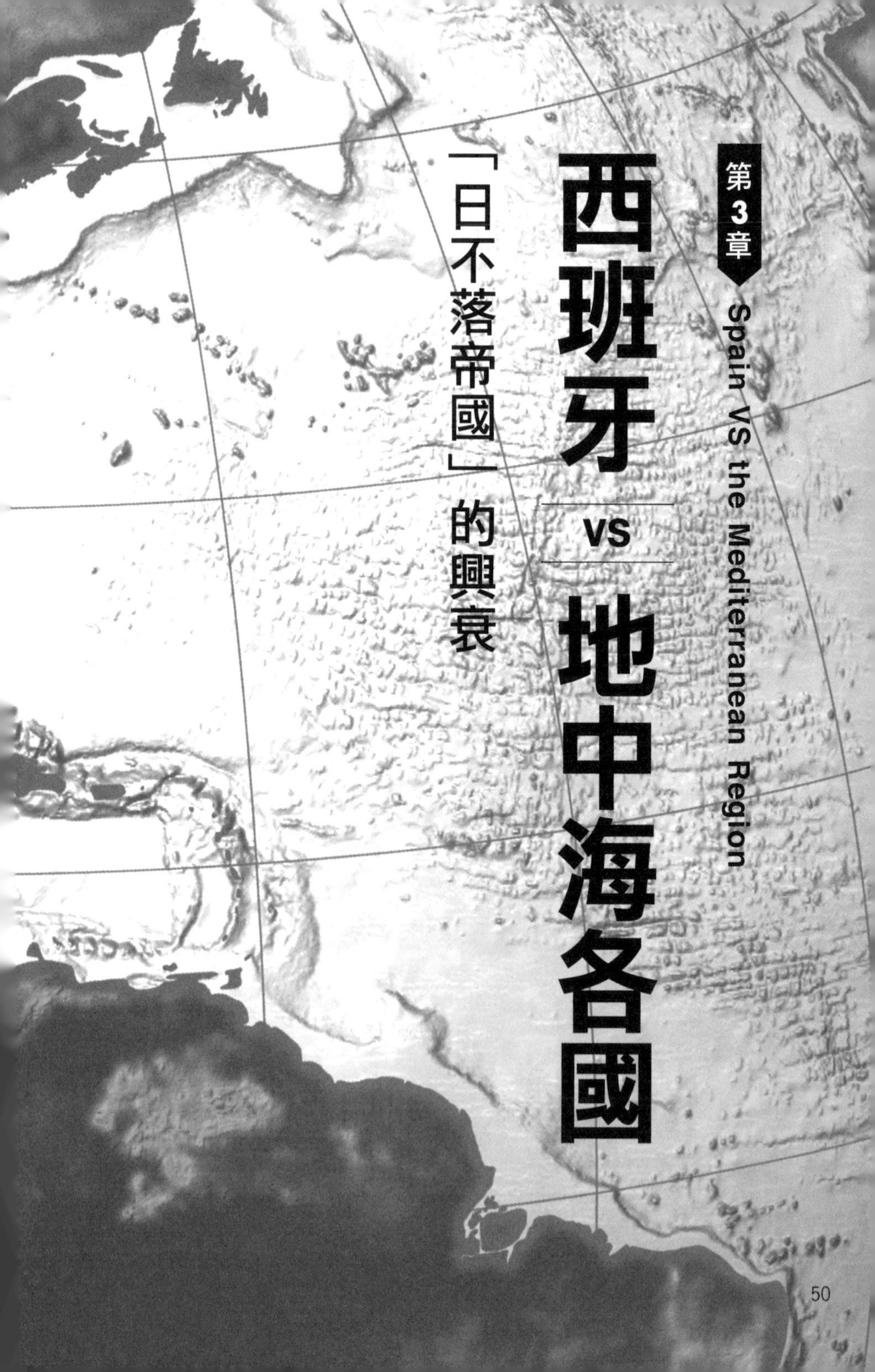

第3章

Spain VS the Mediterranean Region

西班牙 vs 地中海各國

「日不落帝國」的興衰

現在，我想一般人聽到「西班牙內戰」或是「獨裁者佛朗哥（Francisco Franco）」，幾乎都無法立刻明白是什麼意思。提起西班牙（Spain），或許人們馬上就會聯想到佛朗明哥舞蹈（Flamenco）或是高第（Gaudí）設計的「聖家堂（Sagrada Família）」，並且認為那是一個開朗又熱情的國家。最近興起的朝聖之旅（Tourism），也讓許多人造訪聖地牙哥康波斯特拉（Santiago de Compostela）。

西班牙在十六世紀領土擴展到新大陸，擁有許多殖民地，直到十九世紀初這些地區獨立為止，西班牙的確是歐洲強盛的殖民大國。這個帝國的領地內，永遠都看得見太陽，因此世人稱之為「日不落帝國」。

時間再往前推，在大航海時代之前的中世紀，西班牙這個國家（當時西班牙還不是一個統一的國家，這個稱呼或許有些不恰當）的領地，就已經包括義大利地區到尼德蘭（現在的比利時與荷蘭）這一帶。各位如果可以找到古早的地圖，看看十三到十五世紀，地中海區域的國家分布，應該會大吃一驚才是。

為什麼西班牙和地中海各國對立的同時，還能夠成為大航海時代的霸者，在世界各地擁有廣大的領土？以及最後為什麼演變成現在這樣的國家？讓我們一同來探索這段歷史的軌跡吧。

諾瓦拉王國與波旁王朝的關係

法國與西班牙的國境地帶，有一座庇里牛斯山脈（Los Pirineos），該地區的歷史非常複雜。

查理曼大帝可說是歐洲的創造者，他的勢力範圍曾擴張至庇里牛斯山脈，並且指派一名邊境藩侯（Markgraf）管理當地。在該地區的西方，靠近比斯開灣（Bay of Biscay）的沿岸，有一座城市名為潘普羅納（Pamplona），相傳是由羅馬將軍龐培（Gnaeus Pompeius Magnus）所建，並取其名做為城市名稱。不久後，以這座城市為根據地，名為潘普羅納的

十三～十四世紀末的西班牙周邊

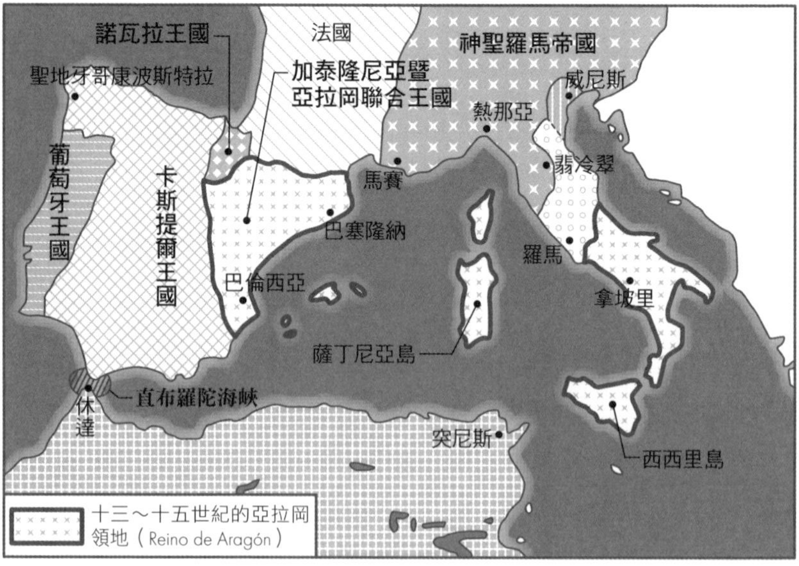

王國就此成立，領土涵蓋庇里牛斯山脈南北，之後這個國家改名為「**諾瓦拉王國**」。

十一世紀初期，諾瓦拉出身的桑喬三世（Sancho III）併吞了亞拉岡和卡斯提爾等地，並且擴大領土至法蘭西南部，諾瓦拉王國（Reino de Navarra）也因此迎向全盛時期。但是，在他過世之後，王國分裂成三個部分，分別是**諾瓦拉、卡斯提爾和亞拉岡**。

到了十三世紀，法國出身的貴族繼承了諾瓦拉的王位，開始從西班牙的歷史中疏遠，在庇里牛斯山脈北部，同樣以諾瓦拉的名義成立一個小王國，**之後創立波旁王朝的亨利四世（Henri IV），原本是這個諾瓦拉小王國的國王**。

透過聯姻建國的「西班牙」

⚜西班牙的王子稱號，至今仍留存於世——雷昂暨卡斯提爾王國

西班牙西北部，在過去是居爾特人（Celt）抵抗羅馬帝國入侵的最後一片土地。穆斯林消滅西哥德王國（Visigothic Kingdom）時，也經常在此地與日耳曼人發生激戰。到了八世紀初，這裡出現了一個「阿斯土利亞王國（Reino de Asturias）」。

這個王國的人民以西哥德王國的繼承者自居，成為「收復失地運動（Reconquista）」（從

穆斯林手中，奪回國土的一股基督教勢力）的核心勢力。因為有這段淵源，聖地牙哥康波斯特拉才會與耶路撒冷（Jerusalem）、羅馬，並列為中世紀歐洲的三大朝聖地。順帶一提，「阿斯土利亞」這個名稱的語源，在西班牙代表的意義，是具有王位繼承權的王子的封號（Príncipe de Asturias），這個地名也一直保留到現在。

這個國家在十世紀時，首都移到雷昂，故改名為「雷昂王國」。到了十一世紀，與卡斯提爾王國結盟，成為**「雷昂暨卡斯提爾王國（Reino de Castilla）」**。至此，雷昂王國已經名存實亡。

接下來談談卡斯提爾王國，最初發跡於雷昂王國東方的高原地帶。國名的由來，一般認為是當地為了對抗伊斯蘭勢力，興建了許多座城池，因此語源是葡萄牙語的「城堡（Castella）」。

卡斯提爾與雷昂在十三世紀完全合併，並且併吞塞維亞（Siviglia）及哥多華（Cordoba）等伊斯蘭國家，**成為一股強大勢力，支配了三分之二座半島**。

⚜不斷擴張地中海勢力——亞拉岡暨加泰隆尼亞王國

亞拉岡起源於諾瓦拉王國分裂成三個小國的其中之一，在十二世紀，一邊抵抗穆斯林，同時回收領土。另一方面，鄰近的**加泰隆尼亞**也以中心都市**巴塞隆納**為據點發展勢力。大量南法蘭西人民移居到這個地區，使用的語言不同，**造成目前加泰隆尼亞要求分離獨立的最大原因**。

到了十二世紀初期，亞拉岡與加泰隆尼亞組成聯合王國（兩個獨立的國家，由一位國王統治的制度，稱為雙元王國或者聯合王國）。這個座落於伊比利半島（the Iberian Peninsula）西部的國家，不斷對抗伊斯蘭教的勢力，並且擴大領地。到了十三世紀初期，將伊斯蘭教勢力趕出巴里亞利群島（Islas Baleares），版圖擴張至半島南部，更進一步併吞了**巴倫西亞（Valencia）**，以此地做為向地中海發展的據點。

亞拉岡暨加泰隆尼亞聯合王國相繼併吞了拿坡里和西西里，在十四世紀更占領了薩丁尼亞島。在同世紀中葉，加泰隆尼亞出身的傭兵團，也曾經掌握巴爾幹半島（the Balkan Peninsula）的統治權。

⚜西班牙建國與哥倫布遠航

承上所述，該地區發展出「亞拉岡暨加泰隆尼亞」和「雷昂暨卡斯提爾」兩個王國，一四七九年，**亞拉岡的費迪南（二世）與卡斯提爾的伊莎貝拉（一世）結婚**，成立了亞拉岡暨卡斯提爾聯合王國，這就是**西班牙的起源**。

順帶一提，「西班牙」這個名稱是從英語音譯而來，西班牙語原文為「España（發音近似伊斯帕尼）」，但這個字只是一開始的俗稱，到了十九世紀，才決定正式做為國家名。日本在江戶時代，稱西班牙為「伊斯帕尼亞（isupania）」，發音比較接近西班牙原文。

一四九二年，穆斯林最後的據點格拉納達（Granada）也淪陷，同年，**伊莎貝拉資助哥倫布，讓他抵達新大陸**。西班牙就這樣在世界上到處擴張領地。

葡萄牙脫離卡斯提爾建國

葡萄牙的獨立建國，也與伊比利亞半島上對抗穆斯林的勢力有很大的關聯。十一世紀的時候，法國派出多位諸侯，來到雷昂暨卡斯提爾協助當地的反伊斯蘭勢力。其中一位諸侯和卡斯提爾的公主結婚，受封成為葡萄卡萊（Portucale）伯爵。

一一四三年，葡萄卡萊生下的王子，名為阿方索・恩里克（Dom Afonso Henriques），在羅馬教皇的介入之下，**建立了葡萄牙王國**。伊斯蘭勢力提前肅清完畢，此地成為連結地中海與黑海的中繼點，商業活動十分盛行。

十四世紀中期，葡萄牙受到鄰國卡斯提爾的威脅，國內分裂成親卡斯提爾派以及反卡斯提爾派，並且展開激烈的對立。最後，阿維斯家族（Avis）接受里斯本（Lisbon）地區反卡斯提爾派的富商界支援，最後獲得勝利。消滅卡斯提爾之後，葡萄牙王國（Portugal Kingdom）的根基也愈加穩固，從十五世紀起開始對外擴展勢力。透過航海研究所（亨利王子〔Infante D. Henrique〕建設於薩格里海角〔the cape Sagres〕）的研究成果，以及亞速爾群島（Arquipélago dos Açores）和馬德拉群島（Arquipélago da Madeira）的殖民行動大有斬獲，對於世紀末**達伽馬（Vasco da Gama）發現印度航路**帶來極大的助力。

義大利的領土曾有一半屬於西班牙！

義大利半島南部（過去是拿坡里王國〔Kingdom of Naples〕）與西西里島的歷史稍微有點複雜。西元七世紀，曾有穆斯林遷入南義大利，他們受雇於諾曼人（Normanean）成為傭兵，和羅馬帝國的後裔發生戰爭。諾曼人王族洛傑羅二世（Logerot II），在一一三〇年，將南義大利和西西里島合併起來，建立一個國家（這個國家又稱為「**兩西西里王國〔Regno delle Due Sicilie〕**」）。

十二世紀末，德國的霍恩陶芬家族（Hohenstaufen）取得該地的繼承權，發展到十三世紀時，神聖羅馬帝國皇帝腓特烈二世（Friedrich II）君臨此地。他比德國人更喜愛這片土地，並且對伊斯蘭文化十分感興趣。他在交流中學到了理性主義精神，並且施行於治理政事上，因此被喻為「王座上最早的近代人」。

在他死後，法國昂傑家族（Angevin）展露野心想占據這塊領地，最後路易九世的弟弟，安茹的查理（Charles d'Anjou）在當地握有極大權力。然而，在他的高壓統治下，一二八二年，西西里島人開始興起反抗，引發**「西西里晚禱」**事件。

此時，西班牙亞拉岡家族介入爭奪，其後，**西西里島由亞拉岡王統治，而義大利半島南部的拿坡里王國則歸屬法國的昂傑家族所有。**

十五世紀中葉，亞拉岡王國併吞義大利南部，但是到了一四九四年，法蘭西國王查理八世主張擁有義大利南部繼承權，並向義大利半島出兵，就此展開斷斷續續維持半世紀以上的**「義大利戰爭」**。

義大利戰爭的細節，我們在此暫且省略。然而在戰爭發生當時，西班牙是奧地利哈布斯堡家族的勢力範圍，因此，這場戰爭本身也就是哈布斯堡家族（奧地利）對瓦盧瓦家族（法國）的戰役。直到一五五九年，卡托・康布雷齊和約（Peace of Cateau-Cambrésis）簽訂後，義大利戰爭才宣告終結。

查理一世死後，哈布斯堡家族開始分裂。菲利浦二世以西班牙王之姿，據有尼德蘭、拿坡里、西西里，以及米蘭等地。如此一來，**義大利半島約有一半的領土，被西班牙併吞。**

「日不落帝國」西班牙的誕生

剛才我提到過，費迪南（二世）與伊莎貝拉（一世）結婚後，建立了西班牙。而哥倫布就是得到伊莎貝拉的資助，才得以四處遠航。他在一四九二年西進至大西洋，抵達加勒比海的聖薩爾瓦多島（San Salvador Island）。包括此次在內，哥倫布一共進行四次遠航，最後終於**「發現」新大陸。**而葡萄牙與西班牙比哥倫布還要早一步，從非洲西岸南下，開拓出印度航路，直至托德西拉斯條約（Tratado de Tordesillas）簽訂，以教皇子午線（Line of Demarcation）分割兩國勢力範圍。

這群西班牙征服者（Conquistador），代表性的人物是科爾斯（Hernán Cortés）及皮薩羅（Francisco Pizarro），**占領墨西哥以南的美洲大陸，除了已成為葡萄牙領地的巴西以外。**另外麥哲倫（Ferdinand Magellan）橫越太平洋，開發出通往亞洲的航路，使得關島及菲律賓也成為西班牙的殖民地。

接下來介紹的系譜會有些複雜，主角是西班牙王查理一世。他的祖父是奧地利哈布斯堡家族的君主，過去也曾當過神聖羅馬帝國皇帝，名字是馬克西米連。

當時，有一個國家名為勃艮第，地處於德、法之間，馬克西米連與該國公主結婚。之後，他便繼承了勃艮第統治的尼德蘭。兩人膝下有一子名為菲利普，和西班牙女王（伊莎貝拉的女兒）

胡安娜結婚。菲利普和胡安娜生下查理一世，不僅繼承了西班牙王位，更成為神聖羅馬帝國皇帝（也就是神聖羅馬皇帝查理五世）。查理五世的經濟基礎，就是由前述國家累積而來。這個時期，宗教戰爭仍舊持續進行著，他在一五五五年，結束日耳曼內戰，於奧古斯堡簽訂宗教協議後退位。

查理一世時代的西班牙，可以說是歷史上國勢最強、領土最大的繁榮期。當時，西班牙的勢力範圍不僅遍及地中海，甚至延伸至新大陸及太平洋，都有殖民

廣闊的哈布斯堡家族領地

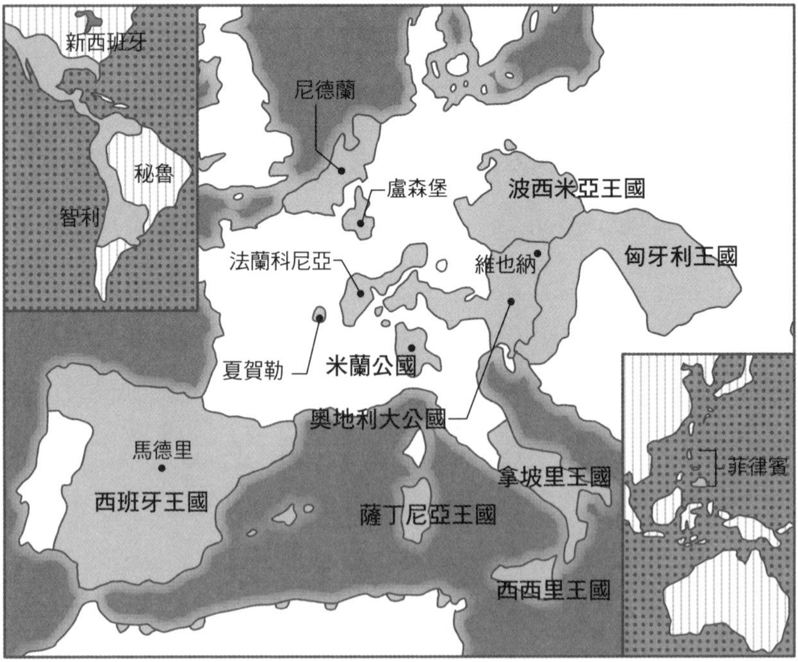

領地。到此為止，西班牙的歷史與法國、德國及義大利幾乎都沒有瓜葛。然而，哈布斯堡家族出身的奧地利國王，在成為神聖羅馬帝國皇帝查理一世時，無視西班牙的意願，就將該國列為「歐洲」的一員。

此時，歐洲各國正好逐漸實行君主專制，西班牙也是其中一員，與他國實力不相上下。但沒想到，此舉只是加速西班牙的沒落而已。

查理一世，將哈布斯堡家族的廣大領地，分割給兒子菲利浦和弟弟費迪南繼承。哈布斯堡家族也分裂成西班牙支派和奧地利支派，尼德蘭一帶由菲利浦二世繼承，成為西班牙的領土。

接下來，尼德蘭人們起而反抗菲利浦二世實施的宗教政策，**荷蘭獨立戰爭**就此展開。歷經三十年戰爭，到了一六四八年，西伐利亞和約承認荷蘭的獨立地位，然而，尼德蘭南部（比利時）和西班牙同樣信奉天主教，所以仍舊歸西班牙統治。

陷入僵局的西班牙繼承戰爭

西班牙派系的哈布斯堡家族，第一代始祖是查理一世。十七世紀末，查理二世在辭世前沒有留下子嗣，他留下遺言，讓法國國王路易十四世的孫子安茹公爵菲利浦繼承西班牙國王的王位。

另一方面，奧地利派系的哈布斯堡家族向法國宣戰，因而引發**西班牙繼承戰爭**。雖然安茹公爵菲利浦接任西班牙國王時，承諾放棄法國王位繼承權（因為如果他同時繼承法國王位，法國與西班牙將合併成一個強大的國家），但是路易十四世並不理會他的主張，因此英國也加入這場戰役，使得**戰況愈演愈烈，延燒到新大陸**。

最後，英、法之間簽訂烏特勒支和約（Treaty of Utrecht），法國與奧地利簽訂拉施塔特和約（treaty of Rastatt），這場戰爭才終告結束。這兩份和約的共通點，就是承認菲利普（亦即西班牙王菲利浦五世）擁有西班牙王位繼承權，同時也

西班牙喪失的領土

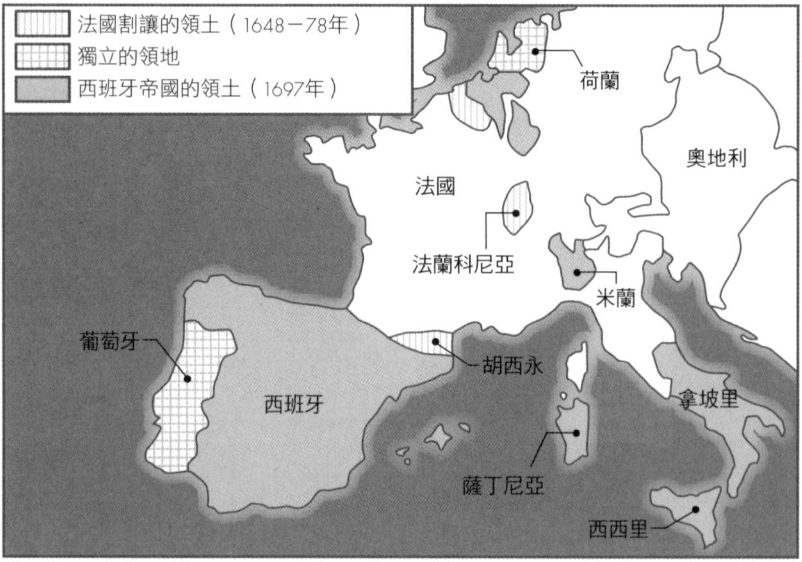

要求他必須宣誓放棄法國王位繼承權。

這些條約，讓奧地利領有西屬尼德蘭（比利時）、拿坡里王國、米蘭公國和薩丁尼亞島。另外，法國割讓西西里島給薩伏依公國（之後成為十九世紀時，義大利統一的核心勢力薩丁尼亞王國），並且將直布羅陀、馬爾他島（Malta）、北美的哈得遜灣（Hudson Bay）和阿卡迪亞（Acadia）割讓給英國。

拿破崙戰爭帶來的現代化——里耶哥革命和拉丁美洲獨立

十八世紀末，發生**法國大革命和拿破崙戰爭**，近代的思想風潮也吹向伊比利亞半島。或許我們可以說，為了抵抗法國人統治，西班牙人所做的反制運動，正是這股思潮的成因。

隨著革命行動愈演愈烈，因為與波旁家族之間的淵源，西班牙終究還是出手協助法國王室。直到路易十六世遭到處刑後，西班牙與法國戰爭敗北，只好將加勒比海上的聖多明哥島（Saint Domingue Island）西半部（之後的海地〔Haiti〕）割讓給法國。

另一方面，由於英國開始覬覦拉丁美洲的西班牙殖民地，西班牙與法國結盟，共同對抗英國。

這個時期最大的戰役，就是**特拉法加（Trafalgar）海戰**。原本西班牙的海軍在歷經阿馬達（Armada）海戰後，已經重建完成，卻又在此役遭受毀滅性的打擊。

到了一八〇八年，法軍以鎮壓葡萄牙為藉口，進駐西班牙境內。面對法國的蠻橫作為，西班牙人的不滿情緒，在拿破崙的兄長約瑟夫（Joseph Bonaparte）即位時，達到最高峰，進而爆發起義。其後，哥雅（Goya）以這個時期的西班牙人為題材，創造出「五月二日」及「五月三日」兩幅大作。

受到法國大革命的影響，西班牙市民的意識為之改變。一八〇八年起，連續十四年的「獨立戰爭」中，一八一二年，加的斯（Cádiz）免於遭到法國占領，並發布了一部以自由主義為基礎的憲法。雖然這部憲法在拿破崙沒落之後，也隨之廢除，但是在一八二〇年，崇尚自由主義的軍人**里耶哥（Riego）**，掌試再次施行這部憲法。

當然，保守派勢必極力反對，就在一片混亂之中，**墨西哥**、**哥倫比亞**、**秘魯這些西班牙殖民的拉丁美洲國家，紛紛宣布獨立建國**。

撤出古巴，進入摩洛哥

拉丁美洲的西屬殖民地相繼獨立後，到了十九世紀末期，西班牙歷經了一段飽受帝國主義所苦的期間。而到了此時，西班牙已經不再保有昔日的光彩，註定步上衰退的命運。

其中，**美西戰爭**更是決定性的關鍵。拉丁美洲裡的古巴，原本是西班牙殘留的殖民地，但是獨立建國的呼聲愈來愈高漲，因此，支持古巴獨立的美國與西班牙觸發戰爭，西班牙敗北。最後，**古巴雖然看似獨立，實質上卻成為美國的殖民地**。而西班牙因為戰敗，只好把加勒比海上的波多黎各、太平洋地區的關島及菲律賓割讓給美國。**過去號稱「日不落帝國」的榮光，如今已完全不復存在**。

另外，**摩洛哥事件**也是一個關鍵（丹吉爾事件〔Tangier Crisis〕、亞加迪爾事件〔Agadir crisis〕）。摩洛哥與西班牙之間，相隔一道直布羅陀海峽（Strait of Gibraltar），就地理位置而言，十分易以掌控進出海峽的船隻。因此，對英、法兩國而言，自然是個必爭之地。而西班牙在摩洛哥，已經擁有休達及美利雅（Melilla）等據點，對英、法的動向更是萬分關切。

一九〇五年與一九一一年，法國的勢力已擴展至摩洛哥，但德國卻出面干預（摩洛哥事件）。英國也涉入調停，加上德國的主要殖民地都在非洲地區，最後因而退出摩洛哥的紛爭。然而，經過此次事件，**西班牙與法國就各自在摩洛哥劃分勢力**。一直到第二次世界大戰後，一九五六年，西班牙才放棄摩洛哥的統治權。

春天降臨里斯本與馬德里——殖民地的自由化

十九世紀，西班牙內政紛亂不斷，一直影響到二十世紀，並且在一九三六年引發**西班牙內戰**。這場戰爭結束後，**佛朗哥在國內成立獨裁政權，統治西班牙**。由於西班牙在第二次世界大戰保持中立，這個獨裁政權也一直維持到戰後。而鄰國葡萄牙也出現薩拉查（Oliveira Salazar）的獨裁勢力，但這兩個國家都在一九七〇年代中期，興起一股自由民主化的風潮。

西班牙在歷經佛朗哥政權之後，雖然恢復保守的「君主制度」，但是不再有像佛朗哥一樣的獨裁勢力崛起。**而兩國人民追求自由的風氣，並不僅限於國內的改革，同時也對殖民地帶來影響**。

一九七〇年代，葡萄牙在非洲擁有的殖民地，安哥拉（Angola）與莫三比克（Mozambique）發生激烈的獨立戰爭。非洲大陸多數國家，都在一九六〇年完成獨立建國，然而葡萄牙並不承認上述兩個國家的獨立政權。之後，經過武力解放鬥爭，直到一九七五年，這兩個國家才終於正式宣告獨立。

現代西班牙的領土及地區獨立問題

西班牙曾經擁有「日不落帝國」的稱號，從地中海到新大陸都握有領地，遍布世界各地，而如今的國土主要都集中在伊比利半島。然而，目前在國內還留存著幾個關於領土及獨立的問題。接下來，為各位說明上述的具體情況，其中有幾個問題十分嚴重。

⚜大帝國時代的遺珠之憾——直布羅陀海峽的南北側

目前，西班牙的國境，與法國及葡萄牙直接相連。西班牙及葡萄牙之間，雖然一直因為領土問題而處於對立，但是雙方的關係沒有特別緊張。另一方面，西班牙與法國的國境地帶，因為有庇里牛斯山脈形成自然環境的阻隔，因此，在國境劃分上沒有發生任何紛爭。

對西班牙而言，最嚴重的問題不是發生在國境相接的國家之間，**而是與相隔甚遠的英國，為了直布羅陀海峽地區，產生嚴重的對立。直布羅陀海峽是地中海往大西洋的出口（反過來說的話，就是入口），自然形成一個海路交通要衝**。英國很早以前就意識到這一點，因此，在一七一三年，西班牙戰爭後，利用烏特勒支和約奪走直布羅陀。而西班牙一再主張該地屬於西班牙所有，在十八世紀發起數次戰爭，但終究無法收復。即使到了二十世紀，西班牙多次要求英國歸還統治權，卻沒有得到正面回應，兩國的對立一直持續至今。

順帶一提，「直布羅陀」這個名稱的由來，源自阿拉伯語「賈布爾塔里克（Jabal Tarig）」，意為「塔里克山」，是為了紀念八世紀登陸伊比利亞半島的伊斯蘭國將軍塔利克・伊本齊亞倫（Tarigibn Ziyad），因而得其名。

直布羅陀海峽另一邊，摩洛哥的沿岸城市**休達（Ceuta）**，自古以來就是海上貿易的重要據點，曾歷經腓尼基人（Phoenician）、希臘人和羅馬人統治。

阿拉伯的穆斯林入侵之後，這個都市就成為他們進出伊比利亞半島的據點。以後很長一段時間，休達都是由伊斯蘭王朝統治，到了十五世紀，葡萄牙航海家亨利王子（Infante D. Henrique）占領此地，休達就成為葡萄牙的領土。十六世紀，西班牙併吞葡萄牙的時候，休達也成為西班牙領地，即使在葡萄牙獨立之後，**西班牙仍舊擁有休達，直至今日。**

美利雅（Melilla）位於休達東方，這也是腓尼基人建設的一個港口，自古就非常有名。一四九二年，西班牙（卡斯提爾暨亞拉岡聯合王國）收復托雷多（Toledo），完成了收復失地大業，之後便越過直布羅陀海峽展開反攻，十五世紀末，占領了包括美利雅在內的多數城市。伊斯蘭勢力在十六世紀反擊，但也無法奪回休達與美利雅。

經過摩洛哥危機之後，西班牙與法國瓜分摩洛哥，但是這些地區的人民，民族主義意識甚高，最後在一九五六年，西班牙承認了摩洛哥的獨立地位。但是，**休達與梅利利亞這兩處，屬於摩洛哥既有國土，西班牙卻不願歸還，直到現在仍造成兩國間的對立。**

⚜奧利文薩（Olivenza）

這座城市位於西班牙境內，在劃分西班牙和葡萄牙東西向的國境線中央部位，稍微往南一點。十三世紀初，聖殿騎士團（Knights Templar）進駐此地展開殖民。

先前為各位提過，西班牙和葡萄牙的國境，是在一二九七年簽訂奧卡尼塞許條約（Treaty of Alcañices）時劃定，當時，奧利文薩這個地方屬於葡萄牙領土。之後，兩國為了爭奪統治權，而在周遭地區展開戰爭，一八〇一年，西班牙占領此地，其後在一八一五年的維也納會議中，再次明訂為西班牙所有。

雖然葡萄牙一再表示抗議，認為該城市的主權不該歸屬西班牙，但兩國並未因此展開武力衝突，直至今日。

⚜加泰隆尼亞（Catalonha）

前面的章節也提到過，加泰隆尼亞和亞拉岡合併，成為西班牙在中世紀時期，與卡斯提爾並駕齊驅的一股大勢力。現在，讓我們來看看這個地方的情況。

前面也已提過，一四七九年，卡斯提爾的伊莎貝拉女王和亞拉岡費迪南王子結婚，成立西班牙王國（Kingdom of Spain）。此時，**隨著新大陸的發現展開的商業革命**（以地中海為中心的貿易中心，紛紛移往大西洋），**對加泰隆尼亞的經濟帶來極大的打擊**。當時，只有塞維亞取得與新大陸通商的權利，加泰隆尼亞的城市巴塞隆納無法參與其中，因此，當地人民對卡斯提爾與亞拉岡掌管的中央政府，不滿的情緒日益增高。

在這樣的情況下，法國對加泰隆尼亞伸出援手，導致西班牙與法國的對立愈發激烈。一六五九年，兩國簽訂庇里牛斯和約（Treaty of the Pyrenees），西班牙將加泰隆尼亞割讓給法國，才終結這場紛爭。結果，法國與西班牙的國境，就在此役制定下來。

西班牙繼承戰爭時，加泰隆尼亞也站在哈布斯堡家族那一方，攜手對抗中央政府。之後，透過與拉丁美洲的通商權利獲得認可，加泰隆尼亞終於恢復榮景，成為**十九世紀西班牙工業革命的中心地**。

但是，加泰隆尼亞與中央政府的對立仍舊持續，西班牙戰爭時，甚至成為反政府方的據點。現在，當地要求脫離西班牙獨立的呼聲仍舊是甚囂塵上。

⚜安道爾王國（Principat d'Andorra）

法國與西班牙之間，有一個奇妙的「獨立國家」，名為安道爾公國。查理曼大帝遠征西班牙之際，在各地設立教區，並分封給「藩侯」管理，其中一名藩侯就是烏赫爾（Urgel）伯爵，而這個爵位統治的地區，後來就成為安道爾王國的發祥地。

雖然烏赫爾伯爵將該教區的統治權賜予烏赫爾主教，但主教還是必須將統治權下放給世俗諸侯（Weltlicher Fürst），沒多久，世俗諸侯與主教之間就產生對立。到了十三世紀末，安道爾王國暫時決定，由烏赫爾主教與世俗諸侯共同統治，而這樣的關係也一直延續至今。

安道爾王國世俗諸侯的權利，不久後便轉移到法蘭西的納瓦拉王國（Nafarroako Erresuma）手中，之後更讓渡給波旁家族。先前我已經介紹過，波旁家族的納瓦拉王亨利曾經成為法蘭西國王（波旁王朝創始者亨利四世），安道爾因而降格成為公國，接受法國國王與烏赫爾主教共同統治。

法國大革命的時候，安道爾公國不承認革命政府，而法國政府也切斷先前與安道爾公國維持的關係，於是，在革命戰爭中，法國便將安道爾完全併吞。到了拿破崙時代，兩國之間又恢復之前的關係，但是在西班牙戰爭以及第二次世界大戰之間，法軍與西軍分別進駐安道爾。

一九九三年，安道爾制定憲法，決定成為一個獨立國家。但是，**烏赫爾主教與法國總統仍是該國的共同元首，這個奇特的體制仍然維持至今。**

⚜巴斯克（Basque）地區

在加泰隆尼亞獨立運動的同時，西班牙境內的**巴斯克人**為了脫離統治，獨立建國的行動也如火如荼地展開。

位於比斯開灣沿岸的巴斯克縣，就是巴斯克人主要居住的區域，他們和穆斯林，以及為了對抗伊斯蘭教而入侵的法蘭克王國，也都曾經發生戰爭。有一首敘事詩歌，名為《羅蘭之歌（La Chanson de Roland）》，訴說查理曼大帝遠征西班牙的傳奇軼事。這首詩歌的背景是遠征軍與穆斯林作戰，但實際上故事的內容是查理曼大帝與巴斯克人的戰爭。

誠如本章一開始所說，西元十世紀，納瓦拉王國是以潘普羅納做為根據地來建國。之後，卡斯提爾王國併吞了納瓦拉王國，以及巴斯克人居住的地區。然而，巴斯克人長久以來在比斯開灣經營漁業，擁有優異的航海技術，因此，許多人在大航海時代都登上新大陸。

隨著時間推移，**到了十九世紀，由於該地資源極為豐富，因而與加泰隆尼亞一同成為工業革命的核心地區**。此時，大量非巴斯克族群的人們湧入工作，成為當地市民，愈來愈多巴斯克人感到，自己的文化面臨遭受破壞的危機。

西班牙戰爭爆發之際，巴斯克站在共和國那一方，與佛朗哥的軍隊戰鬥。結果，在內戰終結之後，巴斯克遭受到極為嚴酷的壓迫，激進派組織**「巴斯克祖國與自由黨**（**ETA/Euskadi Ta**

Askatasuna）」也因應而生，但近年來他們的活動漸趨溫和。

一個民族最具代表性的「文化」就是「語言」。巴斯克人也堅持使用他們的母語，甚至說：「這世上只有兩種語言，巴斯克語和另外一種。」實際上，學者經過研究後發現，巴斯克語與世界上其他任何語言系統都沒有關聯，可以說是一種「孤立的語言」。

目前，巴斯克地區的官方語言是巴斯克語，但是，巴斯克語和加泰隆尼亞語，卻無法在公開場合使用。不可否認，這個問題也是造成巴斯克和加泰隆尼亞，亟欲獨立的原因之一。

第4章

Russia VS Scandinavian Countries

俄羅斯 VS 北歐各國

波羅的海的霸權之爭

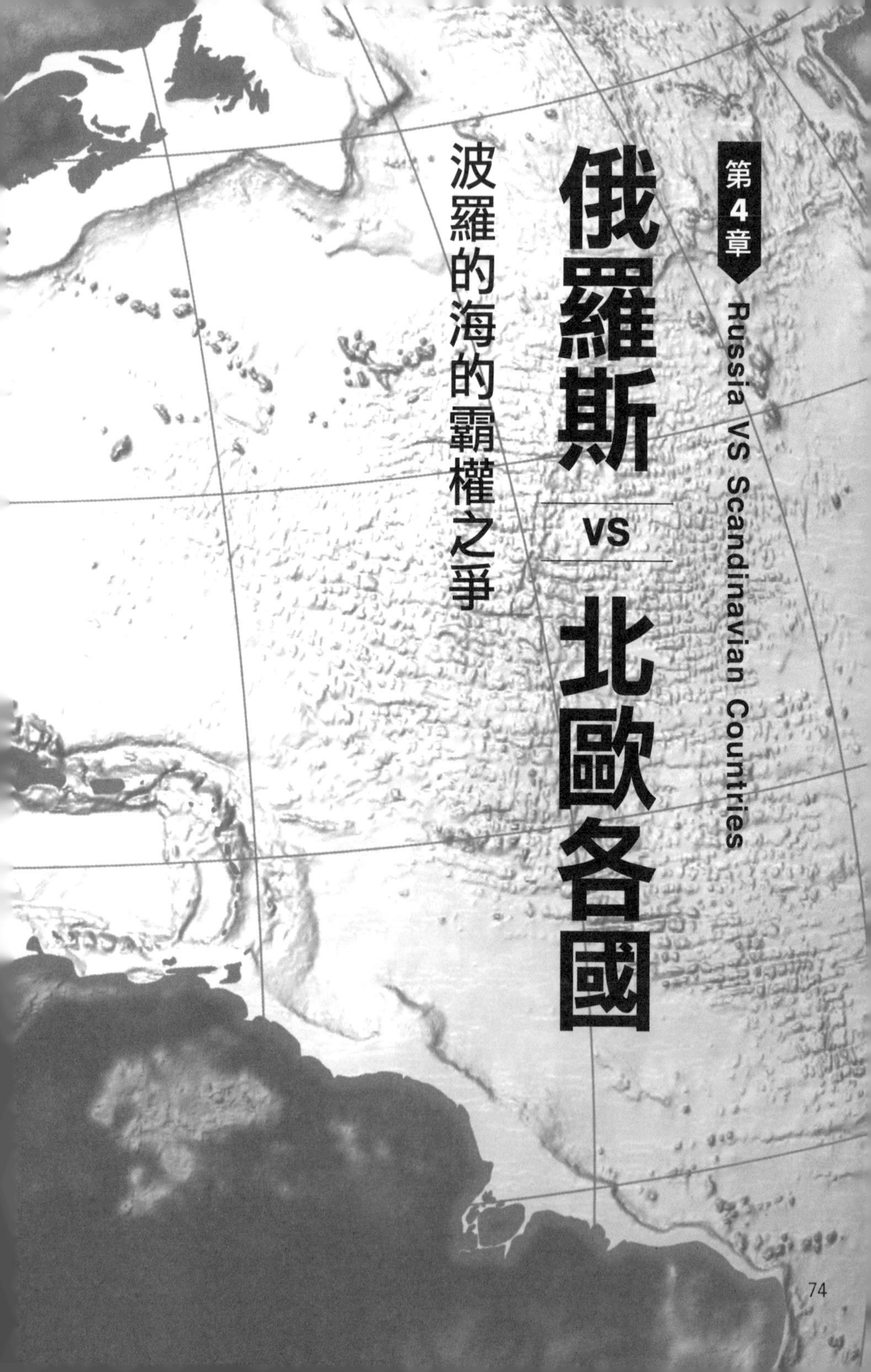

各位應該都知道，丹麥有一座克倫波堡（Kronborg Castle），名列於世界遺產。也許有些人會想到，莎士比亞的名作《哈姆雷特》，就是以這座城堡做為舞台。莎士比亞本人並未拜訪過這座城堡，哈姆雷特的舞台只是他憑空想像（或許也受到北歐傳說，以及當時其他作家的作品影響）創造出來的場景。而這座城堡在二〇〇〇年，登錄成為世界遺產。

丹麥（西蘭島〔Sjaelland〕）和瑞典（Sweden，半島南部）之間有一道松德海峽（Öresund），克倫波堡就位於面對海峽的地區，然而這座城堡在歷史上並沒有留下太好的評價。城堡主人派遣官吏常駐於岸邊，向通過海峽的船舶收取「通行稅」。

克倫波堡監管的這道厄勒海峽，周邊地區從過去就紛爭不斷，十七到十八世紀時，瑞典控制此地，確立了名為「瑞典帝國（Swedish Empire）」的霸權。其後，在大北方戰爭中敗北，北歐各國漸漸以中立做為外交的基本原則。

現在這道海峽已有海底隧道和橋樑相連，汽車與電車都能夠往來斯堪地那維亞半島（Scandinavian Peninsula）和日德蘭半島（Jutland）。諾曼人若是看到今日交通如此便捷，不知道心裡會有什麼想法。這一章，我們一同來探訪波羅的海（Baltic Sea）周遭的歷史吧。

包圍波羅的海的國家

各位讀者聽過「**波羅的海艦隊**（Baltic Fleet）」嗎？在司馬遼太郎的創作《坂上之雲》中有描寫到這隻艦隊，我想許多人應該都不陌生。

「波羅的海艦隊」顧名思義就是航行於「波羅的海」的艦隊，而波羅的海四周有哪些國家，就讓我從順時針方向，一一為各位介紹。首先，眾所皆知的「波羅的海三小國」，就是**愛沙尼亞**（Eesti Vabariik）、**拉托維亞**（Latvijas Republika）和**立陶宛**（Lietuvos Respublika）。接著往地圖下方看，在立陶宛南方與**波蘭**中間，竟然有一塊俄羅斯的飛地（分散在外的領

目前波羅的海周邊各國

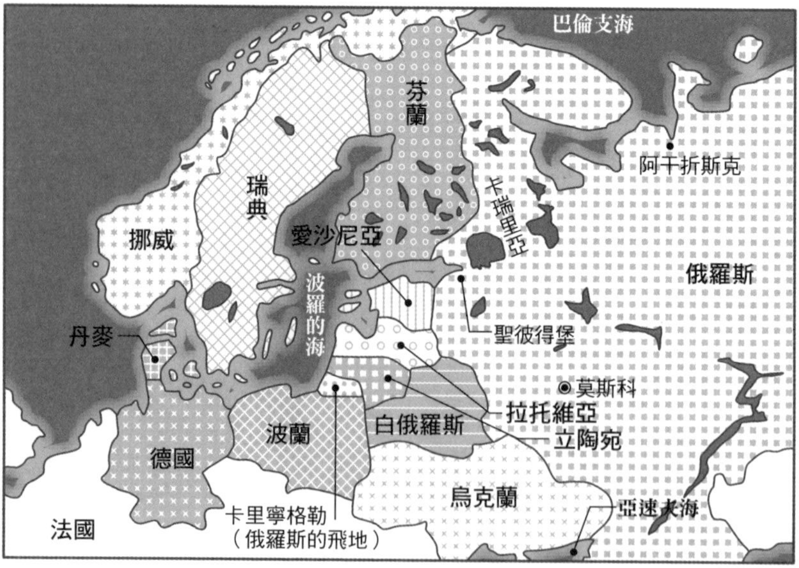

土）。這塊地區的國名是俄羅斯，中心都市是**「卡里寧格勒」**。

順帶一提，這塊俄羅斯的分散領地，過去（大約是七十年前，第二次世界大戰結束時）曾是德國領土東普魯士（Ostpreußen）。德國稱之為「科尼斯堡（Königsberg）」，這個城市最著名的人物，就是德國唯心論（Idealism）哲學的創立者康德（Immanuel Kant）。

波蘭和俄羅斯的分散領地相連，西邊緊鄰**德國**（至一九九〇年為止，分裂為東、西德），在上方還有**丹麥**，繞著波羅的海一周，又回到開頭提過的**瑞典**。「北歐三國」是指挪威、瑞典和丹麥（這三個國家加上芬蘭和冰島，通稱為斯堪地那維亞〔Scandinavia〕），但是挪威並不在波羅的海沿岸。而位於瑞典和俄羅斯包圍中間的芬蘭，部分國土與波羅的海相接。芬蘭東部有一個名為卡累利亞的地區，這裡過去曾是芬蘭領土，第二次世界大戰中被俄羅斯併吞。

確保波羅的海航行權，是左右俄羅斯國運的重大問題！

關於波羅的海的情勢，我們一定要談到俄羅斯。現在俄羅斯的首都是莫斯科，但過去的首都是**波羅的海沿岸城市聖彼得堡**。這個城市是由彼得大帝（Pyotr I Alekseevich）所興建，其名號承襲自基督教使徒彼得（Peter），初期該地名為「彼得格勒（Петроград）」。俄羅斯革命後，人們不喜歡這個德國風格的名稱，因此借用統治者列寧（Lenin）的名諱，改為列寧格勒，蘇聯瓦解後，再度更名為聖彼得堡。這個地區原本是瑞典的領地，十七世紀中期，在北方戰爭中被俄羅斯奪去，做為新首都。

對俄羅斯帝國而言，確保進出波羅的海的出入口，是攸關國運的大問題。從俄羅斯地圖上來看，莫斯科北方有白海，流入白海的德維納河（Dvina River）出海口，有一個城市名為阿干折斯克。如果無法從波羅的海出航，俄羅斯就必須經由北方的巴倫支海，繞行一大圈才能抵達歐洲。

經過以上說明，相信各位都能了解，波羅的海對沿岸各國具有多麼重大的意義。因此，**這個海域從中世紀以來，就是周遭各國兵家必爭之地。**而冠上這個海域名稱的「波羅的海艦隊」，就是俄羅斯的一支強大海軍，其實力足以睥睨波羅的海沿岸各國。

諾曼人的時代——北歐三國的成立

過去，這個地區曾是**諾曼人**的天下。他們是日耳曼民族的一個分支，一開始定居於斯堪地那維亞地區。其後，諾曼人又分為幾個派系，分別是居住於挪威的挪爾族（Norses）、居住於丹麥的丹族（Daner），以及居住於瑞典的瑞亞族（Suiones）。

另外，芬蘭的原住民族是蘇歐馬萊賽特族（Suomalaiset），他們和愛沙尼亞族一樣，都是烏拉爾語系（Uralic Languages）的民族，和日耳曼人有所區別。立陶宛和拉托維亞都屬於波羅的語系（Baltic Languages），再順帶一提，俄羅斯人與波蘭人都是斯拉夫民族。

諾曼人在九世紀的時候，在波羅的海和北海積極拓展勢力。並且沿著由聖彼得堡出海的涅瓦河（Nevskoe）逆行而上，經由聶伯河（Dnepr）進入黑海。他們有另一個更廣為人知的別名是**維京人**（Viking，俄羅斯語稱瓦蘭格人〔Варяг〕），經常以商業活動做為掩護，實際上則以掠奪其他船隻為目的（現在，關於維京人「掠奪」一事，似乎正在進行平反）。

關於諾曼人的活動，以下三件事蹟最為著名。

第一件，西元十世紀初，法蘭西王將**諾曼第**（Normandy; Normandie）賜予丹族人羅洛（Rollo）。第二件，十一世紀初，**丹族人卡努特**（Canute）**占領英格蘭，以北海為中心統一周遭地區**。最後一件發在同一個世紀中期，諾曼人威廉當上諾曼第地區的法國諸侯，他**占領了英格蘭**（England），**並且建立諾曼王朝**。另外，在十二世紀時，諾曼人進入地中海，占領義大利南部和西西里島，建立了兩西西里王國。**諾曼人的各種活動，對歐洲中世紀帶來非常大的影響，更有人認為他們的行動，正是促成封建制度形成的原因**。

但是，到了十三世紀，諾曼人擴張勢力的行動暫且告一段落，他們在原本的根據地，也就是丹麥、瑞典和挪威開始建設國家。特別是丹麥、瑞典和德國的德意志騎士團，在波羅的海域組成「北方十字軍」來擴大領土，十二世紀左右，瑞典併吞了芬蘭。

波羅的海三小國，愛沙尼亞、拉托維亞和立陶宛深受諾曼人的行動影響，於是他們加強和波蘭的合作關係，愛沙尼亞對付丹麥，拉托維亞和立陶宛負責抵抗德意志騎士團。即使如此，這三個國家並未聯合起來，組成一個強大的國家。

十四世紀末，丹麥王的母親瑪格麗特（Margrete I）發揮強大的指揮能力，**將丹麥、瑞典及挪威三國，整合成一個聯合全國（卡爾馬〔Kalmar〕同盟）**，而丹麥在聯合中擔任盟主的地位。此舉讓丹麥藉由稅收等措施，獲得極大的利益。然而，丹麥並未因此而坐大，其他兩國經常發起抗爭，對丹麥的統治表達不滿，三國同盟始終沒有帶來穩定的政局。

一五二〇年，丹麥國王為了鎮壓瑞典反動分子，發動了「斯德哥爾摩大屠殺（Stockholms blodbad）」，此舉也使得卡爾馬同盟註定崩解。丹麥雖然和挪威維持合作關係，但瑞典在一五二三年宣布「獨立」，自組一個國家。

緊接著在十六到十七世紀發生宗教戰爭，**三國在這個時期都被新教徒（Protestant＝Lutheran Church，路德教派）組織延攬，一邊介入宗教戰爭，同時發展君主集權專政主義。**

瑞典成為波羅的海的霸主，之後漸趨弱勢

脫離卡爾馬同盟「獨立」之後，**瑞典以取得波羅的海上的霸權為目標，積極展開外交行動。**到了十六世紀中葉，利伏尼亞（Livonia）地區發生利伏尼亞戰爭，瑞典也加入戰局（詳情容後再敘），並且併吞了愛沙尼亞。

新國王古斯塔夫二世・阿道夫（Gustav II Adolf）在一六一一年即位，丹麥國王克里斯汀四世（Christian IV）為了爭奪卡爾馬地區的領地，與瑞典發生戰爭。歷經一番苦戰，瑞典好不容易守住該地，此後也開始強化軍力。

瑞典在軍事能力大為提升後，首先打敗一向野心勃勃的波蘭，接著因為入侵愛沙尼亞而與俄羅斯發生戰爭並獲得勝利，此時他們在波羅的海域的勢力非常龐大。其後也參與三十年戰爭，雖然國王古斯塔夫二世在一六三二年，呂岑會戰（Schlacht bei Lützen）一役戰死，然而到了一六四八年，簽訂西伐利亞和約後，還是取得了一些德國領土。**此時瑞典在整個波羅的海域，已經建立起強大的霸權。**

但是，繼古斯塔夫二世之後，接任王位的克麗絲汀女王（Queen Christina），愛好學術及文藝研究，不喜爭戰，她與法國哲學家笛卡兒等人私交甚篤。在這位女王的領導下，瑞典還能持續

增強國勢，都是仰賴宰相的活躍。

在克麗絲汀女王之後繼位的國王，是普法爾茨家族的德國選帝侯卡爾十世，這個時期戰爭仍舊持續進行著，他帶領瑞典與俄羅斯、波蘭以及丹麥作戰，這幾場戰役統稱為北方戰爭。在這場戰爭當中，瑞典從丹麥手中奪取一部分挪威領土，也不算是徒勞無功，但是國際政治上獲得的效益更為顯著，可以說是**瑞典在歷史**

十六～十七世紀的瑞典

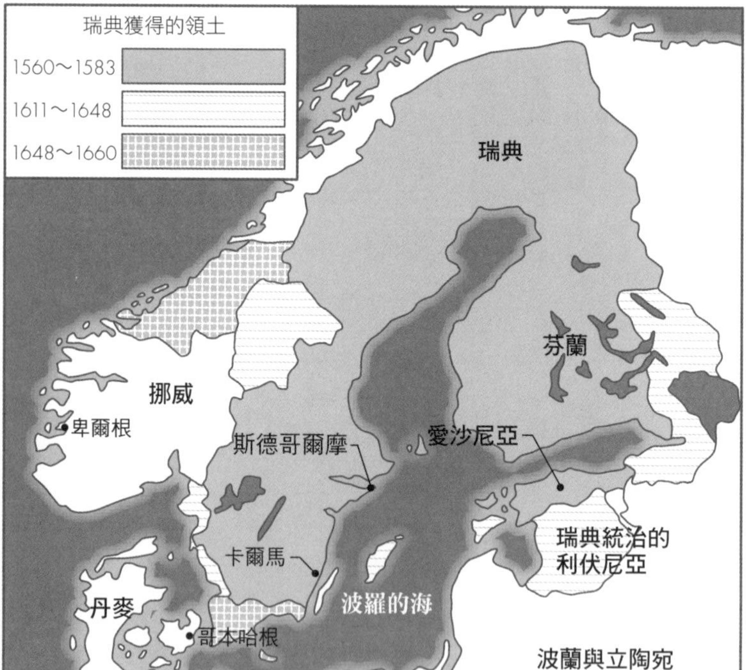

上最強勢的時期。

此時丹麥崛起，與瑞典爭奪霸權地位，但是在三十年戰爭中，克里斯四世戰敗（結果導致丹麥無法參與議和會議），其後在三十年戰爭中，丹麥與瑞典發動局部地區的戰役，丹麥仍舊落敗，軍事實力大為減弱，往後國勢便一直走下坡。

剛才我已經提過，十七世紀是瑞典最強盛的時期，然而在**該世紀後期，又有新的敵人逐漸崛起**。其中一股勢力是神聖羅馬帝國的諸侯國，名為**布蘭登．普魯士**。這個國家在三十年戰爭中，取代奧地利展現強大的實力，瑞典在與之一戰中，失去波美拉尼亞。

另外一股勢力，就是在彼得大帝領導下，成功提振國力，堪稱富國強兵的俄羅斯。一七〇〇年爆發的戰爭（大北方戰爭），俄羅斯理所當然參與戰局，其他還有丹麥、英國及德國的部分諸侯國，以及鄂圖曼帝國也都捲入戰局，其規模之巨大，無怪乎稱為大北方戰爭。

瑞典國王卡爾十二世，在大戰初期雖然暫時得勝，但到了後半期則遭到俄羅斯擊潰。最後簽訂尼斯塔德條約，雖然收復了芬蘭地區，但是將愛沙尼亞及拉托維亞割讓給俄羅斯。如此一來，**俄羅斯便確保了進出波羅的海的出口，而瑞典的國勢也因此長期處於停滯狀態。**

前段提到瑞典透過尼斯塔德條約收復芬蘭，但是在拿破崙戰爭中，又遭到俄羅斯搶走，而瑞典在此役中獲得挪威。其後，瑞典與挪威組成的聯合王國，一直持續到一九〇五年。

到了現代，諾貝爾「和平獎」的頒獎典禮，一直都在挪威的奧斯陸舉辦，正是這兩個國家歷史淵源的象徵。

瑞典的民主化與中立化

十八世紀後半，瑞典國王企圖重建瑞典帝國。而實際上，他在對俄羅斯帝國的戰爭中，表現得十分英勇善戰，但是發起大規模的戰事，將會對國家的命運帶來極大的影響，因此，國民一直難以達成共識。

即使到了十九世紀，瑞典的野心仍舊沒有消退，他們開始主張「大斯堪地那維亞主義」，不只希望能夠掌控波羅的海，還企圖恢復北歐霸主的地位。瑞典趁著克里米亞戰爭開打時，計畫奪回芬蘭，但最後還是無法如願。

之後在一整個十九世紀，瑞典都沒有參與任何戰爭，在國際間一直推持和平的態勢，結果**國內發展出民主化的勢力，國王的政治權力漸趨架空**。取而代之的是議會政治，發展至二十世紀初，國內男性終於能夠參與普通選舉。

在第一次及第二次世界大戰期間，北歐三國都保持中立。但是，維持中立立場經常都會遭到嚴峻的現實阻撓。特別是當蘇聯與芬蘭在戰爭中，北歐三國沒有支援芬蘭，對芬蘭國民造成了極大的傷害。

因此，**戰後丹麥與挪威都加入北大西洋公約組織（NATO），但瑞典沒有加盟**，原因在於和芬蘭一同保持中立，避免刺激蘇聯。但是，**瑞典的中立和瑞士相同，都是武裝中立**（保持中立的立場，但是擁有捍衛國家的自衛隊）。在國際關係日益嚴苛的情況下，如何生存下去，考驗著每一個國家的智慧。

芬蘭展開絕妙的外交平衡

芬蘭並不是由諾曼人建國，他們屬於蘇歐馬萊賽特族，從十二世紀以來，就是瑞典統治的一塊領地。其間，天主教勢力愈來愈強盛，但是到了十六世紀，瑞典開始信奉路德教派，芬蘭也跟著採用路德教派的教義。芬蘭並非不曾採取獨立行動，但實際上，一直到十八世紀，仍舊屈就於瑞典的統治。

此時，瑞典為了發展波羅的海的勢力，因而與俄羅斯開戰。這次的戰役就是剛才提到的大北方戰爭，最後是瑞典敗北，並且割讓芬蘭東部及卡瑞里亞地區給俄羅斯。到了十九世紀，拿破崙戰爭之際，瑞典加入抗法大同盟。一八〇八年在戰役中敗北，只好聽命於拿破崙的對俄政策，將芬蘭國土全數割讓給俄羅斯。即使**拿破崙戰爭結束，俄羅斯仍舊繼續統治芬蘭**。

十九世紀，芬蘭的民族主義意識也開始沸騰，但是在俄羅斯的鎮壓下，一直沒有太大的作為，直到一九一七年，趁著俄羅斯革命，一片混亂之際，芬蘭才得以獨立。此時，芬蘭已收復卡瑞里亞地區大部分領地，然而，隨著第二次世界大戰，蘇聯與芬蘭也發生戰爭，在持續對立（戰爭並未間斷）之中，蘇聯又併吞整個卡瑞里亞，直至今日。

冷戰時期，出現了「芬蘭化」一詞。芬蘭似乎已看透世局將會如何演化，對於與蘇聯國境相接一事，抱持著相當高度的警覺。因此，芬蘭開始採取獨特的外交方針。首先，蘇聯與芬蘭之間簽訂了芬蘇友好合作互助條約，這份條約約定**芬蘭可以獨立建國，並維持議會體制及資本主義，但如果蘇聯對外發動戰爭時，芬蘭必須與蘇聯站在同一陣線**。

如此一來，在芬蘭國內，批評蘇聯就變成禁忌，而且**芬蘭也未加入華沙公約組織和北大西洋公約組織，在外交上形成一種絕妙的平衡狀態**。芬蘭在這樣的條件下生存，同時為東、西方世界仲介交易，藉以發展經濟，成為世界上少數的富有國家之一。

立陶宛的勢力，曾經擴張至烏克蘭

波羅的海三小國是指在波羅的海內部，愛沙尼亞、拉托維亞和立陶宛這三個國家。其中，立陶宛在第二次世界大戰爆發前，杉原千畝在該國擔任日本領事一職，並發出大量簽證給猶太人，這個事蹟相信許多人都曾耳聞。前一陣子在大相撲比賽中表現傑出的把瑠都關，則是來自愛沙尼亞。

這個地區的歷史中，經常出現「利伏尼亞」這個詞彙。意思是指居住於拉托維亞北半部，到愛沙尼亞南部這個地區的利伏尼亞人。

這個地方在十二世紀時，曾有德國商人前來經商。接著到了十三世紀初期，席特派修道會的修道士為了開拓信眾與布教，組成了「利伏尼亞騎士團」，以里加為中心展開布教行動。隨後稍晚一些來到此地的德意志騎士團，吸收了利伏尼亞騎士團，雖然地位降為分團，但仍保有原來的名稱。

德意志騎士團在這個地區活動時，南方現今的立陶宛地區，立陶宛人的行動也漸趨活躍。到了十三世紀中期，**立陶宛戰勝德意志騎士團，勢力範圍擴大至白俄羅斯與烏克蘭方面**。因此，斯拉夫民族的文化、風俗及語言，逐漸在該地區漫延開來，這種情況稱為「斯拉夫化」。

另一方面，德意志騎士團的攻擊仍舊持續著。立陶宛與波蘭聯手抵抗，十四世紀後半，**立陶宛大公兼任波蘭國王，兩國實質上已正式組成一個聯盟**（在波蘭歷史上，稱之為**亞蓋洛王朝**）。

十五世紀初期，德意志騎士團在格倫瓦德之戰（德國方面稱為坦能堡之役）戰敗，該騎士團也就此式微。然而，立陶宛大公國在此時最為強盛。其後，立陶宛民族與斯拉夫民族，也就是天主教與希臘正教，遭到俄羅斯和波蘭壓迫，立陶宛的國勢也轉向衰退。

利伏尼亞戰爭導致俄羅斯國勢消耗

西歐地方在一五五五年，經過奧古斯堡宗教和議後，路德教派獲得認可，宗教戰爭前半期也就此告一段落。兩年後，到了一五五七年，利伏尼亞聯合（愛沙尼亞與拉托維亞組成的聯合國家）與波蘭暨立陶宛聯合王國簽訂互相防衛條約，而莫斯科大公國（俄羅斯）的伊凡四世提出異議，雙方進而宣戰。隔年一五五八年，利伏尼亞戰爭爆發，這場戰役從一五五八年打到一五八三年，持續了將近四分之一個世紀，其中有幾個國家的動向值得觀注。

首先是立陶宛與俄羅斯的戰爭中，立陶宛持續處於苦戰，幾乎快被俄羅斯併吞，於是，立陶宛開始加強與波蘭之間的關係。一五六九年，兩國組成盧布林聯盟（十四世紀以來，兩國再度維持密切的關係），實現合併的計畫（實際上，**立陶宛成為波蘭的從屬國**）。自從十四世紀時，亞蓋洛王朝成立以來，立陶宛和波蘭的合作應該十分密切，但實際上兩國的關係一直處於不穩定的狀態，因此在利伏尼亞戰爭期間，雙方更是期待聯盟化關係能夠更加強化。

波蘭王國與立陶宛大公國，形式上是對等地位的聯盟國家，名稱是「波蘭暨立陶宛共和國」。而**波蘭也因此將立陶宛領有的白俄羅斯，以及烏克蘭納入國土範圍，成為一個領土寬闊的國家。**

在這場戰爭中，鄂圖曼帝國和克里米亞汗國攻打俄羅斯，使其國力大為消耗。另一方面，波蘭與立陶宛趁勝追擊，雖然得以繼續作戰，但最後經過一五八三年的議和條約，兩國的領土又恢復成開戰前的情況。在人們還搞不清楚到底為何而戰時，戰爭就結束了。

另外，瑞典也參與戰局，最後取得愛沙尼亞，這個結果也**讓俄羅斯完全放棄掌握波羅的海的念頭。**

日後，**波蘭的分裂與拿破崙戰爭，改變了波羅的海三小國的命運**（關於波蘭分裂的詳情，請參考第七章）。在各國瓜分波蘭時期，俄羅斯取得立陶宛，之後又在拿破崙戰爭中，併吞愛沙尼亞、拉托維亞以及芬蘭。

踏出新步伐的波羅的海三小國現況

第一次世界大戰之後，波羅的海三小國終於實現獨立建國的夢想。大戰期間，國內並未全面施行民主政治，而到了一九三九年，第二次世界大戰爆發，德、蘇之間祕密簽訂互不侵犯條約，讓蘇聯得以再次占領這三國。

一九四一年，德國與蘇聯互相攻打對方，波羅的三國落入德國手中，到了戰爭末期再度由蘇聯占領，戰後，這三個國家加入「蘇維埃社會主義共和國聯邦」，亦即遭到蘇聯併吞。

在蘇聯政權末期，一九九一年八月，趁著蘇聯國內發生軍事政變，波羅的海三小國宣布獨立。二〇〇四年，三國也加入北大西洋公約組織和歐盟，現今正開始寫下一段新歷史。

第5章

England VS Scotland, Ireland

英格蘭 vs 蘇格蘭、愛爾蘭

分裂運動持續到二十一世紀的背景

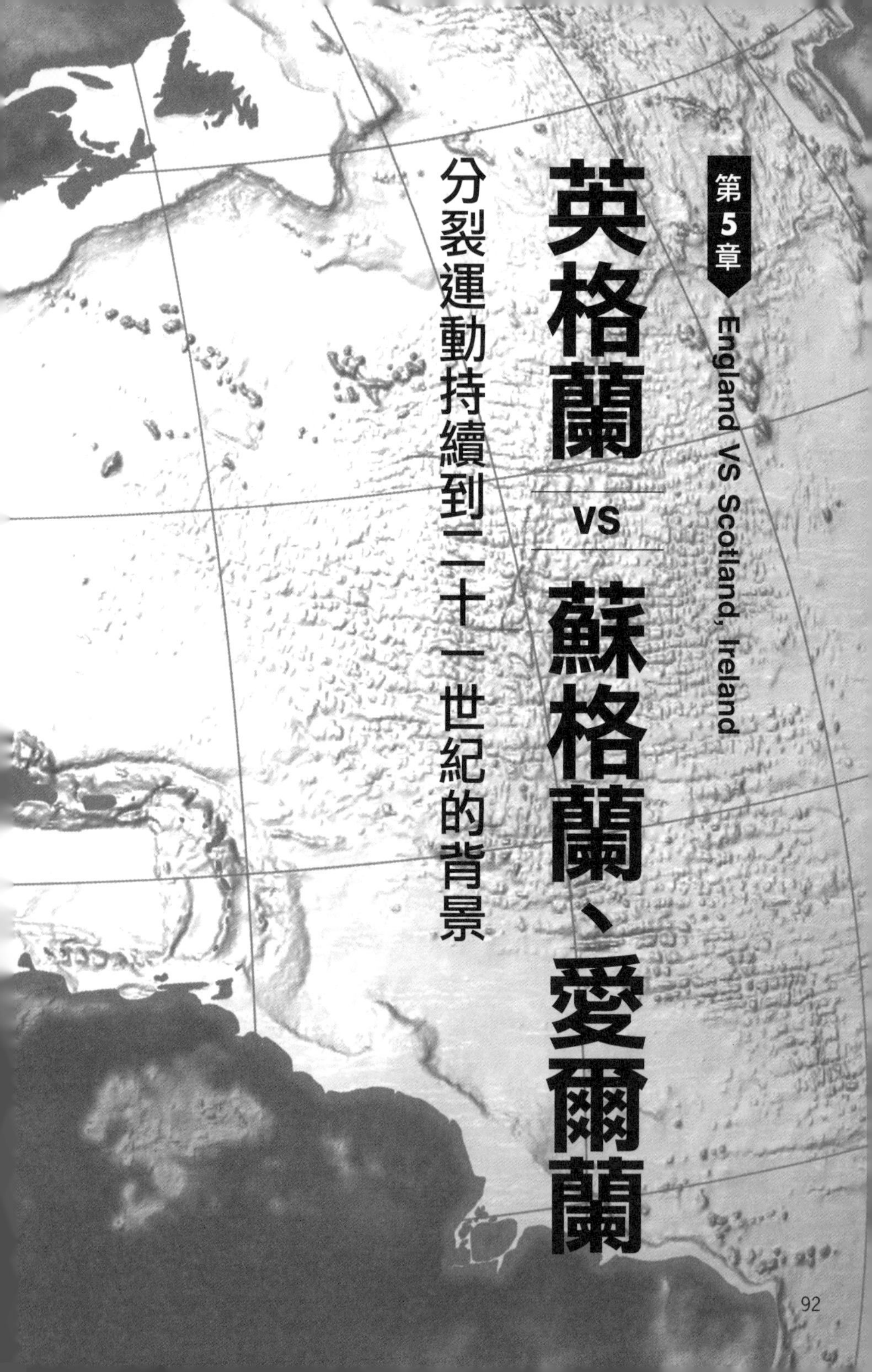

二〇一四年，在「英國」歷史上發生一件大事。蘇格蘭要求**脫離英國獨立**而舉行公民投票，這件事情引起世界各國關注。

最後，雖然贊成票未達半數，蘇格蘭仍舊留在「英國」轄下，但除了蘇格蘭以外，英國還必須面對**「愛爾蘭問題」以及「北愛爾蘭問題」**，整個國家可說是處於動盪不安的局面。此時，「英國」本國與愛爾蘭、北愛爾蘭之間，情勢非常緊張，甚至以「戰爭」來形容也不為過。

讓我們一起來觀看地圖，**英國的全稱是「大不列顛暨愛爾蘭聯合王國」，國土包括大不列顛島與愛爾蘭島北部**。我想各位一定感到不解，為什麼英國的領土會是這麼不自然的形狀呢？

過去，英國曾經擁有「世界之冠，大英帝國」的稱號，在十九世紀後期到二十世紀這段期間，英國憑藉著優異的軍事與經濟實力，足以保障國民生活安定，在世界上享有「大英盛世」的美名。

然而，「大不列顛王國」內部卻意外地掀起一陣不滿。到底「英國」的歷史是如何演進而來，且讓我在這一章做個整理。

從足球賽事來看「英國」的四個地區

了解足球賽事的讀者，請回想一下英國足球協會（正式名稱是「聯合王國國際足球協會」）。這個團體平常並不存在，只有在「世界盃」比賽的時候才會組成。省略掉海外領土的六個團隊，一般來說，英國有**英格蘭**、**蘇格蘭**、**威爾斯及北愛爾蘭**四個協會，掌理各地區的足球隊，其中英格蘭足球協會，就是有名的阿森納、曼徹斯特和利物浦等球隊所屬的聯盟。

以上介紹的足球組織，正是因為英格蘭、蘇格蘭、威爾斯及北愛爾蘭四個地區，在歷史上關係複雜所造成。**這些地區在過去，各自都曾是獨立的國家**。

我們平常稱呼的「英國」，**正式名稱是「大不列顛暨北愛爾蘭聯合王國」**。「不列顛」這個名字的由來，是因為羅馬時代，不列顛人（居爾特族，有一部分人民前往法國西北部，當地「布列塔尼」地區的名字也是因此而來）居住於這個地方，而羅馬人稱之為「不列顛尼亞」，因而得其名。

居爾特人在西元前六世紀登上不列顛島，而羅馬則是在西元前一世紀，凱撒大帝的時代才登陸。羅馬五賢帝之一的哈德良，就在英格蘭與蘇格蘭的邊境附近，建設了一道「長城」，而這道長城就成為兩國的分界線。**雖然日耳曼民族也曾入侵英格蘭，但是北部的蘇格蘭、西南部的威爾**

斯，從以前就居住許多居爾特人。

這些地區有時候會有激烈的對立，但是逐漸都受到英格蘭「征服」。因此，該地區的人們長久以來，都對英格蘭抱持反感，特別是愛爾蘭，直到二十世紀仍舊持續與英國維持對立。

諾曼人到來與「英格蘭」的形成

「英格蘭」這個名稱的由來，是由於日耳曼民族裡的盎格魯族和薩克遜族（一般合稱盎格魯·薩克遜）渡海而來，其中「盎格魯（Angles）」族的發音轉化成「英格蘭（Engla-land）」。另有一說認為「盎

「英格蘭」的四個地區

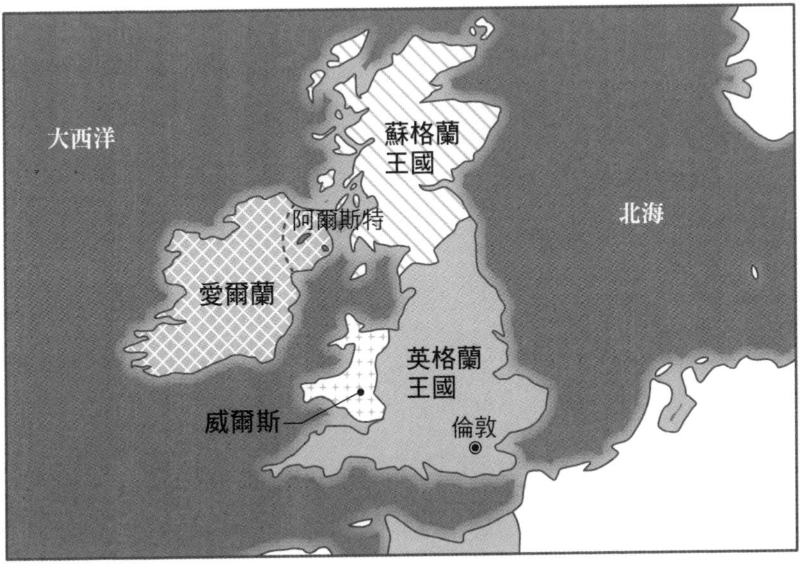

格魯」一詞來自「天使（Angel）」，關於語源，通常學者都各持見解，難有定論。

盎格魯．薩克遜族定居在英格蘭之後，並非在最初就組成一個同盟。從五世紀到九世紀左右，英格蘭在歷史上稱為**「七國之治」**，也就是在**大不列顛島的南部，有七個小國林立的狀況**。

到了九世紀，英格蘭面臨一項試煉，**斯堪地那維亞半島的諾曼族入侵不列顛島**。在戰鬥當中，七國之一的威塞克斯王國，由埃格伯特國王初次統一英格蘭，之後在同世紀末期，阿爾弗雷德大帝與諾曼人開戰。

英格蘭東部，從約克到倫敦北部的地區名為丹洛，由於諾曼人的分支丹族居住在此，因而得其名。而諾曼人傳統的法律體系，也殘留於此地。

諾曼人在英格蘭的歷史上，留下一步難以抹滅的足跡。

首先是在十一世紀初，丹族人克努特鎮壓了整個英格蘭，**和丹麥以及挪威共創一個「北海王國」**。這個國家隨著克努特過世而崩解，直至十一世紀後半，**從屬於法國的諾曼第公國國王威廉，征服英格蘭，並建立諾曼王朝**。英格蘭的正史就是從此時才開始。

話雖如此，由於威廉國王只是法國的一名諸侯，直到百年戰爭結束為止，「英國」這個國家都處於不安定的狀態。然而，征服威爾斯及蘇格蘭的行動，仍舊不曾中斷。

居爾特族的國家威爾斯，第一時間就和「英格蘭」組成聯盟

剛才提到「英格蘭」是盎格魯．薩克遜組成的國家，相對的**「威爾斯」則是由居爾特族建立的國家**。直至今日，我們到威爾斯地區旅行，還會看到鐵路車站的告示板上，同時標示英語和威爾斯語兩種語言。

威爾斯地區位於大不列顛島的西南部，最初是居爾特族的不列顛人居住於島上，後來歸屬於羅馬管轄。到了中世紀，島上居民創立了一些中小規模的部族國家，雖然有過暫時性的統一，但是未曾有過任何長期政權統治該地。

然而，威爾斯地區的居民總是激烈抵抗外部族群入侵。十一世紀，在英格蘭建立諾曼王朝的威廉國王，舉兵進攻威爾斯，同樣遭到擊退，諾曼王朝的征服及殖民計畫終究無法圓滿達成，威爾斯的自治情況也一直持續到日後。

十三世紀中期，當地一名貴族受封成為威爾斯大公，並且正式統一威爾斯。順帶一提，**直至今日，英格蘭王子的稱號仍舊是「威爾斯親王」**。「大憲章」是由英國約翰王制定，而他的孫子愛德華一世繼位時，雖然英格蘭已經全面統治威爾斯，但是民間反抗的呼聲仍舊持續不斷，愛德

華一世為了安撫威爾斯地區的民眾，便將英格蘭王子冠上威爾斯的稱號。

愛德華一世曾與蘇格蘭和法國開戰，英勇奮戰的名聲因而遠近馳名，然而為了籌措長期爭戰所需的經費，他在國內施行嚴苛的課稅制度，導致各地諸侯與手工業者大舉反抗。一二九五年，英格蘭開始實行「議會」制度，各階級代表開始向皇室討論課稅規定。此時開啟的議會制度，在日後成為英格蘭議會的範本，後世稱之為「模範議會」。

讓我們把時間稍微往前推，在議會制度開創的三十年前，一二六五年，名為西蒙．德孟福爾的貴族，曾經為了嚴苛的課稅制度而反抗國王，要求實施「議會」制度。由此可知，**英格蘭的議會制度與國王之間的對立，從十三世紀就已經開始**。

百年戰爭之後，英格蘭地區多位勢力龐大的諸侯，為了爭奪王位而發動玫瑰戰爭。戰後，威爾斯大公的後代在英格蘭地區成立了**都鐸王朝**，從此之後，威爾斯已經不再只是個稱號，實質上已獲得代表英格蘭國王出身地的榮耀。

順帶一提，英國國旗又稱為「聯合象徵旗」，其實是由英格蘭、蘇格蘭與愛爾蘭三個國家的國旗組合而成。至於威爾斯的國旗並未收於其中，原因在於**威爾斯與英格蘭，一向被視為「同一個國家」**。

蘇格蘭獨立運動盛行的原因

本章一開始已經提過蘇格蘭的「獨立」問題，我們到蘇格蘭旅行時，會發現當地使用的貨幣，與英國通行的貨幣不同，或許有人會因此大感吃驚。這是因為當地貨幣是由蘇格蘭銀行發行，回到英格蘭之後，店家拒收蘇格蘭貨幣，實質上兩種貨幣並不通用。

英國花了很長一段時間才加入歐盟（前身為歐洲執行委員會），同時在**加入歐盟之後，仍不採用歐盟的統一貨幣歐元，國內通行的貨幣仍是英鎊**（編注：英國於二〇一六年六月舉行公投，支持脫歐占多數決，並於二〇二一年元月一日正式脫離歐盟）。由此我們可以清楚明白，「貨幣」是代表「國家主權」的一種象徵。同時也可以說與此次蘇格蘭「獨立」問題，有著密切的關係。

蘇格蘭是在西元九世紀成立王國，當時英格蘭正值阿弗雷德大帝時代。十一世紀，威廉建立諾曼王朝，勢力範圍同時侵入威爾斯與蘇格蘭。在「封建制度」時期，兩國之間的關係，經常透過締結和議來維持，即使彼此之間有姻親關係，兩國間的局勢仍舊持續著緊張與對立。

十六世紀，蘇格蘭女王瑪麗一世與英格蘭之間的愛恨情仇，就是說明兩國在締結姻親約定下，仍舊充滿紛爭的最佳事例。同世紀後半期，君臨英格蘭的伊莉莎白女王（一世），下令處死蘇格蘭女王瑪麗（同時期另一位名為瑪麗的女性，是伊莉莎白同父異母的姊姊，在位期間強制推行天主教，亦即俗稱「血腥瑪麗」）。

上述事件發生的背景，是由於法國國王亨利二世從中干預，他反對伊莉莎白繼承王位，想扶持瑪麗成為英格蘭女王，並利用自己的兒子與瑪麗聯姻，進而統一法國與蘇格蘭。另外，在蘇格蘭發生宗教叛亂時，英格蘭介入其中，也是導致上述結果的原因之一。十六世紀適逢宗教改革時代，情勢有了劇烈的變動。瑪麗最終遭到蘇格蘭驅逐，亡命逃到英格蘭，並在此時策劃暗殺伊莉莎白女王，結果遭受處刑身亡。

伊莉莎白生前並未留下子嗣，由於先前的聯姻關係，**瑪麗的兒子成為蘇格蘭國王詹姆士六世，同時也是英格蘭國王詹姆斯一世**，這個時期就是**斯圖亞特王朝**的開端。詹姆斯一世和他的兒子查理一世，以及他的孫子詹姆士二世統治英蘇兩國的時代，發生過「清教徒革命（又稱英國資產階級革命）」和「光榮革命」（兩者合稱「英國內戰」）。

清教徒革命的目的在於反抗斯圖亞特王朝的專制政權，這場公民革命的主導人物名為克倫威爾，他的身分是軍人及政治家。克倫威爾藉此掌握權力後，又因為清教徒的戒律過於嚴苛而失去人心，因此，在他死後，斯圖亞特王朝又再次復興（王政復辟）。

然而，歷史總是不斷重演相同的橋段。繼查理二世復辟之後，即位的詹姆士二世實行集權專制，對此英格蘭人民又再度起義反抗，並將國王放逐出境。詹姆士二世的女兒瑪麗嫁給了奧倫治親王威廉三世（荷蘭國王），其父遭到放逐後，人民將她迎接回國繼承王位（光榮革命），其後王國由夫妻共同統治。

一七〇二年，威廉三世過世，瑪麗的妹妹安妮繼承王位。在她統治王國末期，一七〇七年，英格蘭與蘇格蘭簽訂「合併法案（蘇格蘭稱「合併條約」）」，自詹姆斯一世以來，**兩國共戴一君長達一世紀，此時更朝著統一邁進一步。「大不列顛王國」就此成立**，安妮也成為大不列顛王國初任國王。

但是，**蘇格蘭並不是真心樂於接受這份「合併條約」**。只是因為英格蘭已然成為世界上的強國，以經濟壓力強行逼迫蘇格蘭簽署該條約，蘇格蘭對此一直感到不滿。

到了一九九九年，二十世紀接近尾聲之際，蘇格蘭議會獲得自治權，自然對此次脫離英國的獨立運動，形成一股助力。

搶奪、飢荒與宗教反彈——愛爾蘭的苦難歷史

愛爾蘭和蘇格蘭一樣，在歷史上長期受到英格蘭擴張領地政策的壓迫。

愛爾蘭地區的原住民族也是居爾特人，他們曾經遭受諾曼人侵略。十二世紀，建立金雀花王

朝的英格蘭國王亨利二世奪取了愛爾蘭，並將該地分封給他的兒子約翰。**人稱「無地王」的約翰，未能順利治理這個島嶼**，之後，愛爾蘭就一直受到教皇統治。從政治情勢來看，愛爾蘭一直是諸侯群起對立的狀態，而且實質上也並非真正接受英格蘭統治。

十六世紀，亨利八世在英格蘭實行宗教改革，因此，教皇在愛爾蘭地區的影響力也日漸消退。英格蘭國王為自己冠上愛爾蘭王的稱號，藉此強化統治該地的力道。一旦愛爾蘭興起反對勢力，亨利便用武力鎮壓，由英格蘭移居至愛爾蘭的人數也開始增加。

此時，英格蘭發生清教徒革命，愛爾蘭的天主教徒也興起叛亂，四處虐殺新教徒。面對愛爾蘭的動亂，克倫威爾派軍進入該地，不只使用殘酷的手段殺害天主教徒，甚至沒收愛爾蘭人的所有土地，分配給英格蘭地主。這起事件，使得愛爾蘭人對英格蘭的憤怒，一直延續好幾代。

整個十八世紀，愛爾蘭都屬於英格蘭的殖民地。同一時期，當地發生大飢荒，許多愛爾蘭人因此喪命。一直到美國獨立建國後，愛爾蘭的情勢才稍有好轉，一八〇一年，合併法案成立，**愛爾蘭和大不列顛王國的政治地位，成為平等的立場**，兩國共組「大不利顛暨愛爾蘭聯合王國」。

然而，國內對天主教的差別待遇仍舊持續著，一直到一八二九年，才頒布天主教徒解放法。在天主教徒遭受差別待遇的同時，一八四〇年代，愛爾蘭又發生馬鈴薯大飢荒。據說有兩百萬名愛爾蘭人，死於這場飢荒，許多愛爾蘭人也在此時渡海前往美國。**其中，甘迺迪家族就是最著名**

的一支愛爾蘭民族。

一九一四年，愛爾蘭自治法案成立，但剛好碰上第一次世界大戰，因此，實行的時間又往後延。一九一六年，愛爾蘭人發動「復活節起義」，混亂的局勢一直持續到戰後，直到一九二二年，愛爾蘭自由邦成立。此時，**北愛爾蘭的新教徒大多傾向依附英格蘭，因而沒有加入這個自由邦。**第二次世界大戰結束後，一九四九年，愛爾蘭自由邦才正式獨立成為共和國。

接著，**北愛爾蘭的新教徒，與當地信奉天主教的住民，又展開一場新的對立。**為了解決這個無政府狀態的局面，一九七二年以後，英國就將北愛爾蘭收歸為自己的領土，一九九八年，英、愛之間初次簽定「耶穌受難日協定」，這是北愛爾蘭和平進程的一個重要里程碑，二〇〇五年，愛爾蘭共和國軍隊解除武裝，**到了二〇〇七年恢復自治。**

雖然蘇格蘭與北愛爾蘭，在法理上與英國同屬一個國家，但是這三個國家之間，背負著沉重的歷史包袱，對英國而言是一個難以解決的問題。

第6章

南斯拉夫的紛爭

The War of Yugoslavia

過去的大國，分裂成六個小國

冷戰時期，北大西洋公約組織象徵「西方」各國同盟，但隨著冷戰結束與蘇聯瓦解，該組織已無存在價值，因此，該組織必須找出新策略及存在的理由。由於蘇聯與華沙公約組織的軍事威脅已不復存在，北大西洋公約組織最重要的任務，就是解決周邊地區的紛爭，並且針對各種危機提出對策。除了該地發生的危機之外，**各國也允諾該組織可以介入協調加盟國以外的國際問題。**

北大西洋公約組織在冷戰時期，究竟扮演什麼樣的角色，其實是個很微妙的問題，然而，該地區未曾發動過任何戰爭，這一點獲得國際間的高度評價。至少，該組織確實阻止了第三次世界大戰發生。

但是，**如今冷戰已經結束，北大西洋公約組織卻派兵投入戰場**，這實在是一件非常諷刺的事情。這場戰役的起因，是由於前南斯拉夫分裂（詳情容後再敘）後，新興的小國家科索沃，為了脫離新南斯拉夫（波士尼亞、赫塞哥維納和塞爾維亞組成的聯邦體制）統治而引起紛爭。

這一章，讓我們從北大西洋公約組織切入，來探訪歷史上這個地區強國的發展策略，以及各時期混亂的局勢。

科索沃、塞爾維亞和阿爾巴尼亞的複雜歷史

一九八九年，蘇聯即將瓦解，情勢一片混亂之際，發生了東歐革命，舊南斯拉夫因而分裂。但是，在這個時期出現的新興國家間，許多問題開始浮現。或許各位對那個地區並不熟悉，在此容我舉出幾個事件，掀開舊南斯拉夫的神秘面紗。

南斯拉夫位於**巴爾幹半島**，這個地方在歷史上最有名的「關鍵字」，應該就是「塞爾維亞」和「塞拉耶佛」。「塞拉耶佛」與第一次世界大戰爆發有直接關係，因為這裡就是奧地利皇儲暗殺事件的發生地，而當時行兇的犯人，就是一名「塞爾維亞」的愛國青年。

為什麼這名塞爾維亞青年，堅持在波士尼亞首府塞拉耶佛刺殺奧地利皇儲呢？其中的淵源與巴爾幹半島的複雜歷史有關，等一下我會詳細說明。

「塞拉耶佛共和國」的南部，有一個自治省名為科索沃（目前該地已宣布獨立建國，但僅獲全世界約半數國家承認），這裡的居民大都是阿爾巴尼亞人。看到這裡，也許有些讀者心裡會產生一個疑問，這世上是不是有一個國家名為「阿爾巴尼亞」？答案當然是肯定的，阿爾巴尼亞人組成的國家就是「阿爾巴尼亞共和國」。阿爾巴尼亞人不屬於斯拉夫民族，據說他們是古代伊利里亞人（居住於巴爾幹半島西部的民族，已與斯拉夫民族同化）的後代，在十七到十八世紀時，

移居到此地。在這之前，該地區大多是塞爾維亞人，十四世紀塞爾維亞人與鄂圖曼帝國在「科索沃」發生戰事。戰敗之後，塞爾維亞人往北移居。然而，**科索沃對塞爾維亞人而言，幾乎等於是他們靈魂的故鄉**。

阿爾巴尼亞人的民族主義精神，正是促成塞爾維亞等國獨立的契機。當時，阿爾巴尼亞人居住的地區，有一部分割讓給蒙特內哥羅，他們對此產生反彈，到了十九世紀末，阿爾巴尼亞的民族主義精神急遽沸騰。

一九一二年，第一次巴爾幹戰爭之後，阿爾巴尼亞公國成立，完成獨立建國大業。但是，由於此次戰爭期間政治體系改變，加上曾經遭受他國占領，混亂的經歷使得該國在第二次世界大戰之後，成為一個社會主義

現在的南斯拉夫

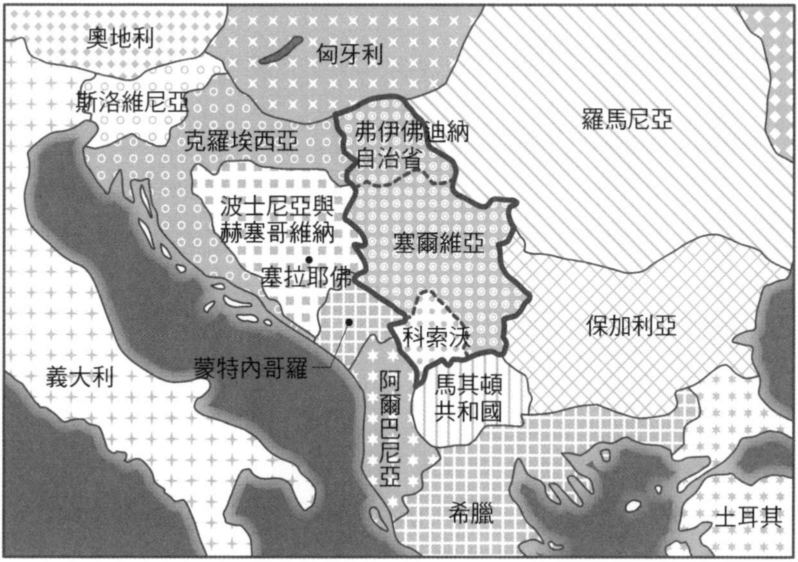

國家。

阿爾巴尼亞戰後的國際關係，在社會主義國家中也屬於特例。雖然他們接受南斯拉夫的支援，才得以建設國家，但由於共產黨情執局（各國共產主義政黨集結而成的國際組織）開除南斯拉夫，阿爾巴尼亞也與之斷絕關係。其後，由於蘇聯推動批判史達林運動，阿爾巴尼亞便與蘇聯訣別，轉向中國靠攏，這一連串行動，讓人難以捉摸。

阿爾巴尼亞國內政策禁止一切宗教信仰，建立了一個無宗教國家。一九八〇年代末，歷經東歐革命接連不斷的戰事之後，阿爾巴尼亞放棄社會主義，以成為民主國家為目標，經過多起動亂後，局勢漸趨安定，並在二〇一四年成為加入歐盟的候選國。

科索沃原本的領導者是共產黨總書記狄托，在他過世之後，阿爾巴尼亞民族主義逐漸抬頭，卻仍舊遭到強烈鎮壓。

南斯拉夫解體後，米洛塞維奇成為塞爾維亞總統，他對克羅埃西亞和波士尼亞與赫塞哥維納施加各種壓力，並且採取強硬的態度來處理科索沃的阿爾巴尼亞人問題，因而造成兩次**科索沃戰爭**。

一九九九年，第二次科索沃戰爭時，北大西洋公約組織利用轟炸來反擊塞爾維亞。二〇〇八年，科索沃議會發表獨立宣言，但誠如先前所說，聯合國之中，只有約半數會員國承認科索沃是一個主權獨立的國家。

頂撞史達林！大膽的領袖狄托

剛才，我曾經提到科索沃的領導者狄托，這個名字對大多數人而言，或許不是那麼熟悉，但其實第一次世界大戰之後，他曾經是一位呼風喚雨的人物。

當時，蘇聯擁有壓倒性的強大實力，對於西方資本主義各國而言，狄托就像是「一股清流」般的存在。**面對獨攬大權的史達林，也只有狄托膽敢採取強硬的態度來頂撞他**。一九八〇年，狄托離開人世，或許也正預告了東歐世界勢必面臨一場動亂。

第二次世界大戰後，東歐世界完全依照史達林的計畫，在蘇聯的影響下，成為一個巨大的聯邦國家。而蘇聯聲稱，這麼做是為了協助東歐各國，能夠脫離納粹德國統治，迫使美國總統羅斯福也不得不認同史達林的作為。戰後，邱吉爾與史達林、羅斯福同為世界最具影響力的領袖，而邱吉爾針對當時的國際情勢，發表了著名的「鐵幕演說」，目的就是為了牽制蘇聯這個社會主義國家。

「鐵幕」的東方代表人物，就是與史達林針鋒相對，**率領共產黨黨衛隊（農民游擊戰），以**

一己之力解放「南斯拉夫」的狄托。

不過，狄托內心仍舊抱持著夢想，認為將來國際社會絕對會全面實行共產主義體制。因此他並未加入西方世界的陣容，而是在與蘇聯劃清界線的情況下，維持社會主義體制，然而在「冷戰」期間的國際關係中，科索沃還是偏向採取支持蘇聯的態度。

隨著這名魅力超凡的領導者過世，蘇聯國內社會主義體制發展也陷入膠著，南斯拉夫爆發出民族與宗教問題，可以說是必然的結果。

實際上，狄托最害怕的事情就是「大塞爾維亞主義」再度興起，詳細情況請容我之後說明，這裡先告訴各位，南斯拉夫的各民族當中，最重視民族主義的國家就是塞爾維亞。而狄托也十分明白，這個國家將是造成南斯拉夫混亂的最大主因。

「南斯拉夫」國名的由來

南斯拉夫這個國家在一九九一年就已經消失，但是「南斯拉夫」這個名稱，卻仍舊留在東歐歷史上。「塞爾維亞」是從南斯拉夫分裂出來的國家，從中又分裂出「馬其頓」這個國家。而希臘曾經對這個國家提出抗議，因為希臘英雄亞歷山大大帝出身於馬其頓，幾經談判，最後雙方達成共識，以「前南斯拉夫馬其頓共和國」做為該國國名。

上一段算是閒聊的話題，不過認真說起來，巴爾幹半島的歷史其實相當複雜，從「南斯拉夫」這個名稱的演化來看，可以略知一二。「南斯拉夫」顧名思義，就是指**「南斯拉夫民族的國家」**，而這個國名是在一九三二年誕生，當時還是「王國」，由國王統治的一個國家。

讓我們再把時間往前推，「南斯拉夫」成為國名之前，這個國家的前身，是一九一九年成立的**「塞爾維亞・克羅埃西亞・斯洛維尼亞王國」**，可想而知，意思就是「由塞爾維亞人、克羅埃西亞人和斯洛維尼亞人組成的國家」，這個國家成立於第一次世界大戰之後。在戰爭前，已經有一個「塞爾維亞王國」，當時克羅埃西亞和斯洛維尼亞兩個民族，都受到奧地利統治，戰後成功獨立建國，同時和塞爾維亞民族合併，採用三個民族並列做為國名。但是，其實這個國家還包含蒙特內哥羅等其他民族，為了避免引起不必要的爭議，最後決定以「南斯拉夫」做為國名。

第二次世界大戰之後，這個地區不僅推翻君王制度，並且開始實施社會主義。一九四八年，**「南斯拉夫人民共和國」**成立，如果把四五年到四八年，短暫存在三年的「南斯拉夫共和國」算進去的話，這個國家演變的過程是「分裂狀態↓塞爾維亞・克羅埃西亞・斯洛維尼亞王國↓南斯拉夫共和國↓南斯拉夫人民共和國」，不過六十餘年的時間，國家體制竟然就改變了三次。

世界上大多數國家，都是採用當地民族來命名，但是南斯拉夫這個國家的名字，卻不是來自於南斯拉夫民族。**只是為了緩和國內諸多民族問題，勉強想出的一個名字。**

六個共和國、五個民族、四種語言、三種宗教、兩種文字

過去，關於南斯拉夫複雜的民族、宗教及文化，人們經常這樣說明：**「七條國界、六個共和國、五個民族、四種語言、三種宗教、兩種文字、一個國家。」**除了一個國家所指的就是「南斯拉夫」之外，我們再來看看其他描述所指的意思為何。

首先，兩種語言是指羅馬（拉丁文）字和希臘文字。希臘文字是俄羅斯人和保加利亞人這兩支斯拉夫民族使用的文字，而西部的克羅埃西亞及斯洛維尼亞，主要使用羅馬字。

三種宗教是指羅馬天主教、塞爾維亞正教和伊斯蘭教。這個地區的伊斯蘭教徒，是在鄂圖曼帝國時代開始增加。許多人都知道，鄂圖曼帝國的宗教政策十分寬鬆，而巴爾幹的基督教徒只要改信伊斯蘭教，就很容易成為軍人。因此，許多基督教徒改變信仰，加入伊斯蘭教，同時也能成為鄂圖曼帝國的「新軍」軍團（鄂圖曼的常備步兵）的核心士兵。這些伊斯蘭教徒，也就是今日的「穆斯林」。

四種語言，就是克羅埃西亞語、斯洛維尼亞語、波士尼亞與赫塞哥維納語以及塞爾維亞語。

其中，塞爾維亞語是蒙特內哥羅和馬其頓使用的語言。另外，塞爾維亞語和克羅埃西亞語十分類似，因此也稱為斯拉夫・克羅埃西亞語。

五個民族是指克羅埃西亞民族、斯洛維尼亞民族、塞爾維亞民族、蒙特內哥羅民族和馬其頓民族。最近，先前提到的穆斯林（波士尼亞民族）、阿爾巴尼亞民族和匈牙利民族的勢力也愈來愈強大。

而六個共和國分別是克羅埃西亞、斯洛維尼亞、塞爾維亞、波士尼亞與赫塞哥維納、蒙特內哥羅、馬其頓（阿爾巴尼亞民族群居的科索沃，也脫離塞爾維亞統治，獨立建國）。另外，塞爾維亞北部的佛伊佛迪納自治省，也制定獨立的黨法，藉以強化自治。雖然佛伊佛迪納自治省中，塞爾維亞人占多數，不過居住於該地區的民族總共有二十六個，有許多問題無法輕易解決。

最後，舊南斯拉夫時代，周邊有七個國家的國界與之相接。從西邊開始順時針來看，有義大利、奧地利、匈牙利、羅馬尼亞、保加利亞、希臘、阿爾巴尼亞。過去統治這個地區的土耳其共和國（鄂圖曼帝國），如今國界竟然並未相連，這一點十分耐人尋味。剛才提到的幾個國家，有一些為了國界問題與南斯拉夫發生糾紛，詳細情況容我在後面的章節說明。

科索沃地方紛爭不斷

接下來，讓我們來看看，為什麼居住在這個地區的人們，民族與宗教如此分歧，導致關係變得這麼複雜。

斯拉夫民族大約是在七世紀時，移居到巴爾幹半島，到了九世紀時，受到東羅馬帝國的影響，**開始信奉希臘正教**。隨著東羅馬帝國日漸衰落，十二世紀後半，斯特凡・尼曼雅一世統一了各民族，建立該地的第一個國家。

這個時期，人民大多集居在以科索沃為中心，塞爾維亞的南部地方。科索沃可以說是塞爾維亞這個國家的原點。原先國內局勢紛亂不休，直到十三世紀，體制漸趨安定，便開始與東邊相鄰的保加利亞王國發生戰爭，一邊擴大領土。

十四世紀時，該國國王企圖遠征東羅馬帝國，最後失敗告終。而且在往東征戰之際，敗給了鄂圖曼帝國。其後，塞爾維亞就一直處於鄂圖曼帝國的統治。特別是一三八九年，科索沃戰爭一役更是決定性的敗北，在塞爾維亞人心中留下難以抹滅的傷痕。

大塞爾維亞主義在歷史上留下的重大影響

十九世紀，**「大塞爾維亞主義」**思想開始發跡。**因為塞爾維亞人希望在他們移居的新地區，重新建立一個如中世紀一般強盛的塞爾維亞王國**。此時，民族主義思想也在各地蓬勃發展，這股風潮也擴展到巴爾幹半島。一八三〇年，希臘宣布獨立，更讓各民族的心中，燃起民族主義的火苗。

十九世紀初期，鄂圖曼帝國施行禁航政策，阻止俄羅斯船舶通行達達尼爾海峽與博斯普魯斯海峽，此舉引發了俄土戰爭（這場戰爭與一八七七年著名的戰爭不同，俄羅斯和鄂圖曼帝國在歷史上戰爭次數相當多），巴爾幹各地的民族也蜂湧起義，最後塞爾維亞和蒙特內哥羅兩地取得自治權，其後更朝向獨立建國邁進。一八七七年，另一場俄土戰爭結束之後，透過簽訂聖斯泰法諾條約以及柏林條約，**塞爾維亞王國正式成為一個獨立國家**。

塞爾維亞人的新歷史就此展開，大塞爾維亞主義就是在此時甚囂塵上，他們主張只要有塞爾維亞人居住的地區，就應該納入國土，**目的當然是希望將領土擴大到周邊地區**。這樣的主張，在「南斯拉夫」統治的時代遭受強硬壓制，但南斯拉夫解體後，又再度興盛起來。因此，塞爾維亞和同樣從南斯拉夫分裂出來的小國間，爆發了數次戰爭。

順帶一提，塞爾維亞的鄰國「蒙特內哥羅」，以威尼斯語來解釋的話是「黑山」的意思。他們原屬於塞爾維亞民族，但是在與鄂圖曼帝國持續戰爭中，移居到山上。第一次世界大戰時，奧地利占領蒙特內哥羅，塞爾維亞因此獲得解放，戰後便合併了蒙特內哥羅。此後，世界上便不存在蒙特內哥羅這個國家，直到一九四五年，才又以蒙特內哥羅的名義，成為南斯拉夫其中一個共和國。

南斯拉夫解體後，蒙特內哥羅和塞爾維亞又組成南斯拉夫聯邦共和國，但是塞爾維亞因為「波士米亞與赫塞哥維納問題」（詳情後述），經濟狀況持續低迷，結果兩國間關係開始惡化，到了二〇〇六年，蒙特內哥羅宣布獨立，**南斯拉夫的解體就此成為定局**。

世界大戰從巴爾幹的對立開始

剛才我已經說明「大塞爾維亞主義」，現在讓我介紹十九世紀以來，國勢漸弱的鄂圖曼帝國，他們為了重新建立體制，高喊**「泛土耳其主義」**。**這個主義的信奉者，企圖藉由統一土耳其民族，大舉擴張鄂圖曼帝國的領土，自然和大塞爾維亞主義形成對立**。一九〇八年，鄂圖曼帝國內的青年土耳其（進步統一委員會）發起「革命」，奧地利趁機將波士尼亞與赫塞哥維納完全納入領土。

這個地區也居住了許多塞爾維亞民族。而塞爾維亞原本就一直覬覦此地，因此，激起國民反奧地利的情緒。

一九一二年，塞爾維亞、蒙特內哥羅、保加利亞和希臘四個國家，組成巴爾幹同盟，鄂圖曼帝國要求擁有更多巴爾幹半島的領地，因而引發第一次巴爾幹戰爭。鄂圖曼帝國雖然敗北，但塞爾維亞和保加利亞，卻為了爭奪馬其頓的領土而決裂。其後，各國為了避免保加利亞獨自坐大，塞爾維亞、羅馬尼亞、希臘及鄂圖曼帝國，聯合起來對抗保加利亞，發動第二次巴爾幹戰爭。

打敗保加利亞後，各國領土也隨之擴大，戰敗的保加利亞脫離泛斯拉夫，鄂圖曼帝國也站在反塞爾維亞的立場，這兩國都沒有參加三國協約（英國、法國、俄羅斯），轉向三國同盟（德國、奧地利、義大利）靠攏。

在這樣的情勢下，發生了塞爾維亞愛國青年暗殺奧匈帝國皇儲的事件（塞拉耶維事件）。奧匈帝國對塞爾維亞下達最後通牒，塞爾維亞向俄羅斯請求支援，進而引發第一次世界大戰。

第一次世界大戰的起因，是上述發生在巴爾幹半島的事件，當時的國際關係可以說是「三國同盟 vs 三國協約」與「泛日耳曼主義 vs 泛斯拉夫主義」，也就是帝國主義之間的對立，其中法國對德國更是充滿敵對情緒，因此，德、法的國界地帶（西部戰線）成為對立的主軸，並且擴展至全世界。

南斯拉夫建國中的隱憂

第一次世界大戰結束後，南斯拉夫地區成立了「塞爾維亞．克羅埃西亞．斯洛維尼亞王國」。這個國家的由來，是由於奧匈帝國瓦解，克羅埃西亞、斯洛維尼亞和波士尼亞與赫塞哥維納脫離該帝國統治，組成上述的王國。但是，國名裡少了另外三個民族的名稱，為了避免有顧此失彼之嫌，**在一九二九年更名為「南斯拉夫王國」**。

南斯拉夫王國獨立後，成為向西歐出口糧食的大國，同時也快速發展工業，經濟日漸繁榮，然而，**在國家草創時期，各民族間也開始產生對立**。直到國王再也難以忍受這些紛爭，便開始實行獨裁統治，再加上當時世界處於恐慌狀態，進而造成經濟蕭條，使得南斯拉夫國內的民族問題更加惡化。甚至在一九三四年，克羅埃西亞民族暗殺了南斯拉夫國王。

另外，德國納粹黨勢力日漸坐大，南斯拉夫因而與法國愈來愈疏遠，轉而向德國靠攏。最後，德國發動軍事行動，占領了南斯拉夫，對此共產黨總書記狄托利用共產黨黨衛隊，發起零星式的游擊行動來反抗。**最後，在沒有借助蘇聯支援的情況下，解放了南斯拉夫**。此次解放運動的成功，讓南斯拉夫在戰後，得以向蘇聯要求雙方不再是從屬關係，必須站在對等的立場來對談。戰後一九四五年，南斯拉夫聯邦人民共和國宣布成立。

另外在戰爭期間，克羅埃西亞也企圖建立一個獨立國家，因此，以民族獨立為號召的組織「烏斯塔沙」就此誕生。一九三四年，他們甚至暗殺國王，於此同時，德國和義大利占領南斯拉夫。他們促成「克羅埃西亞獨立國」建立，並任命烏斯塔沙領導者成為「君主」，實際上此時的克羅埃西亞只是軸心國的一個傀儡國。

這個國家基本上採取反共政策與反猶太主義，並且用武力鎮壓共產黨黨衛軍，同時也屠殺猶太人。世人對烏斯塔沙的評價，直至今日仍是克羅埃西亞必須面對的問題。

狄托去世與南斯拉夫解體

對南斯拉夫人而言，狄托是一位眾望所歸的英雄人物，他在一九八〇年去世，一九八九年，「冷戰」宣告結束，南斯拉夫的國家體制因此受到極大的衝擊。

戈巴契夫推動新思維的「改革」也帶來影響，過去一直受到壓抑的民族主義，一下子抬頭，一九九〇年，南斯拉夫舉行自由選舉，代表塞爾維亞、克羅埃西亞及斯洛維尼亞爭取權益的政黨，在選舉中取得優勢。其後，國內針對今後的國家體制交換意見，但是最後終究無法決定要改採聯邦體制，或是維持各國獨立的狀態。一九九一年，克羅埃西亞和斯洛維尼亞發表獨立宣言，此舉使得波士尼亞與赫塞哥維納也蠢蠢欲動，企圖獨立，整個南斯拉夫的政局也因此大受影響。

最初成功脫離南斯拉夫，獨立建國的國家是斯洛維尼亞。這個國家位於南斯拉夫最西側，與奧地利和義大利的國界相接，國民幾乎全都是斯洛維尼亞民族。因此，國內鮮少發生民族間的對立，當時南斯拉夫聯邦軍仍舊存在，雙方僅交戰十天，斯洛維尼亞的獨立就成為定局。

克羅埃西亞的獨立，是在狄托逝世後，塞爾維亞民族自詡為南斯拉夫的領導者，大肆主張大塞爾維亞主義，引發各國強烈不滿。各位從地圖上可以看出來，克羅埃西亞與塞爾維亞國界相接，而且克羅埃西亞國內也住了許多塞爾維亞民族，因此塞爾維亞不可能輕易允許克羅埃西亞脫離統治。但是，克羅埃西亞發起的攻勢，**以壓倒性的差距打敗國內的塞爾維亞民族，一九九五年，雙方終於協議停戰**。

美國與北大西洋公約組織介入協調，解決波、赫問題

就在克羅埃西亞爭取獨立的戰爭進行當中，波士尼亞與赫塞哥維納也展開分裂獨立運動，**這個國家的情況，特別足以象徵南斯拉夫地區的多民族性**。該國人口比例有四成五是穆斯林（波士米亞民族），三分之一是塞爾維亞民族，而其中克羅埃西亞民族占了七分之一左右，而且國界與

塞爾維亞和克羅埃西亞相接。一九九二年，波、赫國內形成穆斯林、克羅埃西亞民族與塞爾維亞民族，三強鼎立的局面。

一開始，塞爾維亞民族占了壓倒性的優勢，穆斯林和克羅埃西亞民族的合作也不順利，導致約有六成領土屬於塞爾維亞統治。隨著戰爭愈拖愈久，美國開始支援克羅埃西亞和穆斯林，北大西洋公約組織甚至派遣空軍轟炸塞爾維亞。**最後，面對美國與北大西洋公約組織的強大軍力，塞爾維亞開始漸居弱勢。**

其間，克羅埃西亞國內戰區，各民族也為了擴張自己的領土，打著「民族淨化」的名義，做出許多非人道行為，特別是塞爾維亞軍隊引起的斯雷布雷尼察大屠殺（一九九五年，波士尼亞與赫塞哥維納的非戰區城市，當時塞爾維亞在那裡屠殺了八千名以上男性穆斯林），國際戰犯法庭宣判這次的事件，的確符合「種族屠殺（將某個民族或宗教團體完全抹殺的行為）」的要件。

波士尼亞與赫塞哥維納問題，在一九九五年，透過美國介入仲裁，上述三個民族簽訂「達頓協議」（達頓是美國俄亥俄州的一個城市），局勢才就此穩定下來。波士尼亞與赫塞哥維納、穆斯林和克羅埃西亞民族，組成「波士尼亞與赫塞哥維納聯邦（面積占51%）」，塞爾維亞民族則組成「塞族共和國（面積占49%）」，這兩個國家組成聯邦，形式上的體制還是維持一個國家。另外，之後這個聯邦國家的總統，是由三個民族輪流擔任。

歷史狂潮中的馬其頓

最後，讓我為各位介紹馬其頓地區發生的問題。第一次世界大戰即將爆發之前，也就是巴爾幹戰爭時期，這個國家曾經短暫獨立一段時間，但最後終究未能實現建國大業，領土遭到希臘、保加利亞和塞爾維亞三個國家瓜分。現在的馬其頓領土，就是當時塞爾維亞統治的部分，一九九一年，隨著南斯拉夫解體，馬其頓承諾將南斯拉夫軍留下的武器，全數交給塞爾維亞，以此為條件終於得以和平脫離塞爾維亞，獨立建國。

另外，這裡所說的馬其頓人，其實是斯拉夫民族，並不是希臘著名的亞歷山大大帝所屬的馬其頓民族。因為國名容易招致誤解，馬其頓與希臘也因此交惡，**最後馬其頓的正式國名更改為「前南斯拉夫馬其頓共和國」**。

一九九九年，塞爾維亞南部的科索沃發生獨立戰爭，多數阿爾巴尼亞人移居到馬其頓。他們在那裡要求自治權，並且發起武裝起義，經過幾次小規模的衝突後，阿爾巴尼亞人希望擴大自治權的訴求獲得承認，馬其頓共和國的政局也漸趨和平。

Column 4

的里雅斯特──創造「鐵幕」的冷戰焦點

義大利半島與巴爾幹半島中間相隔一道亞得里亞海灣，在半島交接處，有一座名為伊斯特拉的小半島。半島西側沿岸是**的里雅斯特**（現為義大利領土），東側沿岸是**阜姆**（克羅埃西亞語發音為里耶卡，現為克羅埃西亞領地），兩者互爭土地，牽扯到前南斯拉夫（現為斯洛維尼亞與克羅埃西亞）與義大利、奧地利之間的複雜對立。

的里雅斯特在中世紀是一個自由發展的城市，但威尼斯企圖統治該地，因而發生交戰，十四世紀末，的里雅斯特向奧地利求援，並接受其統治。拿破崙戰爭中，法國占領該

目前的里雅斯特周邊情況

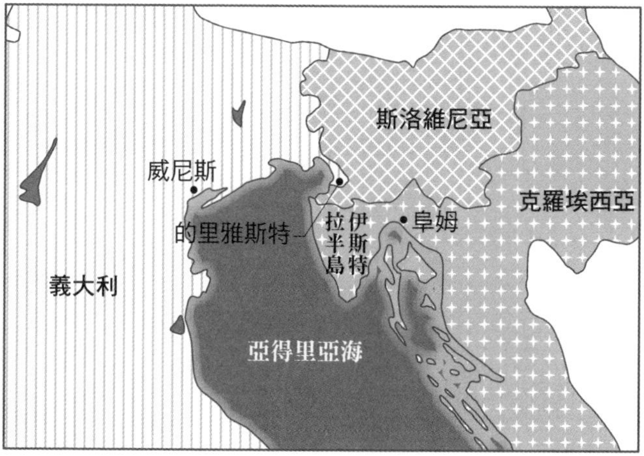

地，但隨著拿破崙失勢，又回歸為奧地利領土。這個地區是兩大帝國出海的重要據點。

但是，**這個地區是「義大利淪陷區」的重要地標，也就是在義大利統一戰爭時，是義大利未能收復的領地**。第一次世界大戰後，的里雅斯特成為國際聯盟管理的自由都市，直到一九二〇年才割讓給義大利。

另一方面，這個地區與斯洛維尼亞相接，當地住了許多斯洛維尼亞人。第二次世界大戰時，義大利投降之後，德國占領了這個地區，但是，狄托帶領的南斯拉夫軍隊又解放該地，戰後這個地區便歸南斯拉夫所有。

戰後，義大利與南斯拉夫針對這個地區的統治問題，展開對談。最後決定將該地分割成A區與B區，B區屬於南斯拉夫所有，A區經過國際聯盟長期管理之後，歸還成為義大利的領地。**邱吉爾在「鐵幕演說」也提到了的里雅斯特，確實可說是冷戰時期的焦點地區**。冷戰結束後，一九九一年，南斯拉夫分裂，斯洛維尼亞和克羅埃西亞開始爭奪的里雅斯特的B區，兩國約定以流入皮蘭灣的河川做為邊境。

接下來，我們來談談伊斯特拉半島東側沿岸的阜姆。

這裡從中世紀以來，大都居住克羅埃西亞民族，也曾經接受威尼斯統治，當時，許多義大利人移居至此。這個地區歷經奧地利、克羅埃西亞和匈牙利的統治，最後納入奧地利與匈牙利的聯合帝國的版圖，和的里雅斯特一同成為帝國的海軍，同時也是一個重要的貿易據點。

第一次世界大戰後，奧匈雙元帝國崩解，義大利和南斯拉夫主張擁有該領地。義大利愛國詩人鄧南遮占領阜姆，但該地還是屬於國際聯盟管理，直到一九二四年，義大利才得以合併該地。

第二次世界大戰末期，狄托的軍隊占領此地。該地方為南斯拉夫領土，一九九一年由克羅埃西亞繼承，直至現在。

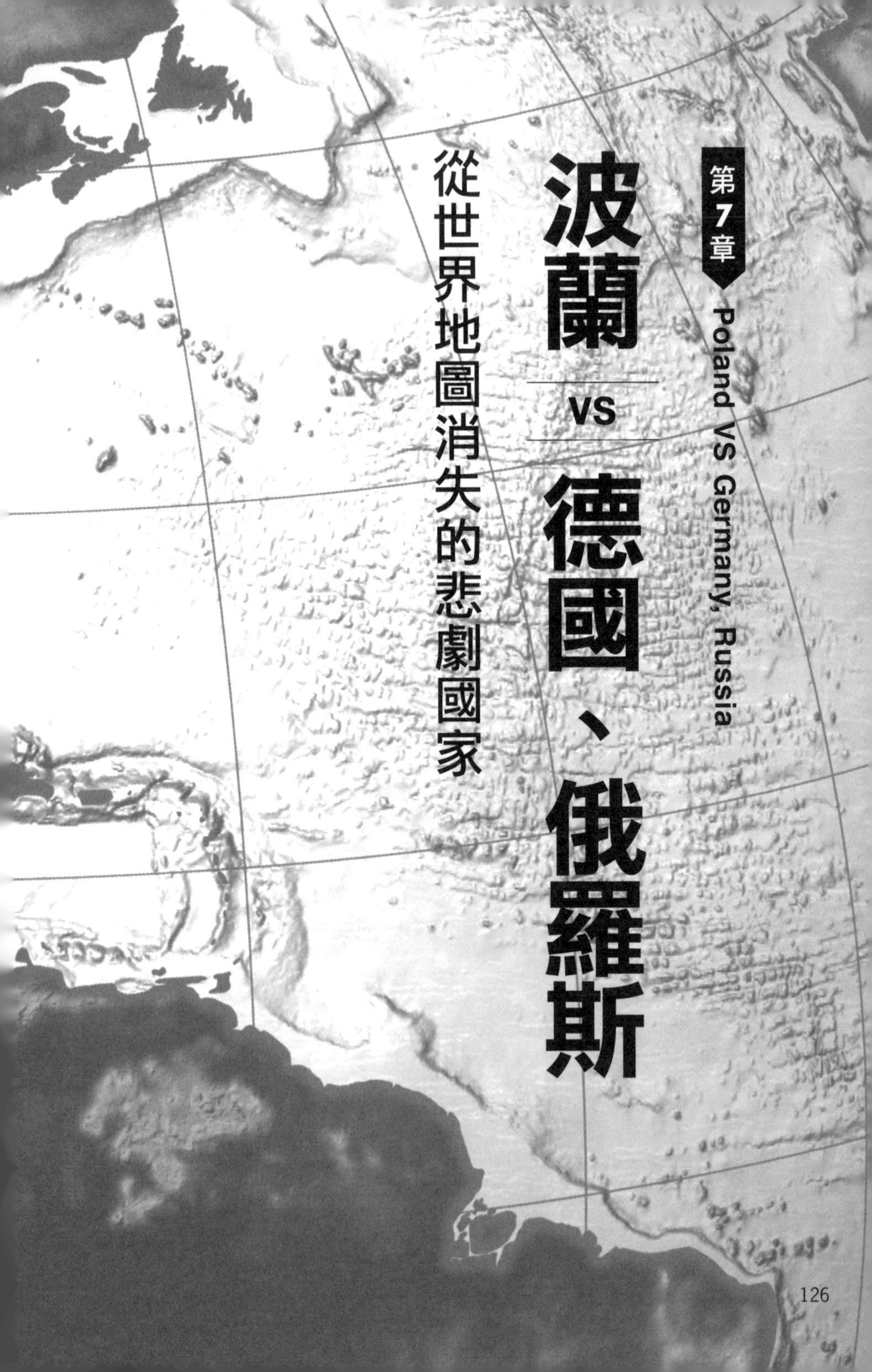

第7章

波蘭vs德國、俄羅斯

Poland VS Germany, Russia

從世界地圖消失的悲劇國家

二〇一〇年四月十日，一架波蘭籍的飛機，飛往俄羅斯的斯摩倫斯克，準備參加**「卡廷森林大屠殺」**七十週年紀念儀式，卻在抵達斯摩倫斯克前一刻墜落。搭乘該機的波蘭總統，以及將近一百位政府要員，全數罹難。這起「屠殺事件」發生在第二次世界大戰，戰後一直噤聲至今，直到俄羅斯政府公開承認（但未對此謝罪），並且決定每年舉辦紀念儀式。而這場叫人深感痛心的飛安意外，雖然陰謀論的耳語不斷，最後終於塵埃落定，但這一年的紀念儀式宣告暫停。

不知道各位是否知道「卡廷森林大屠殺」的經過？第二次世界大戰爆發的隔年，**占領波蘭東部的蘇聯軍隊，強行帶走波蘭將校級軍官以及一般民眾，在卡廷森林將他們全數屠殺，總計人數約為二十至二十五萬**。

這起驚人的事件，背後隱藏什麼樣的祕密，目前還無法明白斷定，然而，這起事件可以說是象徵著波蘭在大國翻弄下，難以抹滅的歷史悲劇。現在，波蘭已經是歐洲的一個國家，各位對這個國家的印象，或許只知道大作曲家蕭邦，以及奧許維茲集中營，但其實波蘭這個國家，曾經消失於世界地圖，之後歷經苦難才得以復興建國。這一章，就讓我來介紹歷史上，發生在波蘭的各種紛爭。

十八世紀，消失於世界地圖的波蘭

波蘭的歷史，應該從何時開始起算，這是一個困難的問題。波蘭這個字的語源來自於波拉尼耶族，當時該族有一位領袖名為米耶什科，在西元十世紀後半，接受神聖羅馬皇帝鄂圖一世冊封為公爵，建立了皮亞斯特王朝。我認為這應該就是波蘭在中世紀的起源。

此時，米耶什科一世開始信奉**天主教**。波蘭也就從這個時代起，成為東歐難得一見，篤信天主教的國家。歸根究柢，德國騎士團的目的，就是宣傳天主教，而波蘭接受天主教的原因，即是為了與之對抗，牽制德國人所做的苦肉計。

當時的波蘭王室經常沒有生出嫡子，也是造成該國面臨悲劇的原因之一。不僅是波蘭如此，中世紀這個時代，歐洲各國國王最重要的任務，就是生出一個健康的男嬰來繼承王位。這個規定也引發了許多戰爭。

繁榮的皮亞斯特王朝，最後一位國王凱西米兒三世身亡之後，匈牙利國王繼承波蘭國王位。但是，他沒有留下男性子嗣，女兒雅德維加被選為國王後，和立陶宛大公結婚。此時，**波蘭和立陶宛成立一個同君聯盟的亞蓋洛（雅蓋隆）王朝**。在這個王朝帶領下，一四一〇年，波蘭和立陶宛聯合王國打敗德意志騎士團，**成功將領土擴展到黑海**。接著，他們將穀物收成經由波羅的海出口到西方，在經濟上獲得相當大的利益。這時**波蘭正迎向中世紀的全盛時期**。

但是，波蘭的王權並未達到絕對主義化的地步，國內的貴族（或稱施拉赤塔）持續限制王權的發展。因此，在當時波蘭的政治體制就稱為「王政共和」。

此時，俄羅斯開始坐大，為了與之抗衡，需要更強勢的國家體制，因此在一五六九年，波蘭與立陶宛再度結盟（盧布林聯盟）。其後，外西凡尼亞親王就任波蘭國王，施行強化軍隊等政策，與俄羅斯作戰，獲得勝利並取回利伏尼亞地區。但是，在他辭世之後，後人又為了繼承權而形成對立，波蘭的國勢也漸趨轉弱。

中世紀的波蘭領土（十五世紀中期）

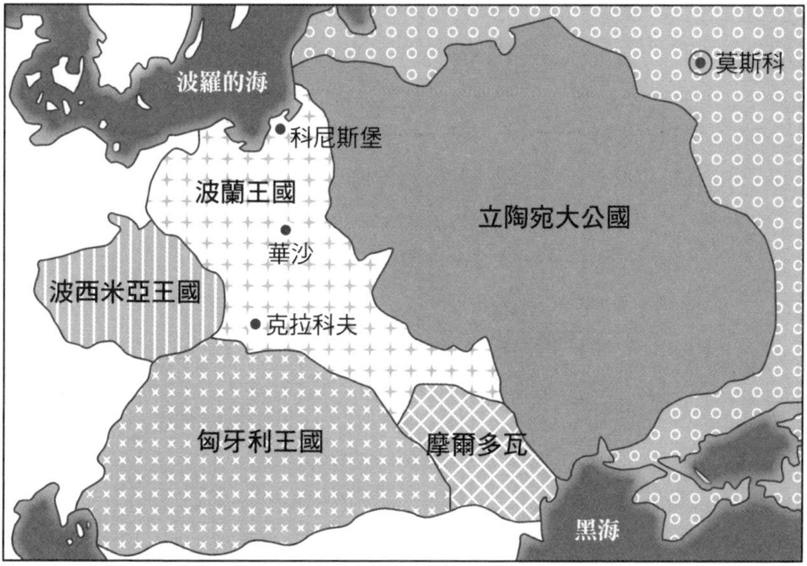

十七世紀，以瑞典為首的周邊各大強國，持續入侵波蘭。到了同一個世紀後半，絕代豪傑揚三世（揚．索別斯基。一六八三年，鄂圖曼帝國第二次包圍維也納之時，挺身而戰的歐洲英雄）即位，但是他的改革行動以失敗告終。而波蘭也變得像十九世紀的鄂圖曼帝國一樣，在歐洲大陸上，像是一個病入膏肓的國家。

緊接著到了十八世紀，**俄羅斯對波蘭的壓迫愈演愈烈**。一七三三年，波蘭國王奧古斯都二世過世，後代爭奪繼承權而引發波蘭繼承戰爭。這場戰爭歷時兩年，雖然領土並沒有太大的變化，但是此役已充分展現波蘭國力之式微，各

波蘭的瓜分狀況

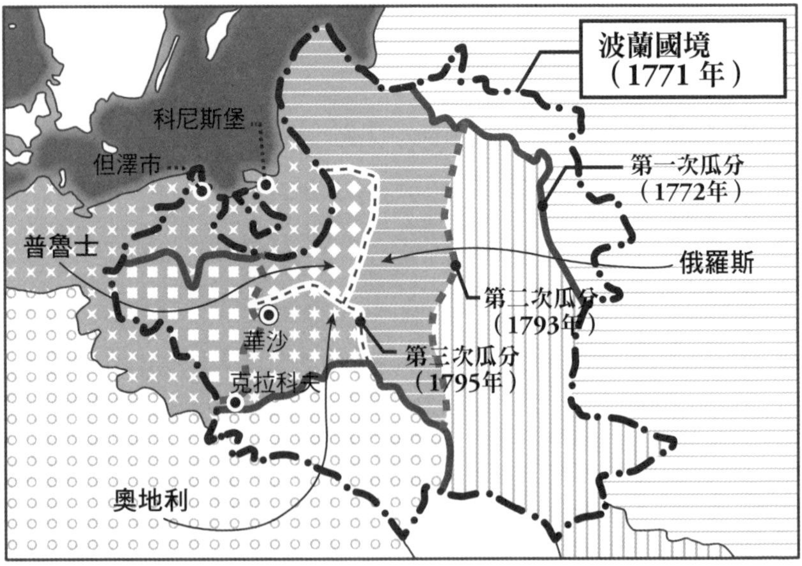

國也明白遲早能夠瓜分波蘭國土。**一七七二、九三、九五年，波蘭遭到三次瓜分，自此開始，波蘭便由世界地圖上消失無蹤。**

波蘭分裂——開明專制的真相

弱肉強食這句話，相信各位一定都聽過。十八世紀後半，發生在波蘭的悲劇，或許可以說正是**專制主義時代，慘遭列強肆虐的象徵**。俄羅斯女皇凱薩琳大帝、普魯士的腓特烈大帝以及奧地利女王瑪莉亞·泰瑞莎與她的兒子約瑟夫二世，全都是施行**開明專制的君主**。第二次瓜分時，正值法國大革命時期，由於奧地利分身乏術，並未參與此次行動。**這個時期，建立公民社會的浪潮在歐洲大行其道，另一方面，波蘭就在這樣的氛圍下滅亡。**

其後，復興波蘭的最大功臣，就是推動公民社會的核心人物拿破崙。話雖如此，由於他一手扶植起華沙大公國，在拿破崙戰爭之後，俄羅斯也就順理成章接收波蘭。

這樣的情況一直持續到第一次世界大戰末期，趁著俄羅斯革命的機會，波蘭宣布獨立建國，從此才擺脫俄羅斯統治。當然在這期間，波蘭人也數次展開反抗行動，但是都遭到俄羅斯強硬鎮壓。

波蘭統治下的普魯士

瓜分波蘭的國家並不只有俄羅斯，加上奧地利和德國（普魯士），這三個國家分別占據了波蘭領土。實際上，普魯士過去曾經臣服於波蘭國王之下，從波蘭的角度來看，真可謂是「養老鼠、咬布袋」。接下來，讓我們稍微深入一點，來看看波蘭與德國之間的關係。

神聖羅馬帝國可以說就是德國的前身，三十年戰爭結束之後，各地諸侯的主權獲得承認，帝國也正式成為一個有名無實的空殼子。然而，在這樣的環境中，德國境內培育出許多強大的諸侯。十九世紀，**普魯士**成為統一德國的中心地。更深入探究的話，這股勢力就是十二世紀時，第三次十字軍東征組成的「德意志騎士團（亦即條頓騎士團）」。

德意志騎士團並不只在十字軍東征當中展現實力，十三世紀初期，也開始在聖地之外展開各種活動，其後納入匈牙利國王麾下，得到現今的羅馬尼亞領土（外西凡尼亞的一部分）做為根據地，負責抵擋庫曼人（烏克蘭等地的土耳其遊牧民族）入侵。無論是防衛聖地或是抵禦異教徒，德意志騎士團一直都站在最前線。

之後，德意志騎士團和匈牙利國王交惡，因此接受波蘭國內有力人士招募，移師到波蘭境內，與波羅的海的普魯士人（其後，德意志騎士團建國時，沿用該地名稱為「普魯士大公國」）作戰，逐漸併吞普魯士人原有的領土，並且讓德國農民大舉移居至征服到手的土地上（後世稱為**「東方殖民」**）。

原本居住於普魯士的人們，漸漸與德國人同化，然而，德意志騎士團為了獨占商業活動帶來的利益，與立陶宛之間的戰事從來沒有終止過。

十四世紀，德意志騎士團迎向全盛時期，此時他們的根據地是東普魯士的科尼斯堡。隨後在一四一〇年，德意志騎士團敗給立陶宛與波蘭的聯盟軍隊，此役的戰場即是坦能堡（或稱格倫瓦德）。第一次世界大戰的時候，德軍在同一個地方打敗俄羅斯軍，才洗刷了將近維持五百年的恥辱。這場戰役的交戰地獨具意義，因此德國政府大力宣傳，藉以提高國民的士氣。

在坦能堡之役吃了敗仗的德意志騎士團，不僅割讓大片領土給波蘭與立陶宛，並且還臣服於波蘭國王之下，國勢一度處於低迷狀態。到了十六世紀，霍亨索倫家族的阿爾布雷希特成為騎士團長，這個家族曾經擔任布蘭登堡選帝侯，是德意志東方的名門望族。由於他信奉路德教派，因而脫離羅馬教皇的統治，切斷與原本宗主羅馬教廷的關係，成為世俗諸侯的一分子，同時自立名號成為普魯士公爵，這就是普魯士公國成立的由來。

一六一八年，普魯士公國與布蘭登堡家族合併，並且在大約半世紀後，波蘭與瑞典發生戰爭（利伏尼亞戰爭）之際，**脫離與波蘭的附庸關係**。一七〇一年，普魯士國王稱號獲得認同，普魯士就此由公國變成王國。普魯士王國在十八世紀後半，與奧地利王國及俄羅斯帝國一同瓜分了波蘭。

持續到二十世紀的苦難

第一次世界大戰後，波蘭成為一個民族國家。但是，波蘭人認為他們應該擁有更廣大的國土，因而在一九二〇年向蘇聯宣戰，擴大東方的領地，最後寇松線就成為蘇聯與波蘭的國境。隨後，又從戰敗的德國手中，取得素有**波蘭迴廊**之稱的普魯士西方地區。並且獲得國際認可，得到波羅的海沿岸但澤市（國際聯盟管理的自由都市）的港灣自由使用權。

上述劃分國土的結果，**切斷了德國前往東普魯士地區科尼斯堡的陸上交通**，也造成引發第二次世界大戰的直接原因之一。

一九三九年八月，德國與蘇聯簽訂互不侵犯條約，透過這份祕密協議書，德、蘇之間對於如何分割波蘭，以及由蘇聯併吞波羅的三國等事項達成共識。隔年九月，**德國舉兵入侵波蘭**，英國與法國向其宣戰，這就是第二次世界大戰的開端。

德國與蘇聯依照計畫分割了波蘭，使得波蘭再度滅國，消失在歷史上的世界地圖中，這就是史稱的「第四次瓜分波蘭」。本章開頭提及的卡廷森林大屠殺，也就是發生在此時。

等到德、蘇之間開始戰爭，波蘭馬上就被德國占領。波蘭這個地區，從中世紀開始就對猶太人採取寬容政策，但德國卻是極端的反猶太主義國家，因此，在德國統治下的波蘭，就成了猶太人的夢魘。

德國在波蘭各地建立集中營，打算一舉消滅猶太人。建造在波蘭郊區克拉科夫的**奧許維茲集中營**，就是最具象徵性的一處遺跡。據說有六百萬名猶太人，在這裡犧牲生命。

領土向西移動後的波蘭

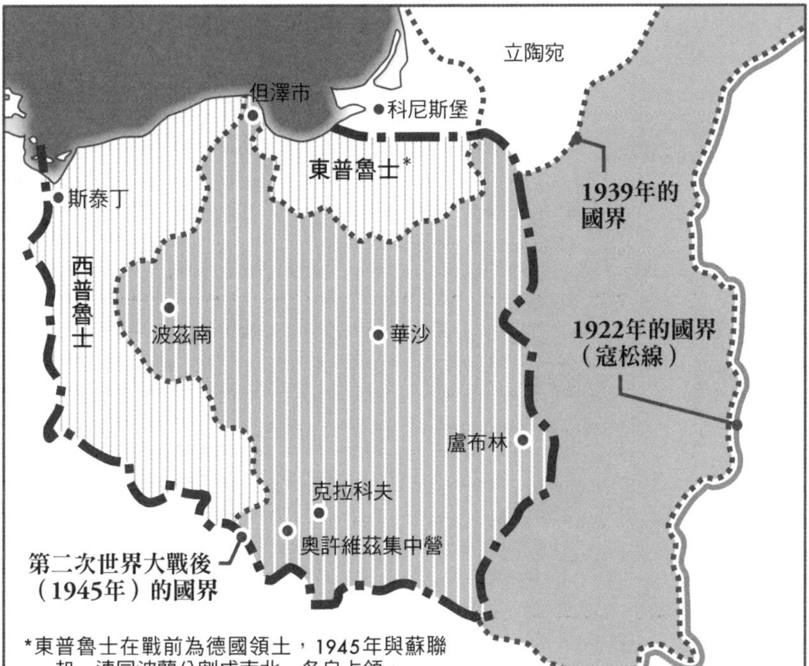

*東普魯士在戰前為德國領土，1945年與蘇聯一起，連同波蘭分割成南北，各自占領。

波蘭在戰爭末期，一九四四年遭遇到最大的試煉。在逃命至倫敦的波蘭政權主導下，波蘭人民軍與蘇聯軍隊一同來到維斯瓦河，華沙當地人民也期待獲得解放，紛紛起義對抗德國的支配（華沙起義）。然而，蘇聯原先說好提供援助，但史達林只是冷眼旁觀，不願派出軍隊。結果導致華沙市民約二十萬人，在德國的鎮壓中喪生，結果可說十分悲慘。

一九四五年，蘇聯軍隊解放波蘭，此時，**波蘭統一工人黨表面上裝做推行民主主義，卻以蘇聯的援助做為靠山，漸漸建立出一個獨裁體制**。經過以上說明，相信各位也明白，經過俄羅斯及蘇聯的迫害，在波蘭人心中留下多少禁忌的話題。

改善波蘭與德蘇聯盟的關係……

第二次世界大戰後，波蘭領土出現極大變化。俄羅斯革命後，波蘭將收復的地區（白俄羅斯和烏克蘭西部）歸還俄羅斯，而這些領土的交換條件，就是波蘭取得西波美拉尼亞的大部分領土，包括奧德河及尼斯河在內，波蘭國土向西擴展許多。

另外，第一次世界大戰之後，東普魯士地區變成一片「分散領地」，被分割成南北兩塊，南部歸波蘭所有，北部則割讓給蘇聯。此時，對德國人而言，具有歷史意義的都市科尼斯堡（「王之山」），借用俄羅斯將軍的名字，改稱為加里寧格勒。

對於這個決定，深受蘇聯影響的東德（德意志民主共和國〔German Democratic Republic〕）表示贊同，但西德（德意志聯邦共和國〔Federal Republic of Germany〕）並不認同。然而，西德在布蘭特總理帶領下，成立大聯合內閣，並開始推行**「東方外交」**。**這項政策並不是打算與東側的國家對立，而是接受現狀後，施行合乎現實的外交政策，目的在於改善與東歐各國的關係**，德國也因而承認與波蘭的國界「奧德．尼斯線」。西德的這個做法，其實是針對**二十年後德國統一所做的布局**。

波蘭在與德國改善關係的同時，仍舊持續與蘇聯對立。一九五六年，蘇聯新上任的領導者赫魯雪夫推動「批判史達林（這項運動是指在公開場合，指出獨裁者史達林領導方針的謬誤）」運動，受到這陣風潮的衝擊，波蘭境內對蘇聯不滿的市民，在波茲南發起反蘇暴動。雖然這場暴動最後遭到鎮壓，但天主教會的自治權也因此獲得承認。

一九七〇年，波蘭與西德恢復邦交，波蘭國內一片祥和。再加上七〇年代，大學推行對外開放政策，並且默認反體制派團體的各種活動，波蘭社會明顯變得安定許多。

但是，波蘭並未重新審視社會主義體制的基本問題，因此在七〇年代後半，國內發生了極大的矛盾衝突。這樣的狀況也是八〇年，華勒沙組成獨立自治工會「團結工聯」的原因。從這個時候開始，波蘭雖然是社會主義各國中，第一個允許國內存在複數政黨的國家，但後來政局愈加混亂，掌握實權的賈魯塞斯基發布戒嚴令，強行平定了國內的紛爭。

由於他的施政方針，使得蘇聯無法介入波蘭國政，這一點頗受好評。另一方面，此時的蘇聯本身也已走到窮途末路，因此，一九八九年東歐革命才得以遂行。

Column 5

曲折離奇的卡廷森林大屠殺

目前，國際社會普遍認為「卡廷森林大屠殺」，是舊蘇聯犯下的罪行。然而，為了讓蘇聯承認主導這次事件，過程可說是一波三折。

一九三九年，基於「德蘇互不侵犯條約」這份祕密協議的內容，德國和蘇聯合力入侵波蘭。而英國與法國也因此向德國宣戰，第二次世界大戰就此展開。蘇聯收回了在波蘭戰爭中失去的土地，據說當時有二十五萬人遭到俘虜，而後這群人卻從此音信杳然。面對逃亡到英國的波蘭政府一再追問，蘇聯遲遲不願答覆。

一九四一年，德國與蘇聯直接開戰。德軍攻進蘇聯領地，在斯摩倫斯克附近發現許多「屍體」，並且大肆宣傳這些都是被蘇聯虐殺的波蘭人。當然，蘇聯反駁這項指控，聲稱虐殺的元兇是德軍。戰後，這個事件仍未真相大白，蘇聯在紐倫堡審判中，控訴德國是整起事件的主謀，但由於證據不足遭到駁回。

另一方面，美國也開始獨立調查這起事件，然而，蘇聯已經調查結束並提出結論，因此，全世界沒有一個國家支持美國的調查。特別是蘇聯周邊的東歐各國，全都認同蘇聯的見解，導致美國的調查一直沒有新進展。

冷戰期間，針對這起事件的調查仍舊持續。一九八五年，戈巴契夫推動新思維的改革，資訊公開也逐漸起步，史達林簽署的處刑文件也公諸於世，蘇聯便無法再否認這起虐殺案件。

即使事實真相仍舊存在許多不明之處，但針對此事的調查就此中斷，**蘇聯宣稱這是「史達林的個人犯罪」，至今仍未向波蘭表達歉意。**

到底整起事件中，有多少波蘭人犧牲生命？而史達林下達命令的用意為何？一切都還未真相大白。這起「卡廷森林大屠殺」，估計有兩萬五千多名波蘭人受害，但是還有約一萬多人的遺體尚未尋獲，因此，人們懷疑還有第二、第三個如卡廷森林一般的犯罪現場存在。

第8章

Russia vs Ukraine

俄羅斯 vs 烏克蘭

克里米亞半島合併的背景

各位在高中時學習世界史的時候，我想克里米亞半島應該只出現兩次。（編注：此處是指日本高中世界史課程）

第一次出現時，一定是在「克里米亞戰爭」。這場戰役打響了主要戰場塞凡堡要塞的名聲，戰爭當中，由於南丁格爾的活躍，成為日後國際紅十字會成立的契機，這些內容應該有人還記得。

另外一次，就是在「雅爾達會議」。第二次世界大戰後，美、英、蘇三國召開這場會談，討論日後的國際秩序，而會談的場所就是克里米亞半島上的雅爾達。

克里米亞半島開始受到世人矚目，是在二〇一四年爆發的一次事件。**俄羅斯併吞克里米亞半島**，這對現代國際關係而言，簡直是如「晴天霹靂」一般讓人震驚。

這個事件，讓世人們聚焦在統治克里米亞半島的國家，也就是「烏克蘭」。**克里米亞半島遭到俄羅斯併吞一事，可以說是改寫戰後歷史的一個大事件**。第二次世界大戰之後，從來沒有一個大國敢如此明目張膽，擅自「變更領土」。但是，俄羅斯的普欽（Putin）政權，卻做出這樣的事情。

這一章，讓我們來詳談，俄羅斯併吞克里米亞半島的前因後果，深入了解俄羅斯（蘇聯）與烏克蘭之間的關係。

烏克蘭的起始

首先，讓我們先來確認烏克蘭的地理位置。

希臘的巴爾幹半島與土耳其的小亞細亞（安那托利亞）半島，包圍起來的海域即是**愛琴海**。從愛琴海穿過達達尼爾海峽和博斯普魯斯海峽（伊斯坦堡沿岸），就可以看見寬闊的**黑海**。**克里米亞半島**

現在的烏克蘭周邊

位在黑海北部，是一個中央部位凸出的半島。

克里米亞半島西北部，有一條巨大的河川流入黑海，同時貫穿烏克蘭中心部位，名字叫做聶伯河。這條河川連結了波羅的海和黑海，形成一條重要的航路。最廣為人知的事例，就是諾曼人利用這條航路，從波羅的海出發，經過黑海抵達伊斯坦堡，這條貿易航路名為「瓦蘭格之路」。瓦蘭格一語，是俄語稱「諾曼人」，俄羅斯最早的國家諾夫哥羅德公國，據說就是由這條航路上往來頻繁的諾曼人所建立。

聶伯河沿岸，**東歐地區最初成立的國家，就是承襲諾夫哥羅德的基輔・羅斯**。俄羅斯與烏克蘭各自聲稱，擁有該國的正統繼承權，同時這也表示，誰能擁有當地統治權的根據，牽涉到極大的實際利益。

十到十一世紀，弗拉基米爾一世統治基輔・羅斯，與拜占庭帝國關係密切，勢力範圍遠播至保加利亞，是國力最強大的全盛時期。一直到他的兒子雅羅斯拉夫一世的時代，國家仍舊相當繁榮。然而，到了十二世紀，諸侯開始自立門戶，整個國家迎向分裂與弱化，到了十三世紀難以避免遭受蒙古統治的命運。

另外，這個地區在十四世紀後半期，成為波蘭與奧地利共同統治的領地。「烏克蘭」這個名稱，最初出現是在十二世紀，但是當地民族主義精神，直到十九世紀才開始萌芽。**長久以來，「烏**

克蘭」僅是一個地區的名稱，直到二十世紀都尚未成為國名。

俄羅斯併吞烏克蘭

前面章節已經介紹過，波羅的海三小國最南端是立陶宛，西南方是波蘭，這兩個國家都因為俄羅斯及德國的侵略，長久以來為其所苦。然而，在中世紀時期，立陶宛和波蘭的國力曾經相當強盛，甚至還統治過波羅的海及黑海這一整片地區。兩國在十五世紀共戴一君，也就是**波蘭歷史上的亞蓋洛王朝，統治了烏克蘭和白俄羅斯等地。**

此時，居住於烏克蘭以及俄羅斯南方的高加索一帶的哥薩克（俄語意為流浪者）民族，自成一個社會體制。史稱他們為「自由農民」，由於俄羅斯本土的農奴制度日漸嚴苛，許多農民群起反彈，加上一些犯罪者和沒落貴族，組成了這個團體。這些哥薩克人建立了獨特的軍事組織，並且採取民主制度來運作。

不久，**哥薩克民族又對波蘭的統治感到不滿，相對地，由於俄羅斯承認哥薩克擁有自治權，他們轉向臣服於沙皇。**在一六五四年的佩列亞斯拉夫協議中，哥薩克與俄羅斯達成這項共識。

到了十七世紀，烏克蘭面臨一個極大的轉機。對於烏克蘭反抗波蘭統治，展開各種鬥爭行動時，莫斯科大公國提供支援與波蘭作戰，最後雙方約定**聶伯河以西屬於波蘭擁有，東部地區則成為俄羅斯領土**。其後，烏克蘭依附於俄羅斯，繼續施行自治體制。

十八世紀初，俄羅斯發動大北方戰爭，烏克蘭企圖趁機獨立，和瑞典結盟與俄羅斯作戰，最後戰敗導致俄羅斯加強對烏克蘭的拘束，哥薩克民族也因此失去原有的自由。

十八世紀末期，波蘭再度遭到瓜分，原屬波蘭領有的烏克蘭成為俄羅斯的領地，**從此開始，烏克蘭全境都歸俄羅斯所有**。

徹底鎮壓與俄羅斯化

在俄羅斯帝國統治下的烏克蘭，全面禁止使用烏克蘭語，當地徹底實施俄羅斯化。當時，俄羅斯、德國和奧地利，這三個國家瓜分了波蘭，其中奧地利取得加利西亞地區，由於統治風格較為自由，該地就成為烏克蘭民族主義的中心。但是，加利西亞地區在第一次世界大戰時，曾經遭到俄羅斯軍隊占領，烏克蘭的民族主義勢力也受到徹底的鎮壓。

一九一七年，隨著俄羅斯二月（當時俄羅斯採用儒略曆，與一般通行的格列哥里曆相差十三天，其實應該已經是三月）革命爆發，烏克蘭民族組成政治組織，宣布獨立。但是十月（實為十一月）革命後，俄羅斯革命政府派遣軍隊前往鎮壓。在德軍入侵俄羅斯之後，俄領波蘭成為革命軍與反革命軍內戰的主要戰場，相對地，奧領加利西亞地區的烏克蘭人也發起獨立運動，烏克蘭陷入極度混亂的局面。最後，烏克蘭內部也出現一股擁護蘇維埃的勢力，一九二二年，白俄羅斯和外高加索（俄語的意思是「高加索的遠方」，意指高加索山脈南方的地區）也成立蘇維埃政權，**這三個地區結盟加入蘇維埃聯邦**。

一九二〇年代，烏克蘭境內興起一股反帝政勢力，同時強力推動恢復使用烏克蘭語，以及回歸烏克蘭文化的運動。然而，到了一九三〇年代，烏克蘭又再度強制施行俄羅斯化。而且在這段期間內，**蘇聯政府開始強制徵收烏克蘭的穀物**，烏克蘭農民群起抗議，甚至將做為「生產工具」的動物殺害，造成一場**「人為」大飢荒**，據說有數百萬至一千萬農民因此餓死。時至今日，烏克蘭稱這個事件為**「烏克蘭大飢荒」**，歐美各國將其定義為「種族屠殺」。

烏克蘭獨立——克里米亞半島的紛爭

史達林過世後隔年，一九五四年，為了回應烏克蘭境內日益增強的民族主義聲浪，蘇聯藉著紀念簽定佩列亞斯拉夫協議三百週年的機會，**將克里米亞半島割讓給烏克蘭**。之後，烏克蘭化運動大幅進展，烏克蘭境內的民族主義更加高漲。

一九八六年，烏克蘭發生車諾比核災事件，這個事件雖然使得改革的速度加快，但國內東部以俄羅斯人居多，西部大多是烏克蘭人，這些地緣政治相關問題導致烏克蘭共產黨內部，基輔派（烏克蘭）和莫斯科派（俄羅斯）的對立愈發激烈。

到了一九九一年，烏克蘭終於獨立建國。除了加盟俄羅斯主導的獨立國協，同時也與西方各國建立更緊密的關係。

眾所矚目的克里米亞半島，在一九九七年，俄羅斯也承認該地屬於烏克蘭。另外，烏克蘭憲法規定克里米亞半島是烏克蘭唯一的自治共和國，這一次，普欽總統採取強迫的政策，形式上舉行公民投票，但是做法和過去專政主義時代毫無改變，都是以大國的勢力來欺壓小國。

另外，烏克蘭西部國境與聶斯特共和國相接。這個聶斯特河沿岸的細長國家，在國際上認定這個國家應屬於摩爾多瓦共和國（位於烏克蘭與羅馬尼亞之間）的一部分，此次趁著烏克蘭問題的機會，他們也和烏克蘭東部的俄羅斯人一樣，主張脫離烏克蘭，並加入俄羅斯。

這個與烏克蘭相鄰的摩爾多瓦共和國，居民基本上都是羅馬尼亞民族，而且中世紀羅馬尼亞人曾在此建立摩爾多瓦公國。十九世紀初，此地遭到俄羅斯占領，重新命名為比薩拉比亞。俄羅斯革命後，蘇聯與羅馬尼亞為了比薩拉比亞，展開複雜的軍事角力，最後蘇聯徹底阻止羅馬尼亞再度統一摩爾多瓦。

但是，在蘇聯改革的過程中，摩爾多瓦的民族主義精神再度復燃，隨著蘇聯瓦解，摩爾多瓦共和國也宣布獨立。摩爾多瓦東部是俄羅斯人較多的地區，因此，當地居民也發起聶斯特河沿岸共和國的獨立運動。上述兩個國家的組成民族雖然沒有多大的差異，但是聶斯特河沿岸比摩爾多瓦具有經濟能力，而且國民全體幾乎都是親俄羅斯派。因為俄羅斯而產生的第二個克里米亞問題，或許將發生在此處。另一方面，摩爾多瓦國內也有親俄羅斯派勢力，根據專家觀察結果，該國將發生和烏克蘭相同的嚴重問題。

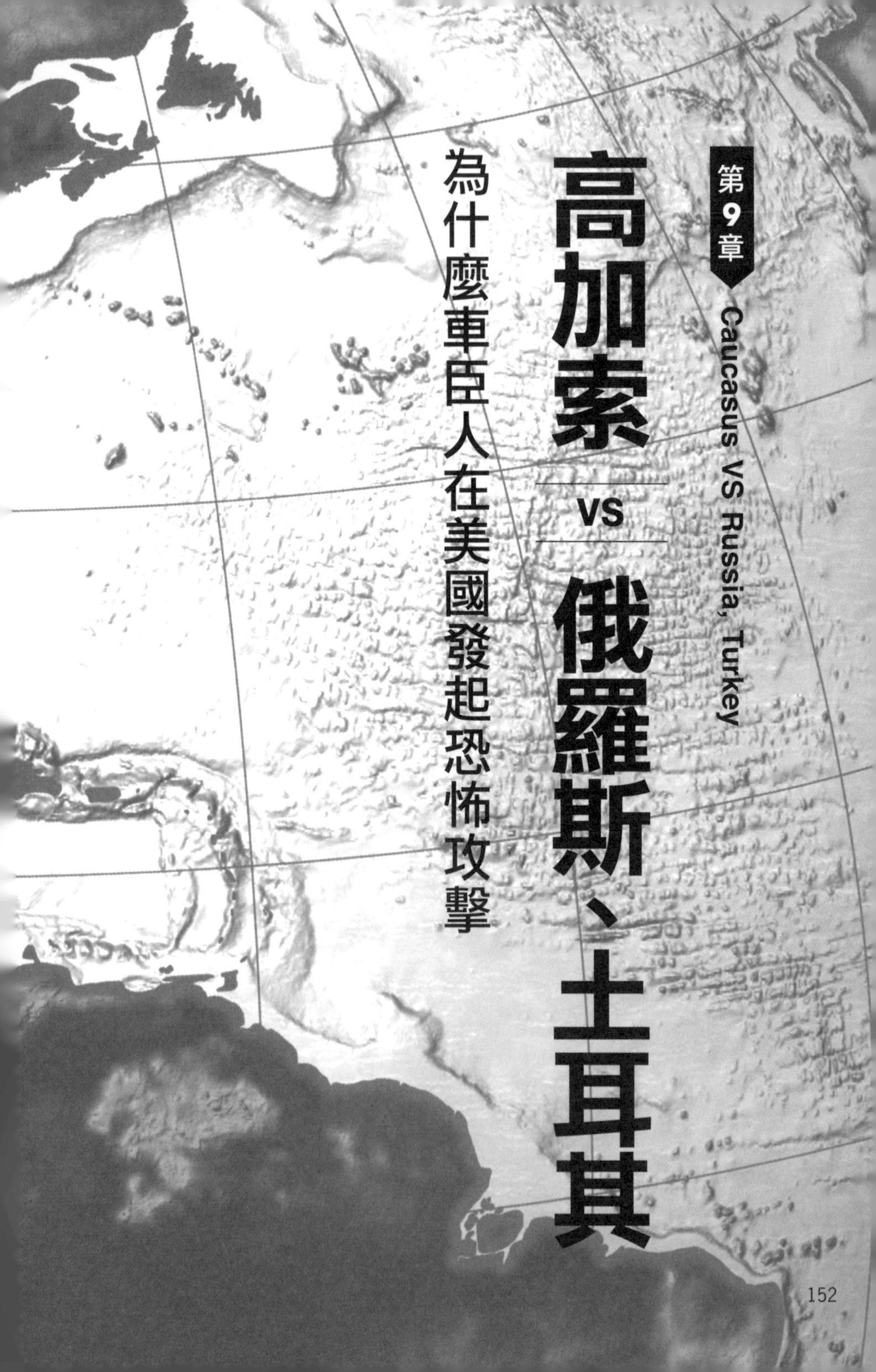

第9章

Caucasus VS Russia, Turkey

高加索 vs 俄羅斯、土耳其

為什麼車臣人在美國發起恐怖攻擊

二〇一三年，美國波士頓舉辦馬拉松路跑時，發生一起炸彈恐怖攻擊，相信各位都還記憶猶新。而這起事件的嫌犯是**「車臣」**人，各位應該聽過。

車臣人和美國沒有任何關係，這個民族的故鄉是俄羅斯南部**「高加索」**。話雖如此，聽到「高加索」這個名稱，馬上就知道是什麼地方的人，我想應該不多。

高加索是黑海和裡海包圍的一個地區，當地幾乎都是山脈，住著許多宗教和語言都不相同的民族，人口的組成非常複雜。鄂圖曼帝國和波斯人建立的薩法維王朝，以及俄羅斯都曾經入侵這片土地。

現在，這片地區以高加索山脈為界分成南北，北方是俄羅斯的領地，南方則是從俄羅斯獨立出來的三個共和國（分別是喬治亞、亞美尼亞和亞塞拜然）。車臣人在俄羅斯境內，算是少數民族。

這一章，我將會提到車臣民族的歷史，可以說就是蘇聯（俄羅斯）的一部黑暗史。他們所求為何？包括車臣民族在內，這個地方的歷史又是怎麼演進的呢？這一章，讓我們一起深入探討。

東西走向的山脈，分斷出南北高加索

首先，讓我們一起看看「高加索」在地圖上的位置。**高加索位於黑海與裡海之間。**近年，這個地區裡俄羅斯統治的「自治省」，以及和俄羅斯一同成為獨立國協的喬治亞（二〇〇九年脫離俄羅斯）、亞美尼亞和亞塞拜然三國之間，發生敵對的緊張關係，或許我們偶爾會在新聞報導裡看到高加索。喬治亞用俄羅斯語來說是「格魯吉亞」，二〇

目前高加索地區的情況

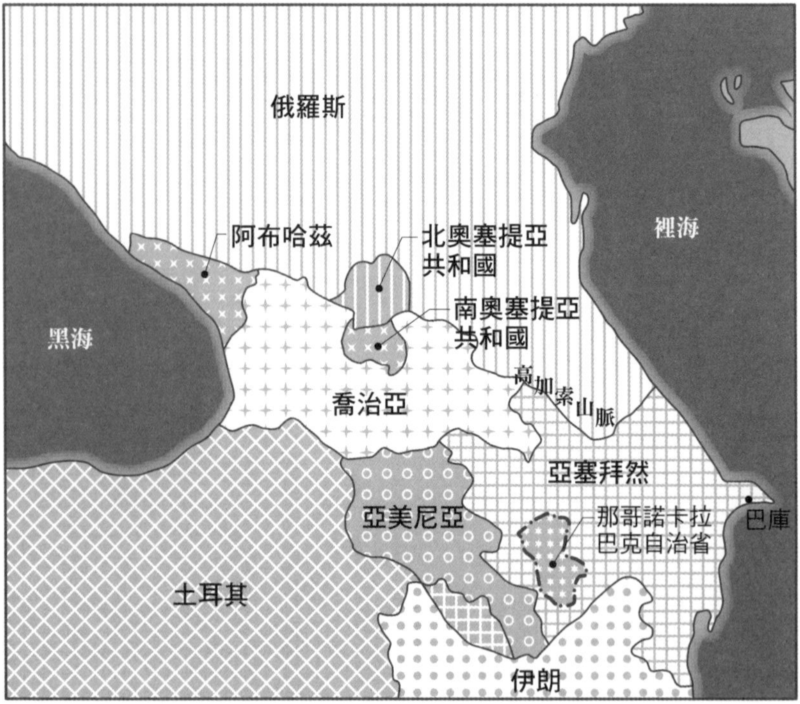

一五年，日語以英語發音改稱為「喬治亞」。

黑海和裡海之間，有一道一千兩百公里的山脈橫越其中，最高峰超過五千公尺，群山林立，地形十分險峻。或許正因為如此，才造就出這個地區複雜的民族狀況。總之，由於當地地形十分特殊，許多受到壓迫的民族逃到此處，彼此互不侵犯，各自過著孤立的生活。

大高加索與小高加索這兩座山脈是東西走向，**山脈的南北部，現在的政治狀況大不相同。**過去南北高加索都是俄羅斯的領土，蘇聯成立時也自然接收了這片土地。然而，**現在高加索南部有喬治亞、亞美尼亞和亞塞拜然三個國家，北部分為數個俄羅斯的自治省**（人口數量還不足以組成國家）。但是，這幾個國家和自治省，分界並不是那麼明確，也因此引發許多複雜的問題。

南高加索——喬治亞、亞美尼亞和亞塞拜然

首先，讓我來介紹高加索山脈的南部。

這個地區的民族對立，情況相當瑣碎且複雜，同時還牽扯到軍事與資源問題。從裡海中部到高加索之間，有一片巴庫油田。另外，高加索西北部有一片邁科普油田，因此，舖設在這個地區的大量輸油管，更顯示出當地的重要性。另外，周邊地區在冷戰時代，**曾經是蘇聯面對中東地區**

各國的最前線。

十九世紀初，俄羅斯實施南下政策，高加索山脈周邊都成為其領地。提到俄羅斯這個國家，一般都認為莫斯科及聖彼得堡，是人民的主要活動地區，但烏克蘭和這裡提到高加索地區，也是該國的經濟重鎮。**俄羅斯革命時，這個地區成立了蘇維埃政權**，正好可以說明該地的重要性。

蘇聯崩解之後，高加索南部分裂成喬治亞、亞美尼亞和亞塞拜然三個獨立國家。但是，這三國之間並未達成和諧共處的關係。

其中最大的原因，就是這個地區存在許多少數民族。這些民族原本就牽扯出許多紛爭，再加上俄羅斯這個強勢的國家展現出強大的影響力，導致事態更加複雜。巴爾幹半島也是一個各民族對立的著名地區，各位可以把高加索想像成巴爾幹地區的縮小版。

宗教信仰複雜的格魯吉亞共和國

首先，讓我先說明高加索南部三國中的喬治亞共和國。接下來，我們還是以慣用的俄羅斯語發音，稱其為「格魯吉亞」。

該國的領地包括黑海東岸到高加索山脈中央部位，南部有土耳其和亞美尼亞，東方則與亞塞拜然相接。在西元前四世紀的時候，已經成立一個小國家，但該國分別遭到羅馬帝國、波斯人建立的薩珊王朝、東羅馬帝國和伊斯蘭國入侵，為該國帶來諸多影響。其中，最受人矚目的影響，**就是在西元四世紀時，格魯吉亞和南方的亞美尼亞一同改信基督教。**直至今日，格魯吉亞國內還有許多基督教徒。

西元十世紀到十一世紀期間，格魯吉亞地區初次統一。與塞爾丘克王朝發生戰爭，並取得勝利，到了十二世紀，曾是統治西亞的強國，其後受到蒙古軍隊襲擊，國勢日漸衰退。

受到帖木兒建立的蒙古帝國侵襲之後，與鄂圖曼帝國和波斯的薩法維王朝形成三強鼎立的局面。過程中，**格魯吉亞部分地區出現改信伊斯蘭教的團體，使得這個地區的宗教紛爭更加複雜。**

俄羅斯在十八世紀末侵入這個地區，當時正值葉凱薩琳大帝掌權。十九世紀，亞歷山大一世開始併吞此地，從此之後，俄羅斯便開始將此地蠶食鯨吞。到了俄土戰爭之後，一八七八年，**俄羅斯更將勢力範圍擴大至亞美尼亞和亞塞拜然，以及高加索山脈南部地區。**

當地反對俄羅斯統治的動亂持續不休，另一方面，隨著農奴解放與產業復興等活動的進展，到了二十世紀初，亞塞拜然面向裡海的巴庫油田與格魯吉亞沿黑海的巴統港之間，建立起一條輸油管，更是提高了該地的重要性。

受到這些經濟發展的影響，格魯吉亞境內的勞工意識也逐漸升高，二十世紀時，勞工發起多起運動。一九一七年，俄羅斯二月革命結束，少數派（俄羅斯革命時的保守派，與資本家合作，推行漸進式的改革運動）掌握國家實權，並宣布成立格魯吉亞共和國。其後，德國與英國相繼進駐此地。

此時，俄羅斯有另一股勢力是列寧率領的多數派（亦即激進派，主張建立社會主義政權）開始擴張勢力，蘇維埃政權也就此成立。由於握有格魯吉亞政權的少數，與蘇維埃多數派形成對立關係，西歐的社會民主主義勢力，自然與格魯吉亞較為友好。

一九二〇年，鄰國亞塞拜然及亞美尼亞雙雙成立蘇維埃政權，俄羅斯的蘇維埃政府也趁此機會，高呼必須「解放」格魯吉亞。一九二一年俄羅斯軍隊進駐格魯吉亞，二二年，格魯吉亞、亞塞拜然和亞美尼亞三國合而為一，成立外高加索社會主義聯邦蘇維埃共和國。

緊接著，俄羅斯、烏克蘭與白俄羅斯的蘇維埃共和國合併，成為**「蘇維埃社會主義共和國聯盟（蘇聯）」**。一九三六年，高加索地區的格魯吉亞、亞美尼亞和亞塞拜然再度分裂。

格魯吉亞是史達林的出生地

格魯吉亞最著名的事跡，就是曾經君臨蘇聯的獨裁者**史達林出生於此**，他的出生地是格魯吉亞的哥里。我個人大膽推測，史達林之所以成為獨掌大權的獨裁者，或許跟他身為格魯吉亞人，受到反俄羅斯風氣的影響有關，或許這個推論太過出人意料，有些人會抱持反對立場。因為反俄羅斯的精神，基本上就是主張中央集權，反對分權主義才對。

一九九一年末，隨著蘇聯解體，對格魯吉亞的歷史也造成極大的改變。雖然當時格魯吉亞脫離蘇聯並且獨立建國，**但國內還是面臨少數民族的問題，同時受到大國俄羅斯的壓力，關於這些民族與宗教引起的紛爭，到現在還有許多事情尚未解決**。

隨後，格魯吉亞民族選出謝瓦納茲當做總統，因為他與戈巴契夫理念相同，主張推動新思維改革，格魯吉亞國民希望透過這層關係，解決上述的各項問題。

謝瓦納茲主張漸進主義，因而擁有許多支持者，但當時國內情勢讓他無法發揮強大的領導能力，導致貪污事件頻傳，使得社會與政治都處於膠著狀態。一九九三年爆發「玫瑰革命」（反政府勢力手持玫瑰占領議會，因而得其名），將謝瓦納茲的權勢收回。

此時，**阿布哈茲和南奧塞提亞問題**（詳情後述）漸趨嚴重，市場經濟也停滯不前。目前，格魯吉亞的現況仍舊十分不安定。因為蘇聯一直是該國背後的隱憂，國內反俄羅斯的聲浪也一直居高不下，導致二〇〇九年，格魯吉亞脫離了獨立國協。

⚜南奧塞提亞問題——分居於山脈兩側的奧塞梯人

剛才，我們已經提到格魯吉亞目前面臨的兩個課題，一是「阿布哈茲」問題，另一個就是「南奧塞提亞」問題。

格魯吉亞中央部位，有南奧塞提亞自治省和北奧塞提亞共和國，這兩個地方都是**奧塞梯民族**主要的居住地。奧塞梯民族當中，有些人住在高加索山脈的南方。粗估總人口數為六十萬人，當地宗教信仰以基督教居多，也有少數穆斯林。

南奧塞提亞在一九八〇年代，成為格魯吉亞的領地，原因是格魯吉亞的民族主義強盛，強制境內各民族使用格魯吉亞語，企圖施行**格魯吉亞同化政策**。而奧塞梯等非格魯吉亞裔的民族，對此狀況升起危機意識，因此開始計畫建設自己的民族國家。對於這些反抗，格魯吉亞政府採取激烈的鎮壓手段，派遣維和部隊到各地，但直到現在還無法完全解決這些問題。

⚜受難的阿布哈茲民族，與格魯吉亞和俄羅斯之間的關係

阿布哈茲位於格魯吉亞西部，面臨黑海東北部地區，過去，這裡曾由東羅馬帝國統治，收容了許多基督教徒。十六世紀，鄂圖曼帝國占領此地，開始有人民改信伊斯蘭教。

原本居住於俄羅斯領土的穆斯林，為了避免遭到迫害，紛紛逃亡至鄂圖曼帝國，之後，亞美

尼亞和格魯吉亞民族也移居至此。直到俄羅斯帝國統治該地，並且在蘇聯時代強制推行格魯吉亞語，使得阿布哈茲民族面臨持續不斷的苦難。

俄羅斯革命時，少數派攻擊阿布哈茲的蘇維埃政府，並且受到反革命軍入侵。在這些混亂塵埃落定後，蘇維埃政府終於順利成立，最後和格魯吉亞聯合建立起聯邦共和國。

但是，阿布哈茲的自治權自始至終沒有獲得承認，**國內仍舊強制推行格魯吉亞語，對於阿布哈茲人的反彈，也給予嚴厲的懲罰，這使得阿布哈茲民族的不滿愈來愈強烈。**

史達林過世後，阿布哈茲民族雖然恢復自治，但是到了一九八〇年代，換成格魯吉亞人的民族主義高漲，阿布哈茲人對此深感威脅。蘇聯瓦解讓格魯吉亞得以獨立，而阿布哈茲的自治政府並未獲得承認，在九二年武裝對立之後，阿布哈茲的自治運動完全遭到鎮壓。

之後，雙方還是持續武力衝突。九四年，簽署停戰協議，該國納入聯合國維和部隊管轄。同年，阿布哈茲單方面制定黨法，宣誓國家主權，卻得不到國際社會的支持。

二〇〇八年，科索沃脫離塞爾維亞統治，世界開啟了一片新局勢，**俄羅斯也提供援助，保障阿布哈茲能夠脫離格魯吉亞，獨立建國。**話雖如此，阿布哈茲的主權雖然獲得尼加拉瓜及委內瑞拉等國承認，但在國際上處於孤立的狀態。

亞美尼亞對基督教的堅定信仰

目前的亞美尼亞到土耳其東北部，曾經有一個名為烏拉圖的國家。這個國家的商業活動自古便十分繁榮，而該地區的民族自然也繼承了這項傳統。

西元前八世紀，亞述從美索不達米亞北上攻擊烏拉圖，使其因此國勢衰退。最後，當地進入四國（亞述滅亡後，分裂為新巴比倫、米底亞、利底亞和埃及）對立時代，其中一國遭到米底亞王國毀滅。

之後，波斯帝國阿契美尼斯王朝時代時，**亞美尼亞民族**移居至此。西元前一世紀，大亞美尼亞王國成立，西元一世紀時，成為羅馬和伊朗（波斯）等其他各國的緩衝地帶。

四世紀初期，亞美尼亞民族開始信仰基督教，**成為全世界第一個將基督教定為國教的國家**。

波斯帝國在薩珊王朝時，強制此地信仰祆教，再加上七世紀之後，阿拉伯民族也開始進入這個地區，在當地實施嚴苛的稅制，亞美尼亞人群起反抗。到了西元九至十世紀，局勢漸趨安定，從此迎向繁榮期。

這裡我再說一件題外話，**今日，耶路撒冷的舊街道，分成穆斯林、猶太教徒、基督教徒和亞美尼亞人四個地區**。亞美尼亞教會在此地得以設置據點，足以證明該國信仰基督教的歷史長遠，也說明了過去在基督教中勢力之強大。

亞美尼亞的歷史，可以說一直都遭受南方伊斯蘭國家蹂躪。在塞爾丘克王朝、伊兒汗國、帖木兒蒙古帝國入侵之後，最後由鄂圖曼帝國統治，這期間，多數亞美尼亞人移居到鄂圖曼帝國的伊斯坦堡及其他地方。由於亞美尼亞民族中，許多人靠著經商而致富，鄂圖曼帝國自然相當歡迎他們移居到各地。

十九世紀，希臘與埃及的獨立問題，令鄂圖曼帝國深感困擾，同時，俄羅斯南下也帶來嚴重的問題。在這樣的局勢中，亞美尼亞人的民族主義開始萌芽，並且組成以獨立為目的的團體。鄂圖曼和俄羅斯這兩個帝國，徹底鎮壓這些獨立勢力。俄羅斯革命就此發生，即使格魯吉亞和亞塞拜然聯合組成外高加索共和國，但蘇聯政府仍舊強力壓制亞美尼亞民族的獨立行動。

蘇聯在一九九一年開始崩解，亞美尼亞共和國也隨之成立，並且要求土耳其政府歸還過去屬於亞美尼亞的領土，當然，土耳其並沒有給予正面回應。相對地，由於亞美尼亞民族針對土耳其人，一再發起恐怖攻擊，**造成土耳其國內反亞美尼亞的情緒因而升高。**兩國之間形成難以輕易化解的對立。

⚜土耳其人大肆殘殺亞美尼亞民族的原因

接下來，讓我們談談剛才提到，十九世紀時，俄羅斯正式南下的話題。當時，俄羅斯與波斯帝國卡扎爾王朝，一直在爭奪剛才提到的烏拉圖領土，同世紀中葉，**俄羅斯統治了屬於白俄羅斯的亞美尼亞領土（亞美尼亞東部）**。即使在俄羅斯統治下，亞美尼亞民族仍然充分發揮善於經商的天賦，甚至被喻為是「外高加索的猶太人」。

此時，**亞美尼亞西部歸鄂圖曼帝國統治，東部則屬於俄羅斯領土**，而鄂圖曼帝國方面發生了一些問題。

鄂圖曼帝國境內的亞美尼亞民族，與俄羅斯的關係十分密切，致使他們的民族主義為之高漲。其後，亞美尼亞民族因而積極投入恐怖炸彈攻擊，基督教（亞美尼亞民族）與伊斯蘭教（土耳其人）在宗教上產生對立，鄂圖曼帝國對此升起危機意識。

結果導致**鄂圖曼帝國殘殺亞美尼亞民族**。據說，在十九世紀，有數萬名亞美尼亞人遭到殺害，多數亞美尼亞人逃往美國以及世界各國。

鄂圖曼帝國對亞美尼亞人的迫害一直持續著，直到二十世紀，事態變得更加複雜。一九〇五年，亞美尼亞人發動暗殺蘇丹的事件未遂。此時，主張反蘇丹，追求土耳其現代化的「青年土耳其黨（統一進步協會）」也開始積極行動，亞美尼亞人對其寄予厚望，但事實上穆斯林仍舊不斷殘殺基督徒，在伊斯坦堡也有許多亞美尼亞人喪失生命。

第一次世界大戰開始後，為了與英、法及俄羅斯作戰，「青年土耳其黨」開始煽動土耳其國內的民族主義信奉者。另一方面，許多亞美尼亞人加入俄羅斯軍隊來對抗土耳其，以致於土耳其人再次殘殺各地的亞美尼亞人。

亞美尼亞人主張有兩百萬名同胞遭到殺害，土耳其則表示殺戮是戰爭中無可避免的行為，而且受害人數僅有二十萬餘人。雖然雙方各執一詞，但目前真相仍未釐清。

亞美尼亞 VS 亞塞拜然——那哥諾卡拉巴克自治省的問題

亞美尼亞的鄰國亞塞拜然境內，也有一個亞美尼亞民族居住的地區。那個地方名為**那哥諾卡拉巴克**，這個字的意思是指「卡拉巴克高原，或黑森林高原」。

該地同時居住著亞美尼亞的基督教徒，以及亞塞拜然的穆斯林，但是**亞美尼亞民族的人口高達九成，因此他們要求將這個地區變更為亞美尼亞的屬地**，亞塞拜然當然不可能答應。

這個問題原本在一九八八年，蘇聯還未解體時，亞美尼亞就向亞塞拜然提出要求。但是，不要說亞塞拜然不肯答應，就連蘇聯政府也害怕同樣的問題，會在各地引起連鎖效應，因而站在反對的立場。隔年，這兩個民族發生衝突，到了一九九一年，蘇聯解體之後，雙方的對立更加明確，並引發更大規模的武裝衝突。

一九九二年，**亞美尼亞占領了連結那哥諾卡拉巴克與亞美尼亞之間的迴廊**。亞塞拜然對此提出抗議，但至今事態仍陷於膠著。

信奉伊斯蘭教，並且親近西歐的特殊國家——亞塞拜然

本章最後，我們來談談亞塞拜然。

這個地方在西元前四世紀，最初建立的國家是阿爾巴尼亞（並非巴爾幹半島上的阿爾巴尼亞）。西元四世紀，亞美尼亞、格魯吉亞和阿爾巴尼亞一同開始信奉基督教。經過薩珊王朝等伊朗派系的王朝統治後，當地也留下一些信仰祆教的遺跡。

西元七世紀以來，阿拉伯開始統治該地，這段期間，**絕大多數人民開始改信伊斯蘭教**。而剛才提到的亞美尼亞和格魯吉亞，仍是以基督教徒居多。

這個地區的歷史，與西亞諸勢力的動向有密切的關聯，十一世紀時，塞爾丘克王朝、十三世紀的伊兒汗國，以及十五世紀的帖木兒都曾經統治過這裡。「亞塞拜然人」這支民族形成的時間，是在十七至十八世紀左右。到了十九世紀，這個地區成為俄羅斯的領土。

而這個民族在一九一八年，趁著俄羅斯革命的混亂之際，以「亞塞拜然」為名立國。**此時成立的亞塞拜然民主共和國，是伊斯蘭教國家當中的第一個共和體制**。然而，到了一九二〇年，蘇聯軍隊入侵，該國和亞美尼亞以及格魯吉亞，共同組成外高加索社會主義聯邦蘇維埃共和國。先前提過，這個國家在一九三六年已經解散。

由於亞塞拜然在裡海南岸開發巴庫油田，到二十世紀初期為止，該國經濟一直相當繁榮。此時，亞塞拜然是俄羅斯帝國的經濟發達地帶，許多外國勞動者流入該地。由於有經濟背景做為後盾，當地的勞工運動十分盛行。

第二次世界大戰，德國覬覦油田的利益而出兵攻打，遭到擊退，保住了當地對蘇聯的石油供給。戰後，其他地區也著手開發石油礦區，巴庫油田便不再像過去那麼重要，蘇聯瓦解之後，西側各國投入資本，亞塞拜然的經濟狀況又開始活絡起來。因此，**該國親近西歐的傾向也愈發強烈**。

北高加索的七個俄羅斯共和國——車臣人的居住地

高加索南部地區，藉由與羅馬及波斯往來，得以維持高度文化發展，並建設國家。相較於此，高加索山脈的北部就屬於落後地帶。這裡的居民有匈族、土耳其民族、印歐民族等遊牧民族，這也是當地遲遲沒有建設國家的原因之一。

十八到十九世紀，俄羅斯正式侵入該地區。對於此舉，**車臣民族**和達吉斯坦民族（亞洲阿瓦爾民族後代的諸民族）聯手奮力抵抗，激烈的對立持續不斷。十九世紀初，這些民族和俄羅斯發起高加索戰爭，**隨後高加索山脈北部就成為俄羅斯的領土**。

俄羅斯革命時，高加索南部成立了格魯吉亞等三個社會主義共和國，也就是構成蘇聯的「蘇維埃」國家。但是，高加索北部各民族，因為人口等因素，無法建設國家，只能成為**俄羅斯的自治省**。

北高加索七個共和國及周邊

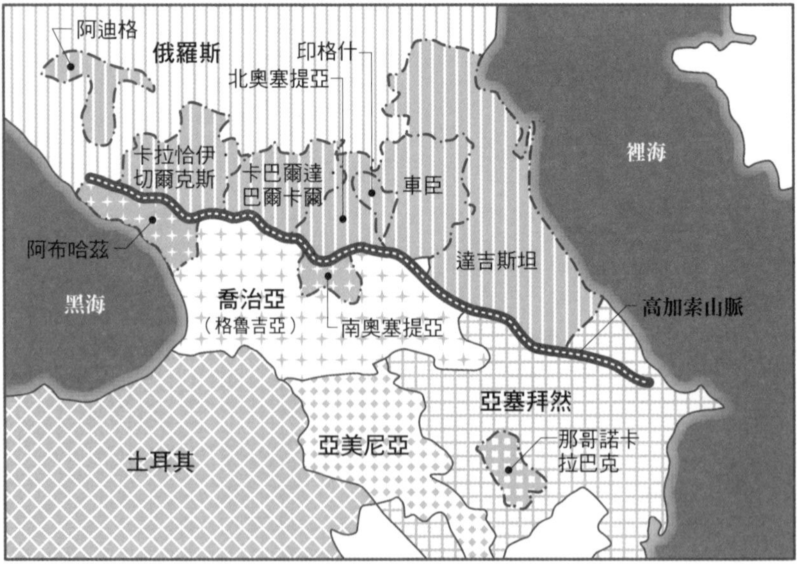

蘇聯瓦解後，俄羅斯聯邦境內的北高加索（俄羅斯語稱之為外高加索）地區，統合成為「北高加索聯邦管區」，但是位於該地的七個共和國，彼此之間的利害關係並不一致。七個共和國分別是達吉斯坦、印格什、卡巴爾達．巴爾卡爾、卡拉恰伊．切爾克斯、北奧塞提亞、阿迪格與車臣。

車臣民族與印格什民族，由於宗教和語言相同，經常被視為同一個民族。但是，在俄羅斯帝國企圖併吞這兩個國家之際，車臣民族奮力抵抗，而印格什民族卻順從於俄羅斯統治，這也是造成日後各國對立的主要原因。其中，**車臣人的行動不只影響到俄羅斯，甚至波及到中亞伊斯蘭教國家。**

車臣人在世界各地發動恐怖攻擊的原因

在北高加索地區的歷史中，車臣的存在十分引人矚目。十九世紀前半，俄羅斯併吞這個地區的過程，車臣民族激烈抵抗，其中伊斯蘭教的蘇菲教派（追求與阿拉合而為一，過著清貧的生活）掌握一股強大的勢力。他們抵抗俄羅斯的行動，後來稱為穆裡德運動，直至今日，這項傳統仍舊在蘇菲教派中流傳。

剛才我已提過，車臣與印格什被編入俄羅斯帝國的時候，雙方的態度完全不同。蘇聯時代，車臣與印格什合成一個行政區，就是車臣．印格什自治省。第二次世界大戰末期，史達林擔心車臣民族與印格什民族協助納粹，**強迫這兩個民族移居中亞地區**。史達林過世後，他們的名聲獲得平反，雖然得以回歸祖國，但是人們心中仍殘留著對政府的不滿。

一九九一年，蘇聯末期時，車臣．印格什共和國宣布獨立。然而，共和國裡少數印格什人主張與車臣分別獨立，兩個民族因而分離。**最後，車臣完成實質上的獨立，但印格什仍屬於俄羅斯聯邦管轄。**

車臣共和國成立之後，**獨立派與親俄派發生激烈對立，整個國家處於分裂狀態**。一九九四年，葉爾辛擔任俄羅斯聯邦總統時，派兵前往車臣，支援親俄派勢力。第一次車臣戰爭就此爆發，戰況一直持續至一九九七年，但車臣國內情勢仍然沒有任何變化。

一九九九年起，俄羅斯再次進軍車臣。面對這樣的局勢，車臣國內激進分子主張另外建立車臣．伊奇克里亞共和國，與蓋達伊斯蘭激進派合作，以游擊戰的方式，將勢力擴張至山丘地帶以及達吉斯坦地區。直至目前，他們與俄羅斯仍持續對立。

雖然車臣．伊奇克里亞共和國並未得到任何一個國家承認，但他們在世界各地發動恐怖攻擊，藉以對外宣揚組織的存在。二〇〇二年，莫斯科劇院挾持人質事件、二〇〇四年，親俄派發動暗殺總統的事件、二〇〇七年，莫斯科與聖彼得堡之間的列車爆炸事件，以及最近二〇一三年，發生在波士頓馬拉松的恐怖炸彈攻擊事件，研判都是由車臣恐怖分子所為的犯行。

「九一一恐怖攻擊」之後，國際上吹起一股「反恐作戰」的風潮，俄羅斯總統普欽也趁勢加強對車臣的鎮壓行動。

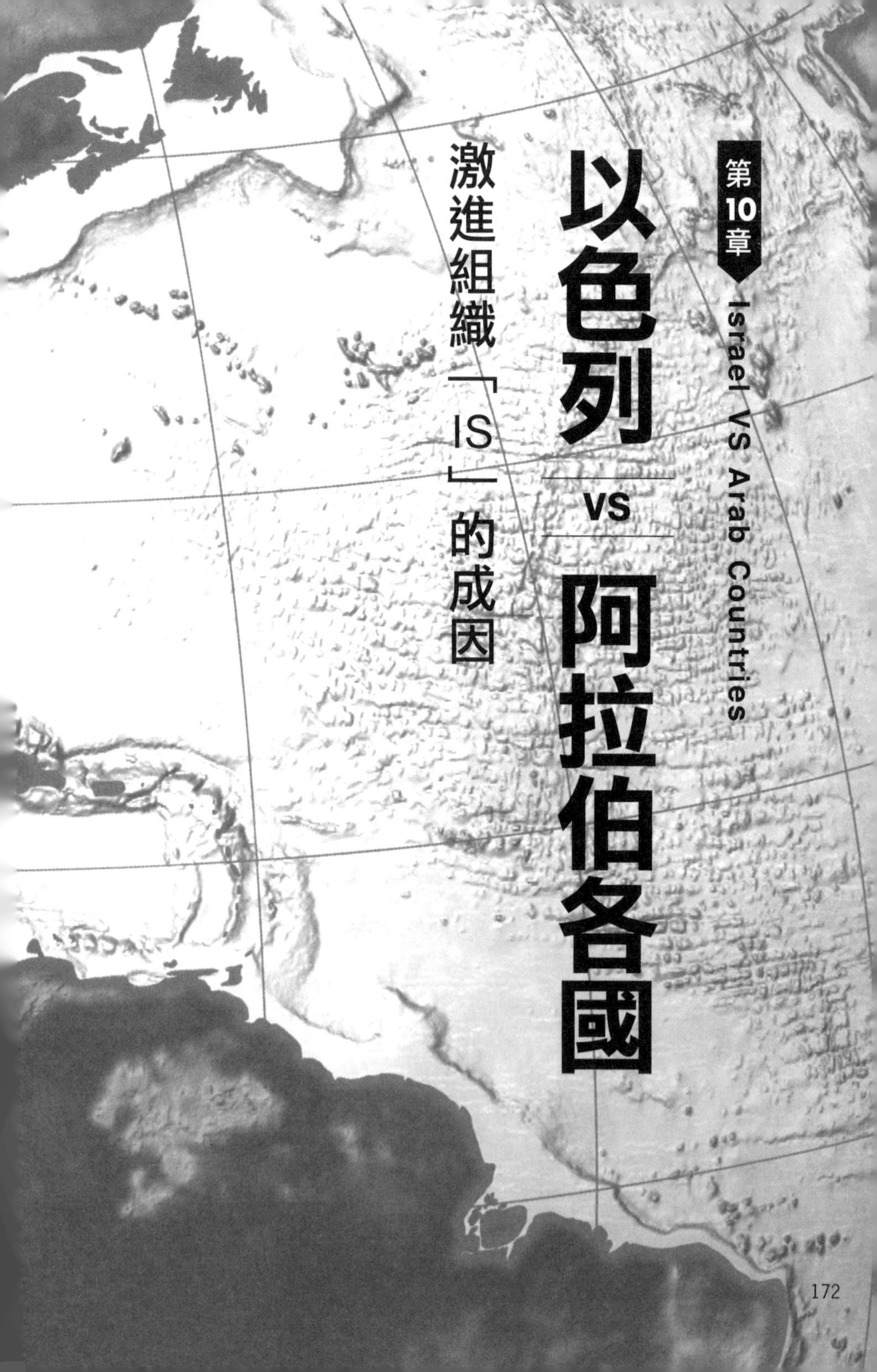

第10章

Israel VS Arab Countries

以色列 vs 阿拉伯各國

激進組織「IS」的成因

二〇一一年，一場名為**「阿拉伯之春」的民主化運動**，以突尼西亞共和國為首，擴散至周邊各國，然而，參與這場運動的各國，目前仍處於原地踏步的狀態。特別是敘利亞，反對阿薩德政權的勢力，發動了激烈的抵抗，內戰一直持續不斷。

隨著**「IS（伊斯蘭國）」**突然出現，導致這個地區的問題更加複雜。他們占據了敘利亞與伊拉克一帶，並宣稱他們代表消失一世紀之久的「哈里發（穆罕默德的繼承者）」，目的在於復興伊斯蘭。隨後，他們成為伊斯蘭世界裡占多數的遜尼派當中，行為較激進的一個派系，但伊斯蘭教內部仍然充滿對立。

現在，「IS」組織已然成形，全世界都聚焦在過去稱為**「歷史上的敘利亞」**的區域，**也就是孕育出猶太教與基督教這些「一神教」的世界**。伊斯蘭教同為一神教，發祥地是敘利亞南方阿拉伯半島，並且受到猶太教和基督教極大的影響。

這一章，舞台轉移到這個孕育出猶太教與基督教的地區，同時也是伊斯蘭初期建設國家的根據地。為什麼這裡會出現造成大混亂的「IS」團體，其成因竟究是偶然亦或必然？相信各位一定覺得背後有什麼因緣，就讓我們從歷史的角度加以端詳。

「歷史上的敘利亞」是指哪裡？

首先，讓我們先來看看，剛才提到「歷史上的敘利亞」，實際是指哪些地方。這個地區包括現在的**敘利亞**、**約旦**、**黎巴嫩和以色列**（包含加薩地帶的巴勒斯坦）等國，亦即地中海東海岸地區。

這個地方的西北方是小亞細亞，東方是美索不達米亞，南方是埃及，因此該地成為連結各地的**交通要衝**。西元前兩千年，周邊各大勢力便開始正式入侵此地。其中一個有名的例子就是，西元前十三世紀初期，西臺人從小亞細亞前來，和古埃及第十八王朝，也就是新王國時期第一個埃及王朝，發生了卡疊石戰役。

西元前十三世紀以來，居住於這個地區的民族十分活躍。腓尼基人以黎巴嫩為中心，建設了幾個都市，在地中海的貿易活動相當繁榮，另外還有亞拉姆人以敘利亞為據點，在亞洲內陸經商，緊接著這兩個民族之後，猶太人也在巴勒斯坦建立古希伯來王國。他們建設了一座神殿，做為心靈的慰藉之地，也就是擁有三千年歷史的都市——**耶路撒冷**。

西元前八世紀，亞述在此地建立帝國；西元前六世紀，波斯帝國建立阿契美尼斯王朝，持續不斷興建古代的「世界帝國」。而猶太人創立的猶太教，也是從這個時期開始，逐漸成為一個明確的宗教。

其後，亞歷山大大帝將這個古代帝國再度統一，**此地成為一個希臘主義世界，羅馬帝國繼承其文化，基督教因此誕生。西元七世紀，在猶太教與基督教的影響下，穆罕默德在南方阿拉伯半島創立伊斯蘭教。**

繼東羅馬帝國之後，伊斯蘭諸王朝都在敘利亞這片土地上，歷經興亡。十一世紀末，第一次十字軍東征，該地出現許多耶路撒冷王國和歐洲人的殖民國家，但這些國家又遭到伊斯蘭勢力消滅。

第一次十字軍組成時，這個地方屬於塞爾丘克王朝管轄，之後又經歷埃及

現在的敘利亞地區

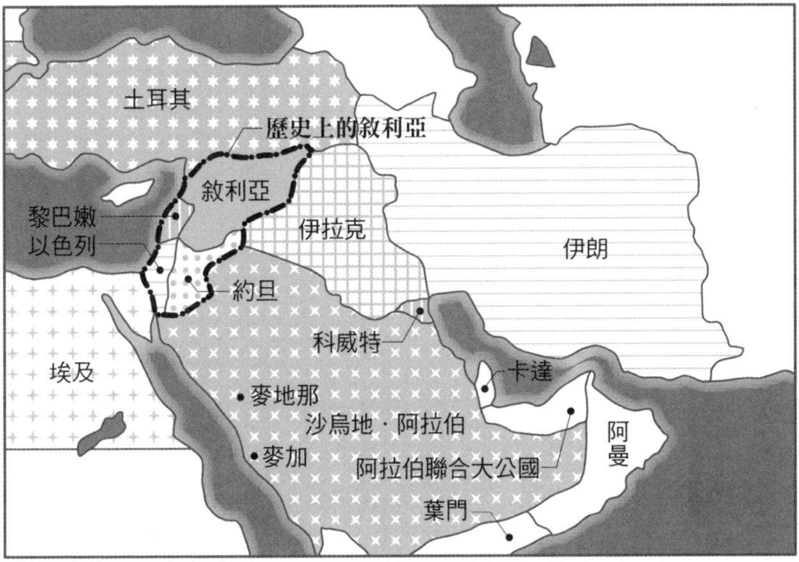

的阿尤布王朝和馬木路克王朝，以及蒙古帝國（伊兒汗國），相繼換了許多統治者。**十四世紀以後，鄂圖曼帝國成為當地統治者，一直持續到二十世紀初期。**

阿拉伯民族主義的矛盾

阿拉伯．伊斯蘭世界，長久以來在鄂圖曼帝國的統治之下，得以維持局勢的安定，**到了十九世紀，盛行於歐洲世界的民族主義風潮，也波及到這個地區。**其中，最先採取行動的地區是埃及，當地總督穆罕默德．阿里，受到拿破崙遠征帶來的刺激，對其宗主國鄂圖曼帝國提出獨立的要求，並且成功獲得實質上的獨立主權，創建了穆罕默德．阿里王朝。乘著獨立建國的氣勢，該王朝更將領土擴張至蘇丹及阿拉伯半島，此舉也成為刺激阿拉伯民族主義形成的因素。

然而，**阿拉伯世界的民族主義，其實還隱藏著許多問題。**阿拉伯學者們，一方面反對以鄂圖曼帝國強勢中興的形式，來興建伊斯蘭國家，另一方面卻又希望所有使用阿拉伯語的地區（亦即阿拉伯世界）能夠統一，這兩點互相矛盾的意見一直難以達成共識。

再者，穆罕默德．阿里統治下的埃及也存在相同的問題，就是以保留各地區（埃及和敘利亞等）傳統為前提來創立國家，關於這一點各地的意見也不一致。實際上，阿拉伯民族本身，針對國家未來也無法提出具體的展望。**伊斯蘭教原本就充滿鮮明的特色，因此難以理解西歐傳來的民族主義精神**。

第二次世界大戰結束後，埃及總統納賽爾以廣義的「阿拉伯統一」為立場，提倡泛阿拉伯主義，但是最後這項理念並未實現即告終。結果，阿拉伯世界決定，以各地區的傳統為前提，各自建立國家。這些阿拉伯國家建設的過程中，法國、英國及俄羅斯也在此地擴張勢力，並從旁給予協助，但其實背後總是利益的考量。

強國的利益考量引起混亂

隨著第一次世界大戰爆發，英國特別積極攏絡該地區的阿拉伯人，慫恿他們與鄂圖曼帝國開戰。當時，阿拉伯名門哈西姆家族和預言家穆罕默德關係深厚，因而成為代表阿拉伯的勢力。哈西姆家族的胡笙．伊本．阿里，一邊在鄂圖曼帝國當官，卻漸漸對鄂圖曼心生不滿，於是他夢想著在敘利亞到伊拉克（美索不達米亞），包含阿拉伯半島，建設一個「阿拉伯國家」。英國利用這次機會接近胡笙，承諾將協助阿拉伯獨立，並簽訂了**胡笙．麥克馬洪協定**。

順帶一提，一九一六年，海珊在英國的支援下，對鄂圖曼帝國發動叛亂，此時領導阿拉伯的軍事顧問，正是著名的「阿拉伯勞倫斯」。

另一方面，英國和法俄聯盟簽訂**塞克斯．皮科密約**，約定在戰後瓜分中東地區，並且在**巴爾福宣言**中，對猶太人承諾讓他們建設民族國家（單一民族的國家，亦稱「民族家園〔National home〕」）。總之，**就是英國對阿拉伯、法俄聯盟及猶太施展三方外交政策**。

第一次世界大戰結束後，胡笙之子費瑟就任敘利亞國王，但是在法國施壓下，敘利亞王國因而解散，**敘利亞與黎巴嫩就成為法國委任統治的領地**。最後，費瑟被放逐到大馬士革，此時，英國對他伸出援手。

英國在本國委任統治的領地美索不達米亞建立了伊拉克王國，讓費瑟擔任國王。原本，伊拉克應該由胡笙的次子阿布杜拉統治，但眼前的情勢令他只能拱手讓出王位，因此他就成為了當時建國的約旦（托蘭斯．約旦）國王。之後，哈西姆家族失去其他許多國家的統治權（敘利亞與伊拉克的關係，容後再述），**唯有約旦至今仍維持著哈西姆家族的王室血統**。

這個地區最重要的人物，就是剛才提過的胡笙．伊本．阿里。由於他是伊斯蘭世界的名門出身，在鄂圖曼帝國裡也擔任高官，甚至當上麥加總督。

但是，最後他切斷與鄂圖曼帝國之間的關係，一九一六年以麥加為中心建立漢志王國，並且成為國王。薩德家族一直是阻礙胡笙的一股勢力，一九二四年，漢志王國滅亡，胡笙逃到麥加，在一九三一年失勢後辭世。

哈西姆家族與薩德家族在阿拉伯境內的對立

十八世紀，**瓦哈布教派**在阿拉伯半島發起復古主義運動。這個教派相當於基督教世界的嚴正主義教派，主張排除當時一般化的聖者信仰（伊斯蘭教沒有神職人員，但是有資質的宗教人士，還是受到人們尊敬），目的在於**將可蘭經的原始教義發揚光大。而這股勢力的支持者，就是現代沙烏地．阿拉伯的主要掌權者薩德家族**，在他們的領導下，阿拉伯半島上成立了一個瓦哈布王國。

塞克斯．皮科密約的構想

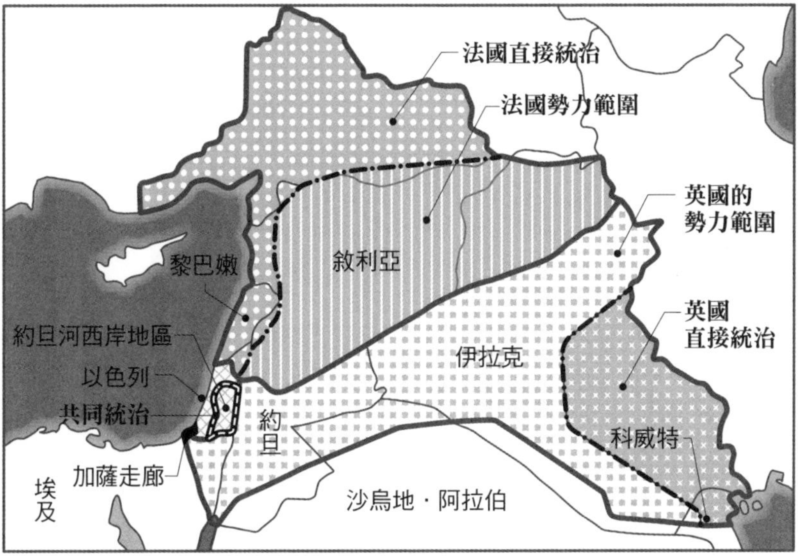

然而，對鄂圖曼帝國而言，瓦哈布王國無疑是一個礙眼的存在。因此，鄂圖曼帝國派出埃及軍隊，將瓦哈布王國消滅，其後，薩德家族接受科威特領袖的保護。這裡我先轉變一下話題，一九九〇年，科威特遭到伊拉克併吞之時，沙烏地．阿拉伯承諾對科威特提供最大的援助，也因此必須提供土地給美國軍隊做為基地，而沙烏地．阿拉伯又是一個極度嚴守伊斯蘭教義的國家，此舉也對國內產生極大的衝擊。

一九三二年，薩德家族的領袖阿卜杜勒阿齊茲．本．阿卜杜拉赫曼．本．費薩爾．阿勒沙特，消滅了哈西姆家族建立的漢志王國，成為麥加和麥地那的

第一次世界大戰結束後的中東地區

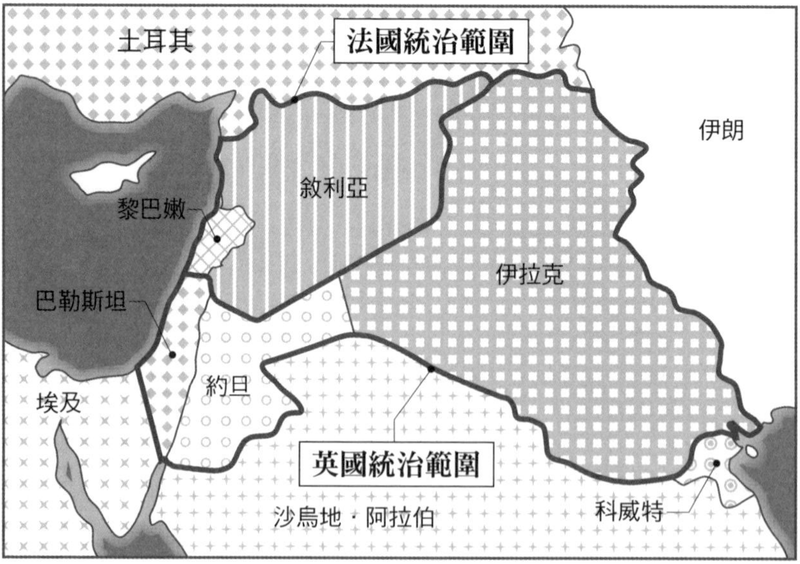

統治者。當然，這個國家也是以瓦哈布教派做為國教，國內強制施行十分嚴厲的宗教戒律。而這個國家的另一項特色，就是採取「封建制度」，可以說是古代中國周朝的翻版。**國王底下的官員自然不在話下，就連地方上的行政首長也全都是薩德家族。**

科威特問題造成沙烏地．阿拉伯與伊拉克的激烈對立，至今，伊拉克並未擁有實質的政權，因此，沙烏地．阿拉伯非常在意「IS」的一舉一動。

另外，塞克斯．皮科密約訂定之後，沙烏地．阿拉伯北邊就與敘利亞（就歷史的觀點來看，包括了現代敘利亞加上約旦等地）和美索不達米亞（伊拉克）之間，畫出一道國界。

持續存在於敘利亞的社會復興黨獨裁體制

第一次世界大戰後，哈西姆家族的胡笙建設了敘利亞王國，並即位成為國王。剛才已經提過，這個國家很快就瓦解，變成法國的委任統治領地，而敘利亞一直到一九四六年的時候，才真正獨立建國。

但是，伊斯蘭教當中的阿拉維派（由信奉第四代哈里發阿里的人們組成，屬於什葉派的分支）和德魯茲派（法蒂瑪王朝時期，哈里發之間的紛爭產生出來的一派，同屬於什葉派，在伊斯蘭世界被視為異端教派）持續發動軍事政變，使得敘利亞的政局一直處於不安定的情況，**最後全面採取軍事獨裁政權**。一九五八年，敘利亞與埃及合併組成「阿拉伯聯合共和國」，但是數年之後，這個國家就宣告解體。其中一個原因，就是敘利亞人對主導國政的埃及感到相當不滿。

在敘利亞的局勢持續混亂當中，**一九六三年，一場軍事政變讓社會復興黨掌握政權**。這個政黨主張泛阿拉伯主義，核心理念是建設一個阿拉伯民族國家。但是，在嚴苛的現實環境底下，一九六七年，由於第三次中東戰爭爆發，使得該國失去戈蘭高地。

之後，社會復興黨分為激進派與保守派，雙方發生對立，歷經數場軍事政變後，保守派領袖阿薩德（二〇一五年，敘利亞現任總統阿薩德之父）掌握大權。他在第四次中東戰爭時，與埃及聯手對抗以色列軍隊，並取得優異的戰果，同時，面對國內的**穆斯林兄弟會**（該集團批判社會復興黨的世俗主義（譯注：在社會生活和政治活動中，擺脫宗教控制的主張），主張政教合一。在埃及與其他各國擁有極大影響力），阿薩德堅決以鎮壓手段來對付他們。

然而，即使阿薩德的確建立起個人獨裁政權，但追根究底，他只是實踐了**社會復興黨的獨裁體制**。二〇〇〇年，在他過世之後，次子繼承政權。二〇〇三年，伊拉克發生戰爭，二〇一一年，以突尼西亞為首，整個阿拉伯世界陷入混亂，同時也波及到敘利亞，這些紛爭就是「IS」崛起的導火線。

宗教的博物館，黎巴嫩與激進組織「真主黨」

黎巴嫩這個地方，有「宗教博物館」之稱，因為當地地理環境複雜，因而在歷史上發生許多問題，直至今日仍未解決。

從地理的角度來看，敘利亞地區是一片平原，但黎巴嫩境內卻有一座黎巴嫩山脈。由於到處都是嚴峻的地形，**受到強國迫害的少數勢力，便在黎巴嫩各地畫出勢力範圍，並且定居下來。**古代末期成立的基督教馬龍派（西元七世紀移居至黎巴嫩，該教派是以創立者馬龍為名，目前已整合為天主教），以及伊斯蘭教德魯斯派等教派，紛紛竄入該國，造成混亂。

第一次世界大戰結束，該地區成為法國的委任統治領地，但是在第二次世界大戰當中，一九四三年，當地便完全獨立。此時，為了弭平各宗教之間的紛爭，人民選出馬龍派系的總統，首相是遜尼派，而國會議長則是什葉派。首都貝魯特發展得十分繁榮，足以媲美古代腓尼基民族統治時的榮景，甚至享有「中東巴黎」的美名，然而，由於黎巴嫩國內仍舊存在著重大的問題，再加上中東國際情勢影響，該地最終還是陷入一場巨大的混亂。

最初，黎巴嫩的獨立運動，是由以貝魯特為根據地的基督教徒，以及德魯茲派穆斯林主導，然而，**遜尼派穆斯林和希臘正教徒則傾向於以大馬士革為首都，也就是說，這兩個教派比較親近**

敘利亞。這幾個理念不同的教派，在獨立後仍共處於黎巴嫩國內，其實是因為**法國打算利用宗教對立來統治這個地區**。

除了以上所說的狀況之外，一九七〇年代，被趕出約旦的巴勒斯坦解放組織（PLO）也流亡到黎巴嫩，導致穆斯林人口增加，基督教徒對此產生危機意識。同時，國內貧富差距的情況愈來愈嚴重，到了一九七五年，終於引發內戰。

此時，鄰國敘利亞（起因是為了反對伊斯蘭教德魯茲派，以及巴勒斯坦解放組織的主張）和以色列（支持基督教馬龍派，同時企圖藉此拉攏敘利亞成為友邦）也舉兵侵犯，黎巴嫩的內戰擴大規模成為「國際戰爭」。為了壓制混亂的局勢，英、美各國組成多國聯合軍隊，進駐該地區。

情勢演變至此，**黎巴嫩境內的伊斯蘭什葉派的真主黨開始掌握大權**。真主黨的目的，在於排除所有西歐勢力，期望建設一個類似伊朗的伊斯蘭共和國。

國際間認為伊朗和敘利亞支持真主黨，伊朗以同為什葉教派為由提供武器給真主黨，敘利亞則是利用真主黨，企圖抑制反抗阿薩德政權的勢力。

敘利亞的「IS」雖然同為真主黨的激進派，但其中又分為什葉派與遜尼派，因此雙方也發生嚴重對立，新聞也曾報導他們之間發生的實際戰鬥。世界上有許多國家，將真主黨和「IS」定義為恐怖分子。中東地區正面臨難以收拾的混亂局面。

和以色列和解，相對安定的約旦

約旦的正式名稱為「約旦．哈西姆王國」，**和沙烏地．阿拉伯一樣，是這個地區維持君主政治的國家。**

哈西姆家族以繼承穆罕默德的正統家系為傲，二十世紀，擔任阿拉伯民族主義的領袖，卻敗給了以麥加為中心建立漢志王國的薩德家族。因此，哈西姆家族的次男阿布杜拉，利用英國的懷柔政策，**在英國委任統治領地上，成立了托蘭斯．約旦（意思為約旦河的對岸）王國**，並登任國王職務。

西元前二世紀，以佩特拉古城著稱的納巴泰王國，在約旦地區興盛發展，西元二世紀初，成為羅馬的諸侯國。在拜占庭帝國以及奧米雅王朝的時代，是一條經商必經之路，經濟十分繁榮。但是，在奧米雅王朝滅亡後，成為一個邊陲地帶，逐漸衰退。到了十九世紀鄂圖曼帝國時代，皇帝實施移民政策，鼓勵從俄羅斯逃出的民族（信奉伊斯蘭教的切爾克斯人）移居此地，隨著人口增加，經濟又活絡起來。

第二次世界大戰後，約旦正式獨立，一九四九年改名為約旦．哈西姆王國。一九四八年，第一次中東戰爭後，占領了約旦河西岸地區，歷經第三次中東戰爭，在一九八八年放棄該地統治權，一九九四年，**繼埃及之後，成為阿拉伯各國中，第二個與以色列簽訂和平條約的國家。**

二〇一一年，突尼西亞發生「茉莉花革命」，約旦也遭受波及，國內也出現批評君主政治，要求轉型成議會主義的示威遊行活動。但是，這些聲音並非主流民意，雖然國民對王室的浪費行徑大表不滿，卻都沒有發生大規模的反體制運動。由於約旦政治安定，**巴勒斯坦難民以及近年來從敘利亞逃出的難民，紛紛移居至此。**

以色列與阿拉伯的現況

「歷史上的敘利亞」當中，信奉伊斯蘭教的各國間，一直持續著對立，**這場混亂的原因之一，就是一九四八年以色列建立國家。**前年，聯合國決議，猶太人終於建國，而這個地區也有愈來愈多阿拉伯人，成為**真主黨難民**。

阿拉伯各國向以色列宣戰，但以色列只要戰敗，就會失去國家，因此處於絕對不能輸的狀態。在這樣的壓力之下，一九六七年，第三次中東戰爭中，以色列占領了戈蘭高地、約旦河西岸地帶（一九五〇年由約旦占領），以及埃及的加薩走廊（一九五〇年由埃及管理）和西奈半島（自十九世紀以來，即為埃及領地），以色列因而得以擴張領地。

一九七三年，第四次中東戰爭時，以色列在第一場戰役中嚐到慘痛的敗北。但是，很快地便展開反擊，這場戰役也是以色列和埃及簽署和平條約的契機。然而，問題並未完全解決，特別是加薩地帶有許多巴勒斯坦難民流入，導致該地成為反抗以色列的行動中心。**一九九三年**，**「奧斯陸協議」確立了「巴勒斯坦自治政府」的存在**，但當時巴勒斯坦解放組織（PLO）雖然身為協議代表，但實際上的權力是掌握在**伊斯蘭激進派的哈馬斯組織**手中，巴勒斯坦與以色列的關係因而更加惡化。

另一方面，雖然有一些國家與以色列簽訂和平協定，但多數的伊斯蘭國家仍舊持續對立。一九九一年，波斯灣戰爭爆發，當時伊拉克總統海珊，提議一舉解決科威特問題與以色列問題（連鎖理論），就是其中一個實例。同時，由於懷疑伊朗可能正在開發核武，以色列也繃緊神經，時時戒備。

Column 6

伊斯蘭教的普遍性與各國的民族主義

猶太教是猶太人的民族宗教，基督教則是中古世紀歐洲普遍的信仰，影響力甚至超過民族主義。伊斯蘭教也有相同的特點，一直希望建設出一個由伊斯蘭教徒（穆斯林）組成的國家。

然而，這本書提過許多次，十九世紀以後，歐洲開始發展出民族主義，也就是民族國家的意識形態。另外，十六世紀歷經宗教改革，十七世紀以來，理性主義解決了宗教背離理性（在此不討論這種性質的好壞）的問題。而受到這些歐洲「近代精神」的洗禮，對現代的伊斯蘭世界造成極大的衝擊。

這股風潮也影響到阿拉伯世界，埃及率先發動獨立，各民族的民族主義也在十九世紀之後，自然地逐漸覺醒。這個現象也推動沙烏地．阿拉伯建國，第二次世界大戰後，猶太人在伊斯蘭世界的正中央，建立了以色列這個國家，可以說是撼動全世界的一件大事。阿拉伯．伊斯蘭世界中的各國，也開始蠢蠢欲動，探索建國的可能性。歐洲世界在十六至十九世紀間，歷經了許多試煉，而這些試煉可以說在現代阿拉伯．伊斯蘭世界，又重新重演了一次。

中世紀羅馬教會握有極大的權勢，君臨歐洲，到了十六世紀，各國紛紛建設「主權國家」的過程中，世俗諸侯的權力開始控制基督教會。宗教改革當時，新教崛起正帶給世俗諸侯一次大好機會，可以藉機介入宗教問題。伊斯蘭世界或許也受其影響，出現類似的情況，混亂的情勢一直持續不斷。

近年來倍受矚目的「IS（伊斯蘭國）」，如果用正面的角度來評論的話，應該可以說就像基督教的清教徒一樣，崇尚男尊女卑，七世紀伊斯蘭教成立時，西亞世界的價值標準就留在教義中，而且強迫信徒一定要遵守，這些規矩和歐洲提出的現代理念，完全水火不容。伊斯蘭教內部關係十分複雜，以目前的情況來說，外界很難與他們溝通。

Column 7

強勢的宗教威權與微弱的世俗權力

一般來說，政治家總是策劃著讓自己掌握更大的權力，壓制或無視反對勢力，自由自在地實現自己的願望，對他們而言，或許是件快樂的事情。但是，當人類明白到這是多麼危險的一件事情後，便透過創造法律和議會，來預防獨裁者出現或是做出瘋狂的行為。即使如此，世界上還是出現希特勒這樣的獨裁者，因此，如果國民沒有好好地監視掌權者，危險的狀況就會層出不窮。

然而，不是伊斯蘭世界較容易產生「獨裁者」，只要有共通的條件和環境，任何國家都會出現獨裁者。其中一個最大的因素，就是倘若某個地區長期處於殖民或半殖民狀態，**該地就不會出現批判體制的「公民」**。另一點，就是**宗教的權威過大，完全壓過世俗諸侯的政治權力**。伊斯蘭世界正處於這兩種情況下，進退兩難。

伊斯蘭教的根源是《可蘭經》，然而，光憑《可蘭經》的內容，並無法說明及約束現實社會的各種現象。因此，眾多學者（阿拉伯文稱之為「烏里瑪」，亦即伊斯蘭神學家之意）開始解釋《可蘭經》的意義，而依據不同的解釋，又衍生出不同的派系。每一個派系都堅稱自己才是正統的伊斯蘭教，因此也就難以避免對立。這就是伊斯蘭世界，形成各勢力各自割據一方的最大原因。

科學技術這種有根有據的領域，總有客觀的事實可以佐證，但人類社會並非如此，由於每個人擁有不同的價值觀，必須經過妥協與協調才能共存。綜觀歐洲歷史，政教分離是經過長久的時間磨合才得以實現。

伊斯蘭教與現實世界，最終將如何達到共識？或者根本沒有和解的一天呢？

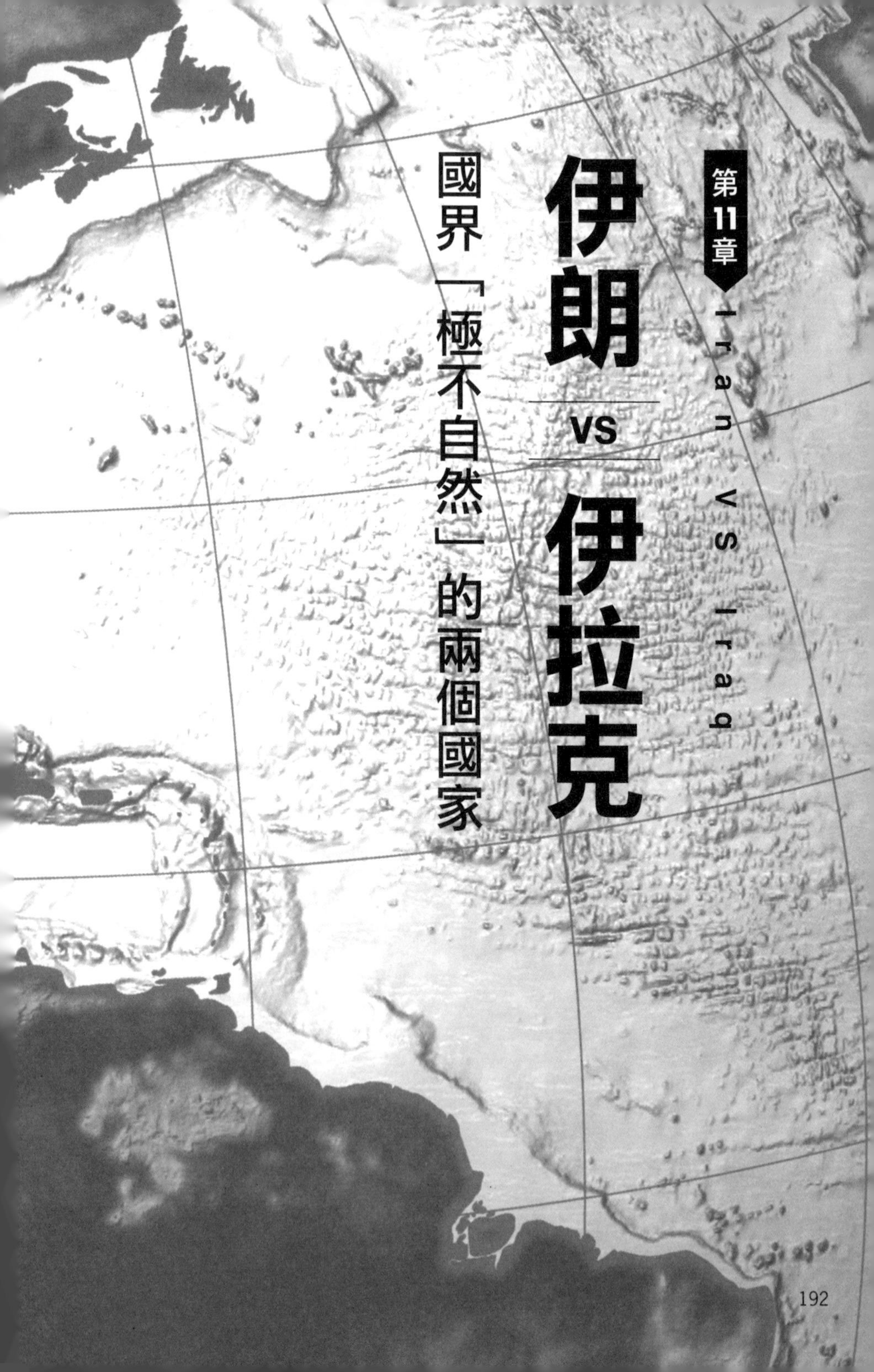

第11章

伊朗 vs 伊拉克

Iran vs Iraq

國界「極不自然」的兩個國家

二〇一五年三月，沙烏地．阿拉伯外交部長，與美國國務卿展開會談，沙烏地外交部長表示：「伊朗已經實際併吞伊拉克了。」並對此感到擔憂。近二十年來，伊朗和伊拉克的關係一直很緊張，甚至因此發動戰爭，目前「什葉派」政權也已經大勢底定。中東地區各國的國際關係，今後的發展仍是個未知數。

國界是人為訂定的規範，古代各國大多是以河川或山脈等天然地勢做為國界（路易十四世提倡的「天然疆界」就是最有名的例子），也有些國界卻是在單方面強迫下訂定。

實際上，翻開地圖看看，很多國界都是直線。而且幾乎所有國界都是對立的雙方，經過妥協後畫出的界線，這一章提到的伊拉克國界問題，就是這樣的產物。第一次世界大戰中，英國、法俄聯盟三國，在協商後決定瓜分敘利亞．美索不達米亞地區，而且還為此簽訂了「塞克斯．皮科密約」。

最近引起諸多話題的激進組織「IS（伊斯蘭國）」，強烈批判帝國主義時代的列強，擅自簽訂「塞克斯．皮科密約」來瓜分中東的土地，其實這項指控確實也算言之有理。伊朗與伊拉克之間的國界，絕對不是必然的產物，也無怪乎兩國對此一直存有質疑。

伊朗和伊拉克之間這道「極不自然」的國界，在歷史上是怎麼形成並且持續至今的呢？讓我們一起看下去。

伊朗、伊拉克和美國等各國

一九七九年發生的伊朗．伊斯蘭革命，讓原本在巴勒維王朝統治下，一向親美的外交政策，在一夕之間變了樣。伊朗變成完全反美的國家，結果，在之後的兩伊戰爭時，美國當然站在支持伊拉克的那一邊。

然而，戰後伊拉克併吞了科威特，美國對此表達反對，並發動波斯灣戰

現在的中東地區

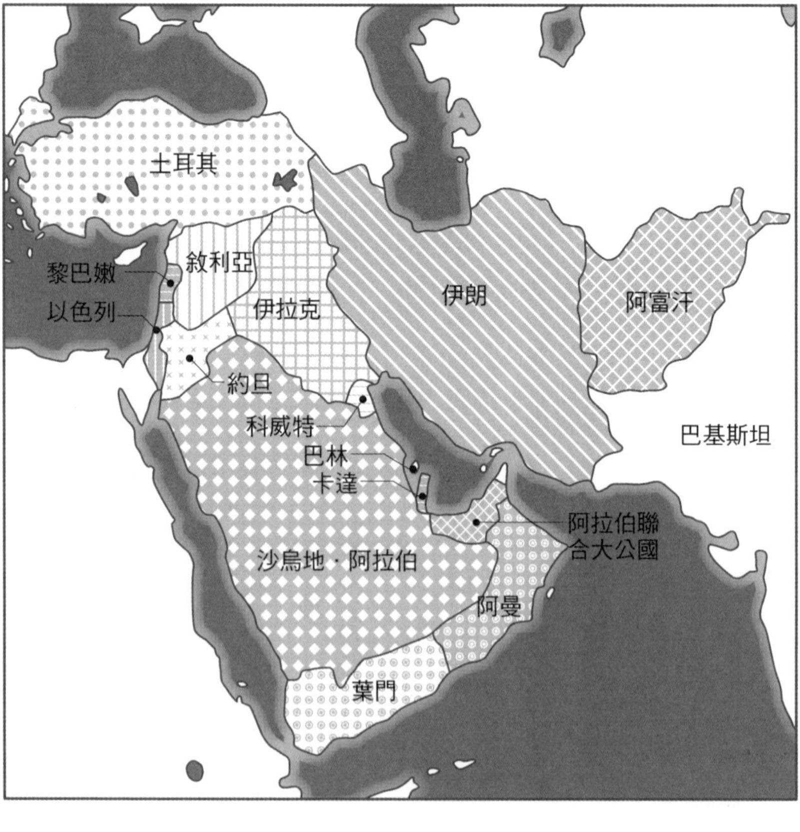

爭，這次反過來是攻擊伊拉克。並且在二〇〇一年，九一一恐怖攻擊之後，藉口伊拉克藏有大量毀滅性兵器，向伊拉克宣戰，最後推翻伊拉克的海珊政權。

其後，原本在海珊政權底下遭受迫害的伊斯蘭教什葉派，開始掌握政治權力。由於伊朗屬於什葉派國家，提供了資助讓伊拉克重建戰爭中受損的道路和航線，兩國之間很快便建立起密切的關係。

此舉引起遜尼派激進分子不滿。所以說，**「IS」這股武裝勢力誕生的主因就是伊拉克戰爭，因為這場戰爭讓伊拉克的政治產生劇變**。伊斯蘭世界裡的「原教旨主義」（最近改稱為「伊斯蘭主義」）傾向，並不是在現代世界才開始崛起。之前我已經提過，沙烏地．阿拉伯瓦哈布教派，就是十八世紀出現的遜尼派的「原教旨主義」的團體。

伊斯蘭世界裡，什葉派和遜尼派一直處於對立狀態，雙方內部也都因為對「可蘭經的解讀」不同，成立了一些小黨派，這也是政治勢力間對立的原因。也就是說，為了利用可蘭經來將自己的政治立場正當化，因而對可蘭經有不同的解讀。

再加上伊斯蘭教必須面對世俗主義和理性主義的關係，這個問題也日益嚴重。教人感到遺憾的是，在找出可以超越一切意識形態的教義出現前，伊斯蘭世界的對立與混亂，將沒有休止的一天。

順帶一提，一九七九年，美國從中協調，埃及和以色列簽訂和平條約之後，伊拉克便與埃及斷交。由此可見，**美國對於中東世界各國之間的關係，具有極大的影響力**。當然，這項和平條約的簽署，是因為美國國內政壇親以色列的「猶太遊說團」，在各方面施加壓力，進而影響美國對中東的政策。

伊朗人與土耳其人的伊斯蘭化

在伊斯蘭世界的歷史中，伊朗和伊拉克扮演著重要的角色。穆罕默德創立伊斯蘭教，到他過世後三十年間，稱為正統的哈里發時代，這期間伊斯蘭的據點是麥加和麥地那，直到奧米雅王朝成立，掌權者之間產生對立，首都便移往敘利亞的大馬士革。

在這段過程中，阿拉伯征服的地區，人民開始改信非阿拉伯派系的伊斯蘭教。閱讀阿拉伯文寫成的《可蘭經》是他們的義務，因此歸屬於「阿拉伯」民族（意指會說阿拉伯語的穆斯林，大多是伊拉克西方及北非的民族）。

然而，在阿拔斯王朝成立之後，首都又遷到伊拉克的巴格達。這個地方雖然也是阿拉伯世界，但伊朗人開始信奉伊斯蘭教，此舉使得**伊朗人對伊斯蘭世界的貢獻愈來愈大**。

伊朗人雖然受到阿拉伯語的影響，但日常生活中是使用波斯語。再加上伊朗在十世紀左右，開始推廣復興伊朗文化的運動，在伊斯蘭世界影響深遠的地區，也能維持自己的民族傳統，許多伊斯蘭國家也有相同的傾向。

另外，**西元十世紀以後，土耳其人在伊斯蘭世界裡也占有重要的地位。**土耳其人也閱讀阿拉伯文的《可蘭經》，但日常生活中仍舊繼續使用土耳其語。接著到了十三世紀，蒙古人西進，其中部分人民開始信奉伊斯蘭教。

十三世紀末，土耳其民族在小亞細亞成立鄂圖曼帝國，並在十五世紀消滅東羅馬帝國，十六世紀占領了東歐南部、西

十六世紀的伊斯蘭世界

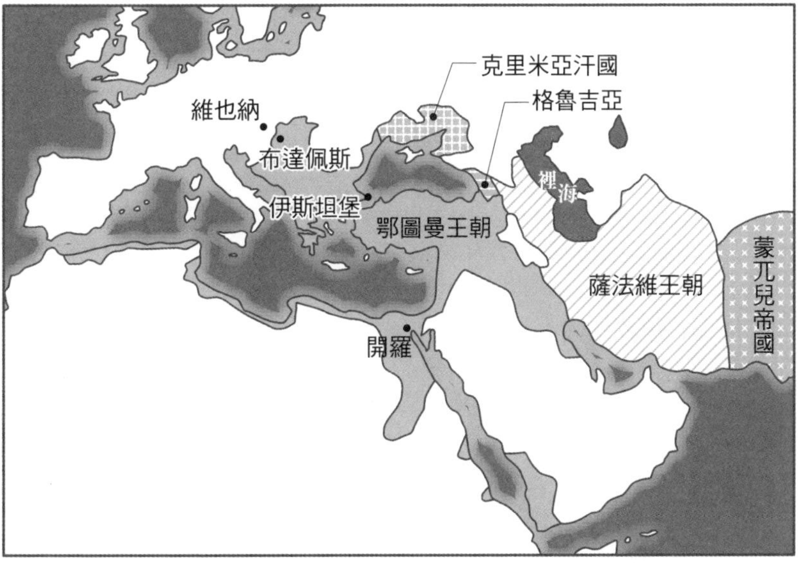

亞和北非等地，一口氣擴大版圖。當時，雖然伊拉克也接受鄂圖曼帝國統治，但伊朗在薩法維王朝帶領下，對抗鄂圖曼帝國。伊朗人一直維持傳統的什葉派信仰，與遜尼派的鄂圖曼帝國之間的鬥爭，有時候十分激烈。

到了十七世紀中葉，兩國之間締結了與國界相關的條約。二十世紀，隨著鄂圖曼帝國滅亡，**伊拉克（歷史上的美索不達米亞）與伊朗（波斯）的國界，大致上已經決定。**

當然，這之後雙方仍舊處於對立，十九世紀時又有俄羅斯與英國入侵。二十世紀，為了保護石油輸出航線的安全，又產生出新的問題，同時也是促成兩伊戰爭的原因之一。

戰後阿拉伯民族主義的關鍵，社會復興黨與納賽爾主義

這一節的話題與伊朗和伊拉克沒有直接關聯，但是與「社會復興黨」有關，因此我們來談談阿拉伯的民族主義。

第一次世界大戰時，阿拉伯望族哈西姆家族的胡笙接受英國的支援，發起「阿拉伯叛亂」，隨後哈西姆家族當上伊拉克國王，到了一九三二年，伊拉克王國獨立，這一點前面已經提過。戰

後，一九五八年，伊拉克發生軍事政變後，改制為共和國。

這一次的軍事政變是社會復興黨所發動，他們的核心思想就是**社會復興主義**，更明確一點的定義就是**「以民眾為基礎的泛阿拉伯主義」**，強調社會主義要素（雖說是社會主義，但與蘇聯不同，屬於阿拉伯精神的覺醒）為其特色。

最初誕生於敘利亞的社會復興黨，因為國內的政爭而遭到流放，對伊拉克帶來極大的影響。一九六八年，伊拉克發生軍事政變，社會復興黨政權因應而生。薩德姆．海珊成為第二任總統時，和伊朗發生革命相同時期，都是在一九七九年。

另一方面，從一九七〇年到現在，敘利亞都是由阿薩德政權統治（截至二〇一五年為止，都處於內戰狀態）。此時社會復興主義聲勢漸退，世俗主義的勢力愈發強大，因此，敘利亞與伊拉克的關係也隨之惡化。

領導阿拉伯民族主義的另一個思想就是納賽爾主義。埃及在一九五二年發生革命，十九世紀初以來的君主政治被推翻，從此改為共和制，此時掌握權力的人就是納賽爾。

當時，埃及也出現了「穆斯林兄弟會」，該集團原本主張提倡回歸伊斯蘭教本質的原教旨主義（目前該集團仍舊存在），但埃及的穆斯林兄弟會卻反對這項理念，依舊貫徹世俗主義。雖然這個集團和社會復興主義一樣，都主張泛阿拉伯主義，但社會復興主義的理念，**是以埃及做為阿**

拉伯世界的中心，這一點雙方並未達到共識。敘利亞和埃及的穆斯林兄弟會曾經組成同盟，此舉也形成埃及中心主義瓦解的原因。

一九五六年，第二次中東戰爭中，納賽爾成為第三世界的英雄。然而，在第三次中東戰爭中敗北後，從此一蹶不振。

但是，泛阿拉伯主義的影響力逐漸轉弱，阿拉伯世界的各個地區，也都已經形成主權國家主義。第四次中東戰爭後，埃及和以色列各自獲得和平的局面，一九九〇年，對於伊拉克併吞科威特一事，也表達反對意見，或許這就足以證明泛阿拉伯主義已經式微（但是，仍舊有些國家推崇「泛阿拉伯主義」，並支持伊拉克併吞科威特）。

伊朗革命帶給伊斯蘭世界的衝擊

伊朗這個國家，到一九三五年為止，都還稱為波斯。西元前五世紀，他們和希臘發生一場「波斯戰爭」，並且消滅亞歷山大大帝。伊朗國民除了信仰伊斯蘭教之外，同時也抱持著非常堅定的「波斯」民族意識。

十九世紀，俄羅斯和英國帶著帝國主義心態，積極入侵伊朗。對此，伊朗人激烈地抵抗，到了十九世紀末，當地發生反菸草壟斷運動（反對英國壟斷菸草專賣），二十世紀初，日本歷經明治維新後，在日俄戰爭中取得勝利，並且一躍成為現代化國家。伊朗見狀，便以日本為範本，嘗試著展開立憲革命。

然而，伊朗的革命終告失敗，甚至引發國內局勢混亂，一九〇七年，英國與俄羅斯簽訂英俄協定。雙方協議瓜分伊朗的權益，而伊朗也成為一個實質上的殖民地。這樣的情況一直持續到一九二五年，卡扎爾王朝滅亡，新成立的巴勒維王朝正式進行諸多改革。

話雖如此，第二次世界大戰中，伊朗為了反抗蘇聯和英國，開始接近德國，第一任沙河（伊朗國王的稱號）禮薩．巴勒維在英國及蘇聯的壓力下退位，由穆罕默德．禮薩（巴勒維二世）即位。在他任內，握有權力的宰相摩薩台計畫將英伊石油公司轉為國有，但美國對此感到不滿而施加壓力，摩薩台因而失勢，**穆罕默德．禮薩改為借重美國的勢力，發起「白色革命」，在國內推動西歐化運動。**

由於伊朗國內開採石油的豐厚利益，全都流向特權階級手中，一般市民無法享受到石油帶來的利益。日益累積的不滿，引發以**何梅尼**為首，串連國內神學家與學生參與的反政府運動。一九七九年，巴勒維王朝終告滅亡，伊朗．伊斯蘭共和國就此成立。共和國的領導者正是何梅尼，他堅決地推翻巴勒維時代的世俗主義，**以嚴厲的伊斯蘭教義為基礎來治理國家。**這場運動名為**伊**

朗．伊斯蘭革命。

伊朗．伊斯蘭革命對伊斯蘭各國帶來極大的衝擊，二十世紀，伊斯蘭的核心國家鄂圖曼帝國，發生了一場由凱末爾．阿塔圖克領導的革命，廢除蘇丹制度並建立土耳其共和國。「哈里發制度」也隨之廢除，共和國決定採行世俗主義。此舉突顯了一個現實面的問題，多數伊斯蘭國家其實還是傾向於實施世俗主義。

然而，這股風潮與主張嚴守教義的伊斯蘭主義完全背道而馳，對伊斯蘭世界帶來的衝擊，自然不在話下。

同為伊斯蘭國家的紛爭——兩伊戰爭的背景

伊朗和伊拉克同為伊斯蘭國家，雙方爭戰維持了將近十年，這場戰爭可說是十分讓人感到不可思議。以理念衝突面來說，這是一場採行伊斯蘭主義的伊朗，與崇尚現實主義的伊拉克，雙方發生的戰爭，但是戰爭背後的原因總不是這麼單純。底格里斯河與幼發拉底河的下游地區，兩條河川合流成阿拉伯河。兩伊以這條河做為國界，但是界定並不明確，也是引起這場戰爭的原因之一。**伊朗與伊拉克地區是產油地帶，因此國境的劃定可說是左右著兩國的命運。**

這場戰爭是由伊拉克發動奇襲揭開序幕，從國際關係方面來看，伊朗在戰爭中，可說是處於孤立無援的狀態。伊朗的政治是由嚴守教義的什葉派宗教勢力掌握權力，周邊各國對此感到相當強烈的危機意識，幾乎所有國家都站在支持伊拉克那一方。

此時，以色列對伊朗提供支援，直接對伊拉克造成威脅，而間接促成伊朗革命的美國，也透過以色列來支援伊朗，甚至於連遭到國際社會孤立的北韓，也開始與伊朗接觸，局勢變得非常詭異。戰爭持續進行中，敘利亞因為站在反伊拉克的立場，而利比亞是反歐洲立場，因此兩國是支持伊拉克。如此一來，兩伊戰爭衍生出複雜的國際關係。

即使有這麼多國家介入，這場戰爭仍舊持續了很長一段時間。

就目標而言，伊朗革命的「純粹性」，確實對周邊的伊斯蘭國家帶來極大的衝擊。然而，如果從另一個角度來看，**伊朗革命的過程是民眾推翻君主專政**，而當時伊斯蘭各國，全都是由「獨裁者」統治。對獨裁者而言，一般民眾產生公民覺醒意識，的確是一股強大的威脅。

另外，伊朗人是印歐語系民族，相對地，多數伊斯蘭國家都是閃米民族（阿拉伯語屬於閃米語系），有人認為這兩者自古就是水火不相容，但這樣的看法，或許取決於每個人對歷史的見解不同。

這場戰爭，雙方都犧牲了數十萬士兵或國民。為政者一聲令下，一般民眾就必須付出生命，這原本就是歷史的常態。諷刺的是，這場戰爭為伊拉克帶來極大的利益，**各國給予援助，讓伊拉克收集了大量的武器，而戰後伊拉克卻利用這些資源併吞了科威特。**

針對伊拉克併吞科威特一事，各國以美國為中心，組成多國聯軍部隊，消滅了海珊的野心。但是，海珊政權仍舊掌控著伊拉克，在二十一世紀，伊拉克引渡數名「恐怖攻擊行動」的犯人回國，並且在國內藏匿大量的「毀滅性兵器」，以及「踐踏人權」等作為，讓美國等國以此為由，發動伊拉克戰爭。以上種種事件，都是二十一世紀造成中東世界如此混亂的原因。

如夢似幻的「庫德族國家」

在兩伊戰爭以及最近的「IS（伊斯蘭國）」相關報導中，只要提到中東問題，經常可以看到**「庫德族」**。關於現代中東面臨的庫德族問題，無可避免必須牽扯到伊朗、伊拉克和土耳其，可以說是一個重大的問題。

聽到庫德族，我想應該有些對詳知歷史的人，會馬上想到十字軍時代伊斯蘭的英雄薩拉丁。就民族的觀點來說，庫德族與伊朗人十分相近，**他們居住在伊朗、伊拉克與土耳其（包括其他亞美尼亞等地區）的國境地帶，長期沒有自己的國家，一直尋求獨立建國。**

隨著鄂圖曼帝國滅亡，中東地區脫離土耳其的統治。結果，戰後因為一紙「塞克斯．皮科密約」，中東世界就成為英、法兩國「委任統治」的領土，兩國就這樣瓜分了鄂圖曼帝國的版圖。今日的伊朗和伊拉克的國境，就是在這個時候決定下來，**此時，庫德族國家（庫德斯坦）並未成立**，延續至今的庫德族問題就是因此而起。

庫德族在歷史上，在各種情況下遭到掌權者利用。土耳其英雄人物凱末爾．阿塔圖克就是利用庫德族來掌權，卻拒絕讓他們獨立建國。英、法兩國也不願正視庫德族問題，只顧著在中東地區占據自己的領土。

目前，土耳其境內居住著許多庫德族，但國內卻禁止實施庫德語教育，因而激起庫德族的民族意識，也使得他們頻繁地展開恐怖攻擊行動。政府雖然嚴厲打壓，但土耳其正面對加入歐盟的問題，因此對庫德族的態度漸趨和緩。

伊拉克在海珊總統統治時，也對庫德族加以迫害，兩伊戰爭時，伊拉克以庫德族協助伊朗為由，使用生化兵器殺害許多庫德族居民，此舉也經國際告發。伊拉克戰爭後，庫德族的政治立場獲得改善，為了取得各大勢力的平衡，伊拉克選出庫德族擔任總統，但由於「IS」的崛起，庫德族的發展又變得極不明朗。

伊朗國內的庫德族，大多居住於西北部的庫爾德斯坦（並非歷史上出現的庫德斯坦地區）。第二次世界大戰後，一九四六年，在蘇聯援助下，庫德斯坦人民共和國得以成立，但隨後蘇聯又撒手不管，該共和國在短時間內宣告滅亡。

Column 8

葉門內戰與伊朗

我在寫這本書的時候，好一陣子新聞都在報導伊朗企圖併吞伊拉克的驚人消息。葉門的反體制勢力「胡塞武裝組織」得到伊朗的支援，打倒葉門政權，這件新聞也時有耳聞。

此時，伊朗變成國際間眾所矚目的地方。對此，沙烏地．阿拉伯的危機意識也愈來愈強烈。沙烏地．阿拉伯的伊斯蘭教是瓦哈布派，是遜尼派裡嚴守教義的保守派，與什葉派的激進派組織展開激烈的對立。

葉門在阿拉伯半島南部，是沙烏地．阿拉伯南方的一個伊斯蘭國家。從地圖上來看，整個國家似乎都是沙漠，但因為季風的影響，降雨量極多，是**阿拉伯半島上最繁盛的農業國家。**

談到這個地區的歷史，勢必會提到成立於西元前九世紀左右的席巴王國，以出口香料最為著名，當時統治這裡的女王，曾經派遣使節前往古代希伯來王國。西元前一世紀，希姆雅王國成立，併吞了席巴王國。另外，在紅海沿岸衣索比亞地區，有一個阿克桑王國，兩國為了貿易問題產生對立。

這個地區在七世紀，穆罕默德創立伊斯蘭教之際，就開始信奉伊斯蘭教。隨後，葉門在十世紀左右，各教派為了爭奪哈里發正統性的地位，從什葉派又分支出**宰德派**。信奉這個教派的各部族，勢力範圍集中在北葉門地區，而南葉門則是遜尼派的地盤。十六世紀，鄂圖曼帝國進攻該地區的時候，奮力抵抗的勢力就是宰德派。

葉門在一九一八年，脫離鄂圖曼帝國獨立，十九世紀，英國以亞丁為據點入侵葉門，雙方的關係日趨複雜。葉門地區的對立，**基本上就是什葉派北葉門與遜尼派南葉門的鬥爭。**

北葉門在一九六二年成立葉門·阿拉伯共和國，而南葉門則在一九六七年成立葉門人民民主共和國，一九八九年，雙方合併成葉門共和國，卻又於一九九〇年中期發生內戰。雖然這場內戰很快就結束，但目前國內政治狀況仍存在諸多不安定的要素。

第12章

The War of Africa

非洲的紛爭

錯綜複雜的資源、宗教與民族

現代的日本，街頭上經常可以看到黑人。但是，半世紀之前，在日本很難看到黑人的身影。不僅如此，黑人的故鄉，也就是俗稱的黑色非洲（撒哈拉沙漠南方的非洲各國地區）上，幾乎沒有獨立國家。從過去的地圖來看，黃金海岸、奴隸海岸及象牙海岸，這些地名都是帝國主義時代留下來的名稱。

第二次世界大戰後，非洲各國獨立風潮四起。首先在一九五七年，黑色非洲大陸上，過去稱為黃金海岸的地區，出現了迦納共和國。接著在一九六〇年，這一年俗稱為「非洲之年」，共有十七個國家相繼獨立成功。

日本人對非洲的第一印象就是貧窮，經過一段時間，才漸漸了解非洲的真相。最近，日本國內也開始報導，非洲利用豐富的資源，已經逐步從貧窮中解放。

然而，另一方面，伊波拉病毒造成的悲劇，以及帝國主義時代留下的債毒，讓現代非洲仍舊處於困苦的局面，這樣的傾向也愈來愈明顯。再加上伊斯蘭教在全世界擴張勢力，使得國際社會面對巨大的矛盾，更突顯出非洲國內紛爭之激烈。

這一章，且讓我為各位介紹非洲世界中，紛擾不休的一面。

一九六〇年是「非洲之年」

非洲各國在第二次世界大戰以前，在有條件束縛的情況下，成立的「獨立國」有賴比瑞亞（一八四七年立國）、衣索比亞（二戰中被義大利併吞）、南非聯邦（英國自治領地）和埃及（包括蘇丹在內，都是英國的保護國），其他地區都是歐洲各國的殖民地。

現在的非洲

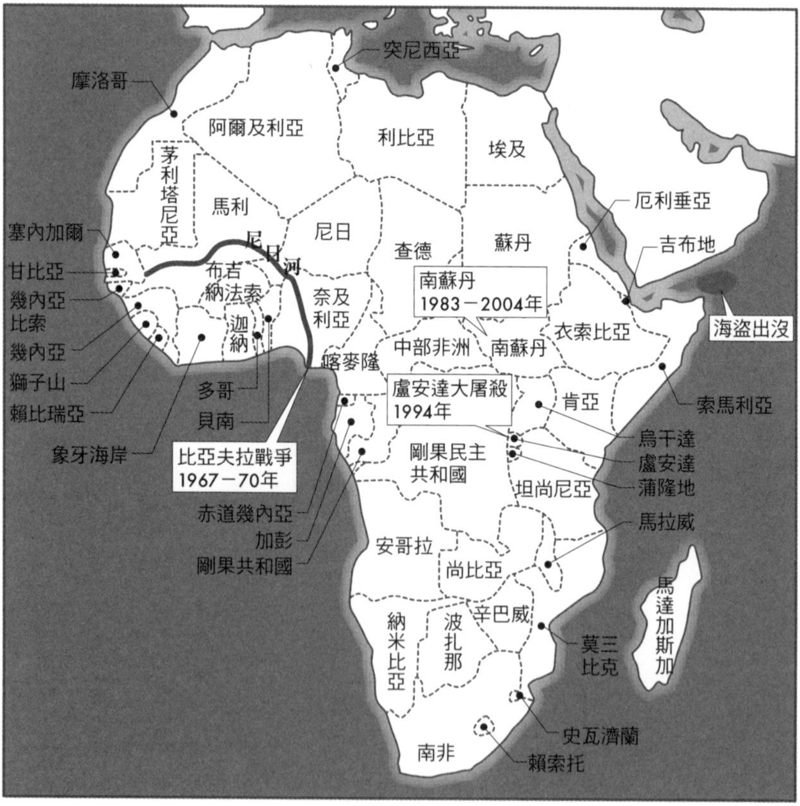

各國依照自己的私利來劃分殖民地，觀看現今的非洲地圖，我們可以發現許多筆直的國境，感覺上就是人為劃分領域的結果。其中，塞內加爾包圍著甘比亞，即使塞內加爾與甘比亞兩國的人種沒有多大的差別，卻因為分屬英國與法國的殖民地，硬生生被分為兩個國家。

接下來，我簡單說明非洲各國的獨立過程。第二次世界大戰後，面向地中海的地區，紛紛開始獨立建國。一九五七年，撒哈拉沙漠以南，也就是黑色非洲地區，從迦納開始發起獨立運動，**直至一九六〇年，共有十七個國家成功獨立。**聯合國對此表示贊同，因而稱呼這一年為「非洲之年」。

經過非洲之年的變化，英國及法國在非洲的殖民地逐漸消失，一九七五年左右，葡萄牙和西班牙的殖民地也開始獨立。**南非共和國在殖民時代遺留下來的制度，亦即南非種族隔離政策，直到一九九一年才廢除。**

非洲各國面臨諸多問題，本書無法一一說明，在此僅提出幾個例子來探討。

奈及利亞的悲劇——比亞夫拉戰爭與博科聖地組織

首先，讓我們一起來看看奈及利亞。

在提及歷史之前，容我先簡單介紹流過這個國家的重要河川，也就是尼日河。尼羅河、剛果河與尼日河是非洲三大河川，尼日河源自非洲西部的幾內亞高地，流向東北方，穿過馬利中央部位之後，改為流向東南方，最後進入尼日，從最西側的幾內亞灣出海。

尼日河流域裡的馬利，有一座著名的城市名為廷巴克圖，過去素有黃金之都的稱號，因此，更突顯尼日河在運輸上的重要性。奈及利亞西方鄰國貝南，在帝國主義時代，與馬利、尼日同為法國殖民地。奈及利亞過去的發音，也就較接近法語，讀做尼及利亞。

最初登上奈及利亞沿岸的國家是葡萄牙，接著英國人與法國人也相繼入侵，將此地做為「奴隸交易」的據點。這個海岸也就稱為「奴隸海岸」。

奈及利亞的沿岸地帶，因為歐洲國家入侵的影響，基督教的勢力也隨之擴張，而北部從中世紀以來，就是阿拉伯商隊貿易的路線，因此屬於伊斯蘭教的勢力範圍。接下來談談奈及利亞代表性的民族，北部的豪薩族以穆斯林居多，西南部約魯巴民族的宗教信仰比例，有六成是基督教徒，三成是穆斯林，剩餘的一成信奉傳統泛靈論。東南部伊博民族多數為基督教徒，由於藏有豐富的石油資源，因而使得此處成為奈及利亞國內問題十分複雜的地方。

歷經過第一次世界大戰，德國幾乎失去所有海外殖民地，這一點和奈及利亞（當時稱為尼吉利亞）也有一些關聯。東方鄰國喀麥隆曾是德國領地，後來有一部分國土併入奈及利亞。第二次世界大戰結束，一九六〇年，奈及利亞以三大省分的聯邦體制獨立建國，之後就必須面對國內種族及資源的問題。

全世界開始注意到奈及利亞的實際情況，以及非洲面臨的現實問題，應該是從**「比亞夫拉戰爭」**開始。這場戰爭的開端，起源於東南部伊博民族居多的地區發現石油資源開始，因為擁有經濟利益的關係，這個地區的人民企圖以「比亞夫拉」為名獨立建國。

英國與蘇聯不樂見奈及利亞的聯邦體制瓦解，因此支持聯邦政權，法國及南非共和國則站在比亞夫拉這一側。這場戰役中，因為包圍戰術導致比亞夫拉發生飢荒，在媒體報導及戰地照片流傳的影響下，雖然國際輿論都支持比亞夫拉，但是站在實際的國際局勢考量，支持聯邦體制的國家還是占多數，最後比亞拉夫的獨立行動還是終告失敗。

接下來，談談最近造成許多話題的激進派「博科聖地」組織。一九九〇年代開始，伊斯蘭主義開始擴大行動，進而形成這個組織。比亞拉夫戰爭之後，穆斯林占多數的豪薩族，幾乎不曾向基督教徒居多的伊波民族展開報復，雙方看似保持和平關係，但奈及利亞的政治狀況仍舊處於混亂。在這樣的局勢中，**「博科聖地」依據伊斯蘭教法，開始建立一個激進的社會**。

最後，讓我說明奈及利亞北部**尼日**的情況。這裡在殖民地時代由法國統治，一九六〇年完成獨立。整個非洲各國的國界，沒有任何一條不存在爭議，這個國家也不例外。該國人口近六成是豪薩族，約一成左右是圖瓦雷克族。他們在撒哈拉沙漠從事商隊貿易，英勇善戰的形象深植人心，勢力範圍包括撒哈拉沙漠西部、尼日、馬利、阿爾及利亞和利比亞的一部分。這個地區也因為藏有礦產資源（鈾）而產生諸多問題。圖瓦雷克民族時常發起獨立運動，因此，除了尼日之外，也經常擾亂其他國家的政局。

這個民族帶來的紛爭，也是帝國主義時代的遺毒，而問題似乎無法輕易解決。

衣索比亞VS厄利垂亞／蘇丹VS南蘇丹

衣索比亞是非洲罕見得以維持長期獨立的一個國家。對日本人而言，比較深刻的印象，應該是一九六四年，東京奧運的馬拉松冠軍阿比比．比基拉，就是衣索比亞出身。

衣索比亞曾經在十九世紀末，成功擊退義大利侵略，得以維持獨立。一九三六年，墨索里尼時代敗給了義大利軍隊，暫時遭受殖民。即使如此，五年後在英國的支持下，再度恢復獨立。

然而，衣索比亞的鄰國厄利垂亞（意思為「紅海」）在帝國主義時代，曾是義大利的殖民地。衣索比亞在恢復獨立的同時，也解放了該地，之後成為英國的保護國。**實質上，衣索比亞和厄利垂亞在此時已是合併的狀況，但厄利垂亞人對此感到相當不滿，因而從一九六〇年就展開獨立戰**

爭。一九九一年，解放軍勢力攻下首都阿迪斯阿貝巴，終於達到完全獨立的成果。

厄利垂亞獨立後，仍舊為了國境問題和衣索比亞展開戰爭，由於雙方都是貧困的國家，所費不貲的軍事行動，也是造成國家經濟混亂的原因之一。

接下來，我們把時間往前推一些，衣索比亞國內除了厄利垂亞問題之外，**與索馬利亞也在國境地帶發生戰爭**，經濟低迷帶來政治不安定，終於在一九七五年廢除帝制，一舉成立社會主義政權。雖然這個政權獲得蘇聯的援助，但因為厄利垂亞問題，又在一九九一年崩解。

而衣索比亞西邊與「蘇丹」和「南蘇丹」這兩個國家相接，這三個國家，為了爭奪衣索比亞、南蘇丹和肯亞國境地帶的土地（伊雷米三角）而產生紛爭。這場紛爭的起因，是由於二十世紀初，東非屬於英國殖民地，當時與衣索比亞簽訂的條約不夠明確而導致，直至今日仍未達成共識。同時，也顯示出帝國主義時代，列強對非洲留下多大的影響。

爭奪「伊雷米三角」的三個國家當中，**「南蘇丹」在二〇一一年脫離蘇丹，成為非洲第五十四個獨立國家**。蘇丹北部在十九世紀是埃及的領地，南部則是帝國主義時代遭到英國占領，當埃及成為英國的保護國之後，蘇丹的南北部就由埃及與英國的同盟共同統治。此時，英國企圖將南蘇丹與南方的烏干達併為一個國家，但最後終究沒有如願。

一九五六年，南北蘇丹合併且獨立建國，同時南部對於接受北部統治感到不滿，要求獨立的呼聲也為之高漲。一九七二年，蘇丹南部的自治權獲得認同，但由於之後發現油田，蘇丹政府取消該地的自治權，甚至實施更高壓的統治手段。

同時，蘇丹政府強制國民信奉伊斯蘭教，基督教徒較多的南部也為此大表不滿，進而引發內戰。在這場內戰中，據說有兩百五十萬名南蘇丹人遭到屠殺。剛果民主共和國及烏干達也派遣軍隊介入，北部的蘇丹政府因而妥協，最後在二〇一一年，承認南蘇丹獨立。

但是，南北蘇丹馬上又為了國界問題起爭執，無法維持穩定的政局。日本也為了維持南蘇丹的治安，派遣自衛隊前往協助。

資源問題、美蘇對立關係，牽動盧安達、蒲隆地與烏干達的紛爭

帝國主義時代，剛果民主共和國（過去曾經稱為薩伊）是比利時的殖民地，世人皆知，當時利奧波德二世是以殘酷的手段奪取剛果。東邊的烏干達和肯亞是英國領土，德國則占領了盧安達及蒲隆地，另外還有一個地區名為坦尚尼亞。

這一節，主要介紹非洲內陸的小國，**盧安達**、**蒲隆地和烏干達**，這些地方的宗教信仰和民族

構成十分複雜。

帝國主義時代，盧安達和蒲隆地是德國的殖民地。第一次世界大戰後，遭到比利時併吞，此時的地名為「盧安達・蒲隆地」。

比利時統治時代，這個地區的人民由三個種族組成，大多為農民的胡圖族、狩獵民族特瓦和遊牧民族圖西（但是，圖西族和胡圖族只是生活型態不同）。此時，人數較少的圖西族原本就是由比利時統治，因此比其他兩個民族還要受到重用。一九六二年，該國分裂成盧安達共和國與蒲隆地王國（一九六六年開始改採共和制）。

盧安達共和國曾經由胡圖族擔任總統，國內的圖西族成為難民，逃到烏干達和剛果民主共和國。難民當中有些人組成盧安達愛國陣線，九〇年代入侵盧安達並展開內戰。政府軍獲得法國援助，擊退盧安達愛國陣線，其後在一九九四年，總統專機遭到擊落，**激進派政府軍民兵襲擊圖西族和保守派的胡圖族，在極短的時間內有八十萬居民遭到殺害**。

盧安達愛國陣線趁機打敗政府軍，並奪取政權。這個時期，有一百五十萬名難民逃到剛果。盧安達藉此情勢占領了剛果東部，後來雙方簽訂和平條約後，盧安達才撤兵。目前國內局勢大抵安定下來。

在蒲隆地國內，圖西族和胡圖族依舊持續對立，政局長期處於紛亂狀態。二〇〇八年，雙方達成和解，但是沒有人可以保證兩者必定會遵守協議。

最後是烏干達的局勢，這個國家在當時是英國領地，之後和盧安達、蒲隆地同樣在一九六二年獨立建國。一九七一年，軍人出身的阿敏掌握權力，和英、美兩國聯合，明白主張反對共產黨，但是他創立的獨裁政權足以用殘暴來形容，統治期間屠殺了數十萬名國民，英、美雙方因而放棄與烏干達聯手，烏干達立刻轉向投靠蘇聯。

得到蘇聯武力支援後，烏干達向南方鄰國坦尚尼亞發動戰爭，戰敗之後，阿敏也因此失勢。其後，以蘇丹為據點的基督教原教旨主義勢力「聖主抵抗軍」，對政府軍展開攻擊，造成政局持續混亂，二十世紀末之後，經濟情勢趨於安定，政治方面也逐漸步上軌道。

烏干達、盧安達和蒲隆地雖然都是小國，但國內的民族問題加上權力鬥爭不斷，最近又牽扯到資源問題，在美、蘇對立的國際關係中，一直處於被操弄的角色。

南非對納米比亞與安哥拉虎視眈眈

納米比亞在帝國主義時代是德國的殖民地，當時稱為「德領西南非洲」。第一次世界大戰後，國際聯盟承認當地由南非聯邦委任統治，第二次世界大戰結束後，**南非聯邦以國際聯盟已不存在**

為由，實質占領該地。

一九六〇年，聯合國通知南非聯邦，終止納米比亞的委任統治，但南非聯邦（一九六五年脫離英國聯邦，獨立成為南非共和國，遭受國際輿論批評。以下稱為「南非」）並未聽從指示。不僅如此，南非政府還在該地區實施南非種族隔離政策。

面對南非的統治，反政府組織西南非洲人民機構（SWAPO）因而誕生，開始進行武力解放鬥爭。一九六八年，訂定國名為「納米比亞」（因為境內有一個名為納米比的沙漠）。南非政府與納米比亞國內的親南非勢力聯手，企圖繼續統治該國，目前仍看不到解決的徵兆。

發生於納米比亞北部的安哥拉內戰，使得這場混亂更加難以收拾。安哥拉和莫三比克同為葡萄牙殖民地，兩國也持續發動獨立戰爭。一九七四年，受到葡萄牙發生康乃馨革命（此次革命以康乃馨做為象徵。從第二次世界大戰前，一直持續到此時的獨裁體制，至此宣告瓦解）的影響，一九七五年，安哥拉和莫三比克終於成功獨立。

然而，安哥拉國內發生一場內亂，可說是美、蘇兩國的代理人戰爭（譯注：利用他國政府、非國家武裝力量，或是僱傭兵來戰爭，目的在於打擊對手，又不會引起全面戰爭）。這場紛爭為納米比亞帶來重大的影響。

安哥拉獨立戰爭中，主要有三股勢力，分別是美國及南非支持的爭取安哥拉徹底獨立全國聯盟（UNITA），以及蘇聯扶持的安哥拉人民解放運動（MPLA），另外還有薩伊和法國支持的安哥拉民族解放陣線（FNLA）。此時，古巴出兵支持安哥拉人民解放運動，也引發國際問題，為了打破僵局，美、蘇持續進行對話。一九八八年，南非統治的納米比亞尋求獨立，同時古巴也從安哥拉撤兵，這股「連鎖反應」促成當地邁向和平之路，納米比亞也在一九九〇年完成獨立建國。

到了二十一世紀，安哥拉成為鑽石（內戰中，「血鑽石」開始引起問題。詳情請參考專欄9）與石油的出口國，經濟呈現一片榮景，但國內也因此出現貪腐的現象，同時，內戰中全國各地埋藏的地雷，以及有些地區開始出現反對中央政府的勢力等，新的問題又接踵而至。

「非洲之角」索馬利亞的歷史與海盜

現代的非洲有一些地區，完全處於無法無天的狀態。數年前，在非洲大陸最東方，稱為**「非洲之角」**的索馬利亞附近，開始有「海盜」出沒。最近雖然活動較不頻繁，但是像海盜這樣的「不法之徒」，正代表著該地區缺少一股約束人民的權力中樞。因此，海盜出沒這件事情，正反映了索馬利亞政局的不安定。

歷史上，非洲之角周邊的版圖劃分一直有些複雜。帝國主義時代，由南至北分別是義屬索馬利亞、英屬索馬利亞和法屬索馬利亞（法國實施的非洲大陸分割政策的東部起點），最後是義屬厄利垂亞。第二次世界大戰後，衣索比亞併吞了厄利垂亞，並在一九九三年完成獨立。吉布地在一九六七年舉行公民投票，決定繼續由法國統治，之後在一九七七年宣布獨立，**英屬與義屬索馬利亞在一九六〇年合併，並且達成獨立建國。**

一九七七年，索馬利亞要求衣索比亞歸還歐加登地區，因而引發戰爭（此時，衣索比亞仍是由社會主義政權統治，因而受到蘇聯支持，而索馬利亞則接受與美、蘇對立的中國援助）。索馬利亞在這場戰役中敗北，政局陷入混亂。在這場紛爭當中，**過去曾為英屬索馬利亞的地區，宣布獨立建設索馬利蘭共和國**，但並未受到國際承認。

前義屬索馬利亞北部，有一個名為「普特蘭」的地區，當地也展開脫離索馬利亞的行動。

Column 9

非洲的「血鑽石」

非洲是一個礦產資源豐富的寶庫。其中，**鑽石**更是帝國主義時代歐洲各國入侵非洲的最大原因。在拿破崙戰爭之後的協議中，英國取得開普做為殖民地，隨後便與荷蘭的殖民者發生爭戰，史稱波耳戰爭（Boer War；南非戰爭）。這場戰役的目的，正是為了搶奪黃金與鑽石。

「冷戰」時期，美國與蘇聯各自提供武器給該地區，但是在冷戰結構崩解後，美、蘇不再無償提供武器。但是，各國政府軍與反政府軍，仍舊處於針鋒相對的局面。在非洲擁有鑽石礦山的國家，**這些鑽石礦產就成為反政府軍購買武器的資金來源**。

獅子山共和國、賴比瑞亞和象牙海岸，這三個國家並列在非洲西部海岸。過去，當美國北部發起廢止奴隸制度運動時，賴比瑞亞得以建國，而賴比瑞亞這個國名，就是源自於「自由」一詞。而鄰國獅子山共和國，則是英國在實施廢除奴隸買賣及奴隸制度時，從中解放的黑人移居的地區。因此，獅子山共和國的首都才會稱為「自由城」。

獅子山共和國在一九六一年完成獨立，到了九〇年代開始推展民主化，但國內軍事政變頻繁，處於內亂狀態。同一時期，賴比瑞亞和象牙海岸也持續內戰，這些國家的反政府勢力，全都走私鑽石出口，就是所謂的「血鑽石」。

眼看鑽石直接引起的紛爭愈拖愈久，聯合國決議訂定「金伯利」認證制度，全世界的鑽石產業都必須遵守這項認證。血鑽石引起的問題，不只影響到上述三國，就連安哥拉、剛果共和國和剛果民主共和國（前薩伊共和國）也捲入這場紛爭，但目前情況逐漸改善。

順帶一提，反政府組織為了籌措購買武器的資金，不只走私鑽石，也走私黃金和稀有金屬。另外，阿富汗等國利用罌粟提煉出來的麻藥（鴉片），也在全世界造成重大的問題。

第13章

Russia VS the United Kingdom, the United States & Taliban

俄羅斯 vs 英國、美國和塔利班

「大競賽」下的阿富汗

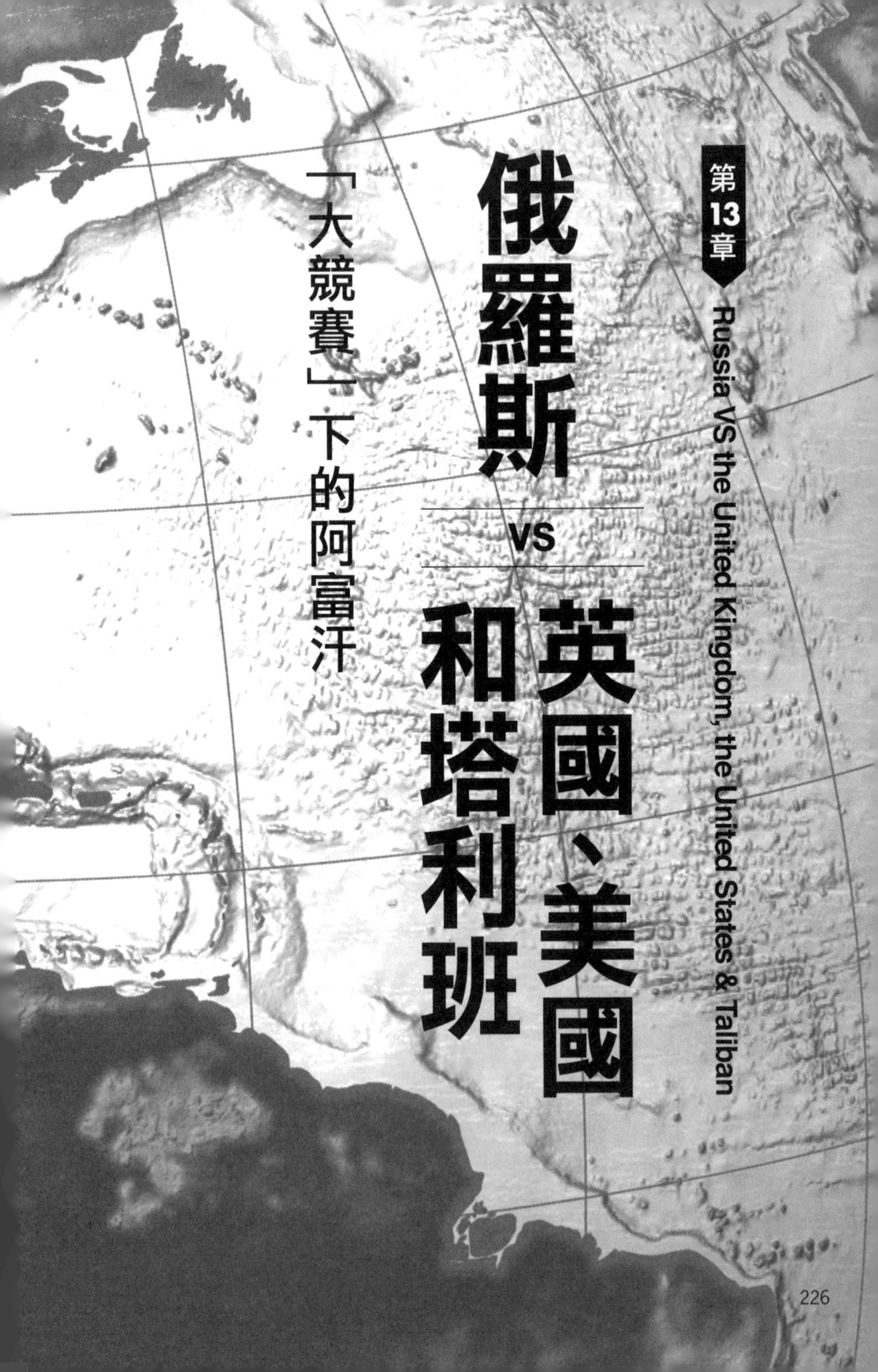

二〇〇一年九月十一日，美國發生恐怖攻擊事件，對全世界造成極大的衝擊。美國斷定主謀就是伊斯蘭主義團體蓋達組織的首腦**奧薩瑪．賓拉登**，並且在同一年要求將他引渡至美國，遭到拒絕後決定攻打阿富汗。二〇〇三年，美國推測賓拉登與伊拉克往來密切，便出兵攻擊伊拉克（波斯灣戰爭後，美國懷疑伊拉克藏有大量毀滅性兵器，以此為由出兵）。九一一恐怖攻擊經過十年後，美國在巴基斯坦邊境地帶發現賓拉登的蹤跡，並派遣特種部隊將他暗殺。

對國際造成威脅的恐怖分子賓拉登，其父出生於葉門，在沙烏地．阿拉伯累積財富後，對他提供大量資金援助。賓拉登接受過高等教育，對伊斯蘭教信仰極深，反對現代社會的資本主義、社會主義和民族主義。他認為美國是這一切主義思想的根源，才會亟欲將之鏟除。

蘇聯在一九七九年開始侵略阿富汗，對此沙烏地．阿拉伯的薩德家族，請求賓拉登家族援助和蘇聯作戰的阿富汗穆斯林。長久以來，對沙烏地．阿拉伯而言，伊斯蘭激進派一直是個燙手山芋，因此藉由這次機會，可以將他們流放至阿富汗，而**賓拉登也就是在這一波行動中前往阿富汗**。

阿富汗和伊斯蘭的關係，以及與美、蘇兩國之間有什麼樣的糾葛，讓我們一起探究這段歷史的演變。

撼動伊斯蘭世界的麥加大清真寺占領事件

一九七九年，蘇聯入侵阿富汗，伊朗發生伊朗．伊斯蘭革命，這兩起事件都對伊斯蘭各國造成極大的衝擊。沙烏地．阿拉伯的國教，是嚴守伊斯蘭教義的瓦哈布教派，到了二十世紀，藉由國內生產石油帶來的豐厚收入，與歐美資本主義各國關係密切，然而，國際社會對其君主專制獨裁體制的批判也愈加激烈。

何梅尼藉由伊朗．伊斯蘭革命掌握權力後，也針對沙烏地．阿拉伯的國家體制，提出嚴厲的批評。這些批評聲浪，完全擊中沙烏地．阿拉伯政府的要害。而何梅尼的言論，在穆斯林視為最崇高的聖地麥加，引發了一起撼動人心的事件。守護天房的麥加大清真寺，遭到激進派組織占據，訴求打倒君主政權。

這起事件隨即遭到鎮壓，並公開處決激進派成員，使得沙烏地．阿拉伯邁向現代化的腳步，以及親西歐路線，雙雙就此停擺。在這場風波當中，蘇聯入侵阿富汗。**沙烏地．阿拉伯接受阿富汗求援，除了挹注資金之外，同時以派遣聖戰士（參與戰爭的伊斯蘭士兵）為由，將國內激進派一掃而空。**

當時，賓拉登就是以聖戰士的身分，前往阿富汗。在伊斯蘭教世界中，人民可以輕易來往各國之間。

蓋達組織的誕生

賓拉登在阿富汗戰爭中，接受美國中央情報局（CIA）的訓練，習得蒐集情報的能力，同時也在巴基斯坦軍裡面，獲得軍事相關能力的培訓。聖戰士逐漸在戰爭中取得優勢，最後順利擊退蘇聯。

在這個過程中，賓拉登創立了 MAK（徵兵服務處）組織，運用自己擁有的龐大資金來支援聖戰士。**之後這個組織成為伊斯蘭激進組織的支柱，專門援助以蓋達為首的恐怖組織。**

其後，MAK 分為兩派勢力，一派著重於在阿富汗建立伊斯蘭國家，另一派則主張應該在世界各地發起恐怖攻擊，兩者間的對立也日益嚴重。**後者也就是在全世界發動恐怖攻擊的蓋達組織**（目前，實際狀況尚未明朗），由於賓拉登挹注大筆資金，因此成為蓋達的領導者。伊拉克占領科威特的時候，賓拉登對美軍協助沙烏地．阿拉伯一事，提出強烈的批評，也連帶影響到他在二〇〇一年策劃恐怖攻擊事件。

阿富汗是東西交通的要衝

阿富汗的國土有一大半是嚴峻的山地。從電視報導來看，或許我們會以為那裡都是沙漠，但是仍有草原地帶能夠發展農業和畜牧業，許多人為了盡快回收現金，也著手種植鴉片。因此國內無法提供充足的食用穀物，必須仰賴國際支援。

另一方面，這個國家也有受人矚目的礦產資源（若是政局穩定，專注開發的話，就能夠帶來龐大的財富……），在歷史上最著名的礦產是青金石（價值極高的藍色顏料）。古代埃及圖坦卡門王的面具上，就檢驗出有阿富汗青金石的成分，日本正倉院的收藏物之中，也有相同成分。

阿富汗自古就是陸上東西往來必經的路線，地理位置十分重要。亞歷山大大帝曾經派遣遠征軍來到此地，印度人也曾北上，在此建立國家。中亞各民族也在這個地區建立國家，不少實力強大的國家，也都曾將阿富汗納入治理的版圖中。過去曾以阿富汗為據點的王朝，有十世紀土耳其伊斯蘭勢力建設的伽色尼王朝，以及古爾王朝。

在上述王朝之後，蒙古和伊朗也相繼統治阿富汗。到了十八世紀，阿富汗人（阿富汗的主要民族為普什圖族）終於建立自己的國家，也就是最初的杜蘭尼王朝。

但是，到了十九世紀，歐美列強入侵世界各地，阿富汗也不例外。

俄羅斯VS英國的「大競賽」

十九世紀，俄羅斯從中亞南下，英國從印度北上，阿富汗成為兩國爭相搶奪的地方。不只是阿富汗，就連鄰國伊朗也是爭搶的目標，**這場由英、俄兩國發起的紛爭，史稱為「大競賽」**。雖然紛亂的主要舞台是在阿富汗，但是從高加索到中國，包括整個亞洲地區，都是大

現在的阿富汗周邊

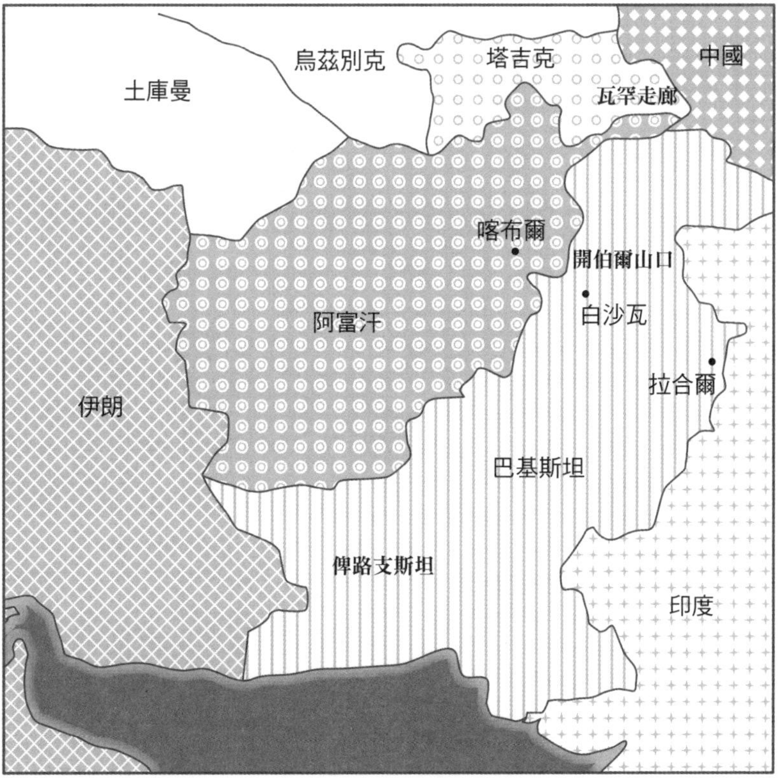

競賽爭奪的目標，直至今日，這場勢力之爭可說尚未停止。在此，我們還是將主題侷限在阿富汗。

一七五七年，普拉西戰役爆發，英國戰勝法國之後，在印度的領土也更加擴大。十九世紀中葉，英國和北印度勢力強大的錫克教，發生兩次戰鬥並且獲得勝利。一八五七年，印度發起印度兵變（或稱傭兵之亂），英國實施鎮壓之後，為了更強化控制整個印度，在一八七七年，維多利亞女王自稱「印度女皇」，印度王公也被迫宣示向女王效忠，印度成為大英帝國領土的一部分。

在這段過程中，對英國而言，阿富汗的重要性日益增高。十八至十九世紀，俄羅斯一邊壓制鄂圖曼帝國，同時入侵中亞地區，企圖向南方擴展勢力。

十九世紀，俄羅斯從伊朗入侵阿富汗。英國也為了壓制俄羅斯擴張勢力，出兵攻打阿富汗（第一次阿富汗戰爭），並成功建立起一個傀儡政權。但是，阿富汗人也發起激烈的反抗，但最後還是不敵而撤退，犧牲了兩萬人的性命，飽受屈辱。其後，英國與阿富汗之間，維持了一段短暫的安定。

十九世紀末，俄羅斯更積極南下，一八七八年，英國再度出兵至阿富汗。此役中，英國竟然陷入苦戰，一八八一年，阿富汗妥協撤兵，成為英國的保護國。這段期間內，阿富汗和巴基斯坦（當時還是印度領土）劃定國界，史稱「杜蘭線」（杜蘭是這個時期的英國外交大臣）。結果，普什圖族的棲身之地被分成兩塊，而這條杜蘭線，至今仍是兩國的國界。

攤開地圖來看，今日的阿富汗領土東北部，凸出了一條奇怪的細長地區。這個地區名為瓦罕走廊，地形狹隘又險峻。以現今的國家分布來說，與此地相鄰的國家有塔吉克、巴基斯坦和中國（前提是將西藏視為中國領土）。當時，**俄羅斯和英國決議將這條狹長的地區，當做兩國勢力範圍的緩衝區，才導致阿富汗出現這麼奇怪的版圖形狀**。

接下來介紹伊朗（波斯）和阿富汗的國界，這條國界的形成，也和英國有關。兩國國界的南部，是經過後面章節提到的英國外交官亨利．麥克馬洪（Henry McMahon）調停而制定。而中亞地區的國界，是鄂圖曼帝國和俄羅斯等列強發生紛爭時所劃定。

阿富汗地區的大競賽，在一九〇七年英俄協商中告一段落。協商中，兩國劃定在伊朗（波斯）的勢力範圍，**而英國得以保住在阿富汗的優勢**。在英國的統治下，阿富汗也逐步邁向現代化，但由於英國內部勢力產生激烈對立，以致於未能達到顯著的成果。

第一次世界大戰結束後，趁著英國的國勢低迷，阿富汗的穆斯林，對其高喊「吉哈德（聖戰）」。而英國對此展開應戰，一九一九年，發動第三次阿富汗戰爭。在這場戰役中，阿富汗人（普什圖族）眼見戰況陷入膠著，難以達成統一，而英國也亟欲避免長期戰爭，因此，雙方在同一年簽訂和平條約，**阿富汗因而得以恢復外交權，完成獨立建國**。

普什圖族的國家所在地

現代世界中，許多民族存在於不同的國家。其中最具代表性的民族，就是先前屢次提及，並已經介紹過的「庫德族」。而本章提到的阿富汗普什圖族，也處於類似的情況。

巴基斯坦西南部到伊朗東部，加上阿富汗南部，這三個地區統稱為「俾路支斯坦」。這個地區從十七世紀開始，就存在著一個名為卡拉特的王國。十九世紀，英國在印度擴張統治範圍，這個地區分割成四個土邦。當時，這幾個土邦統合由俾路支斯坦最高總督管理。但是，隨著印度獨立，這個地區的管轄權變得曖昧不明。

印度獨立後，俾路支斯坦不再直屬英國統治，當地人企圖獨立建國。一八五二年，俾路支斯坦土邦成立，隨後巴基斯坦的勢力介入，最後該地區遭到併吞，一八五五年，土邦因而消滅。

巴基斯坦更打算併吞阿富汗，而阿富汗國王聯合巴基斯坦境內的普什圖族人，發起建設普什圖族國家的運動，藉以牽制巴基斯坦的攻勢。這場運動最終以失敗收場，但是卻導致阿富汗在之後一直處於動盪不安的局勢。二十至二十一世紀，阿富汗的國際關係，彷彿又回到大競賽時的紛擾。

現代阿富汗與蘇聯、塔利班和美國的關係

一九三三年，阿富汗國王查希爾即位，他是一位開明的君主，在冷戰時期展開平衡外交。然而，查希爾的堂兄達烏德，亟欲實施迅速改革政策，在一九七三年，發動軍事政變，奪取王位。

達烏德篡位後建立共和制，這個時代的阿富汗正推展都市化，整個社會產生的矛盾愈來愈明顯，一九七八年，人民民主黨與蘇聯結盟發動政變，逼迫達烏德退位，並建立阿富汗人民共和國。但是，人民民主黨內部存在著嚴重的對立，一九七九年，蘇聯支持保守派卡爾邁勒，派遣軍隊前往阿富汗。

隨著蘇聯軍事介入，引發阿富汗人民激烈抵抗。伊斯蘭世界各地聚集了二十萬名聖戰士，這些以普什圖族人為首的聖戰士，讓蘇聯陷入苦戰。美國站在反蘇的立場，提供武器給聖戰士，巴基斯坦也支持聖戰士的行動，因而加強對阿富汗的影響力道。蘇聯在歷經十年戰爭後，仍舊無法得勝，一九八九年撤退，這場戰役也可以說是導致**蘇聯解體的契機**。

然而，阿富汗內部又發生新的問題。從各國聚集而來的聖戰士紛紛回國，阿富汗國內在一九九二年宣布成立「阿富汗．伊斯蘭國」，但由於國內未出現一個強力的政權，以致於仍持續處於內戰的狀態。

在這樣的狀況下，以普什圖族為中心的**塔利班**（意為伊斯蘭教神學士），在接受巴基斯坦的援助下，迅速崛起，一九九六年，建立「阿富汗．伊斯蘭酋長國」，局勢暫且安定下來，但是，只有巴基斯坦、沙烏地．阿拉伯和阿拉伯聯合酋長國承認這個國家。特別是對巴基斯坦而言，只要阿富汗在自己的鼻息下成立政權，包括喀什米爾紛爭在內的問題，自然就能迎刃而解。

塔利班是嚴守伊斯蘭教義的一股政權勢力，飽受混亂之苦的阿富汗人，最初期待塔利班能夠帶來改變。不久之後，過於嚴苛的教義又讓人難以忍受，聖戰士紛紛出走，聯合成為北方同盟，對抗塔利班政權。

此時，在海外策動各種恐怖攻擊行動的賓拉登，在塔利班的安排下來到阿富汗，過去普什圖族發起獨立運動的地方，便成為塔利班與蓋達組織的據點。二〇〇一年九月，美國遭受恐怖攻擊，美國與北大西洋公約組織聯手，發動阿富汗戰爭。之後，塔利班政權因而消滅，二〇〇四年，在國際的支持下，阿富汗．伊斯蘭共和國成立。

然而，九一一恐怖攻擊後，主謀賓拉登行蹤成謎，二〇一一年，美軍特種部隊發現他的藏身之處，並將之格殺。賓拉登最後藏身在阿伯塔巴德，這個地方是帝國主義時代，由英國建立的一座都市。第一次印巴戰爭時，英國紅十字會以此地為據點，做為照護傷兵的場所。

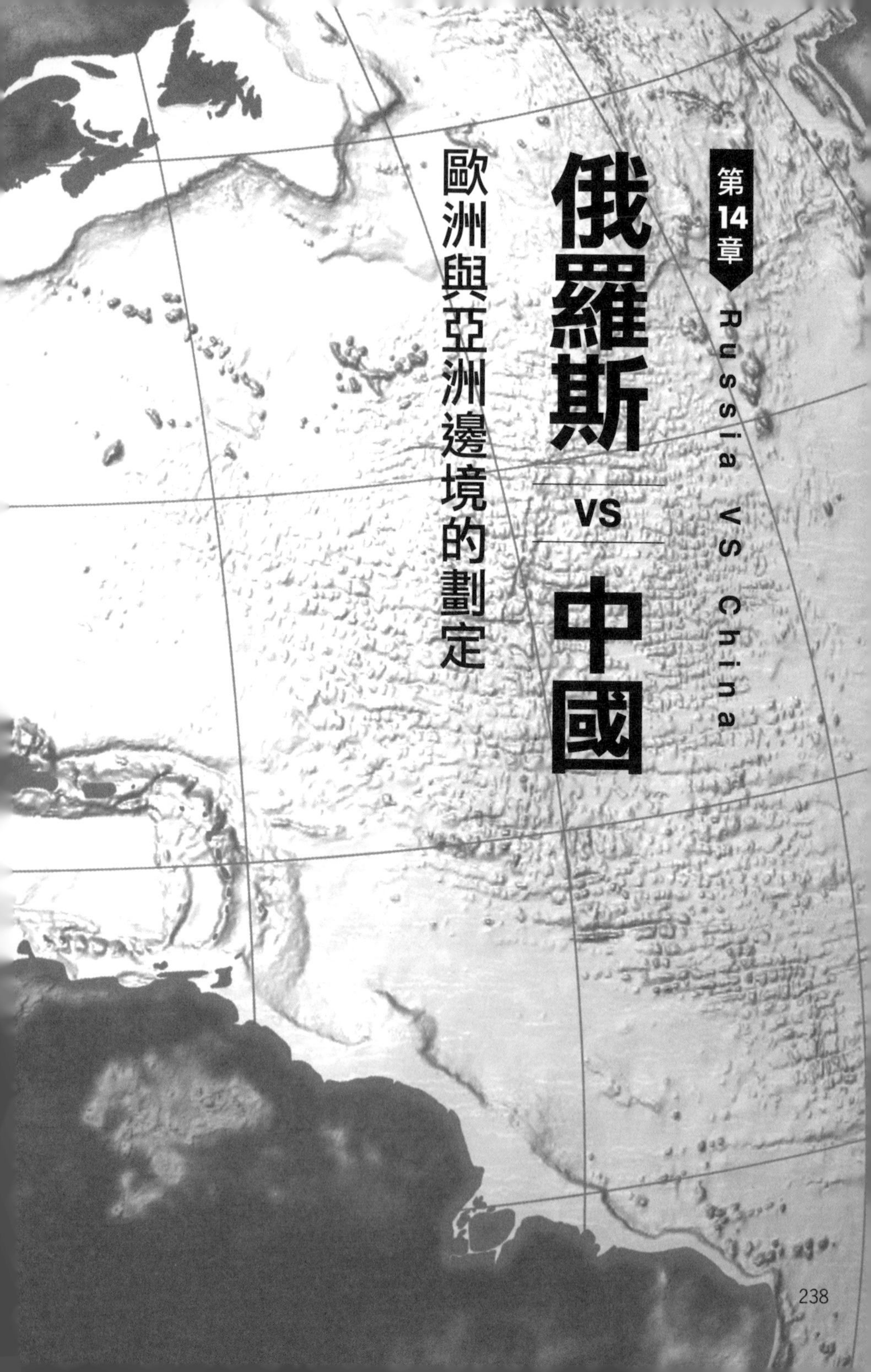

第14章

俄羅斯 vs 中國

Russia VS China

歐洲與亞洲邊境的劃定

二〇一三年十月，中華人民共和國首都北京的政治中樞，同時也是最著名的觀光景點天安門廣場，發生一起車輛暴衝，撞擊橋頭護欄的事件。車輛燃燒造成五人死亡，四十多人受傷。

中國官方推斷這起事件，是**為了追求新疆維吾爾自治區獨立的維吾爾族人**所為。其實，在這起事件之前，維吾爾族就持續展開叛亂行動，二〇〇九年，新疆中心都市烏魯木齊，發生漢族與維吾爾族的對立事件，造成數百人死亡，數千人受傷。

「中亞」在中國稱為「西域」，這個詞彙或許帶點浪漫色彩，讓人聯想到沙漠中的商隊。但是，現實中的中亞，卻處於十分嚴峻的局面。「新疆維吾爾自治區」和「西藏」，雖然目前屬於中國領土，但是從維吾爾族和西藏人的眼中來看，中國人是外來的「侵略者」，他們對於近年來漢族大量湧入一事感到不滿。維吾爾族人多數為穆斯林，受到伊斯蘭世界的民主化運動，以及復古主義思想抬頭的影響，維吾爾族追求獨立的呼聲也愈發強烈。

亞洲內陸是一片充滿紛爭的土地，上述各民族與中國、俄羅斯之間，因為國界爭議而衝突不斷。本章將為各位介紹，過去在這片廣大的歐亞土地內部，各國國界劃定的過程。

遊牧民族、農耕民族與俄羅斯民族的世界

說到古代中國的國界，人們心中馬上就會想到「萬里長城」。**這道長城基本上就是農耕地帶與草原遊牧地帶的界線，萬里長城以北是遊牧民族的世界。**

中國自古便向西方發展貿易，最西側的領土是甘肅省的敦煌，或是再往西推進一點的塔克拉瑪干沙漠中央。宋朝時期，北方民族入侵，奪取了萬里長城以南的土地，最後蒙古人（忽必烈）統治全中國，建立了元朝。

基本上，漢族的領土從明朝以來就沒有改變。滿洲人建立清朝之後，在乾隆皇帝時期多次遠征，中國的領土從西藏擴張到亞洲中央。

然而，**俄羅斯帝國在同一時期，為了獲取皮草和黃金，將版圖推進至西伯利亞（從俄羅斯的角度來看，意指烏拉爾山脈東方），與中國之間的國界問題因此愈來愈顯著。**雙方第一次決定國界的著名歷史事件，就是中國康熙皇帝與俄羅斯彼得大帝時代，於一六八九年締結的尼布楚條約。

中國從明朝到清朝，一段安定繁榮的太平盛世，讓歐洲人也感到驚訝不已。但是，十六至十七世紀之後，俄羅斯取代北方遊牧民族，積極入侵中國。十八世紀後期，南方又有英國為了追求自由貿易，開始對中國施加壓力，到了十九世紀，鴉片戰爭對中國帶來極大的衝擊。這些過程

中，中國因為領土問題的關係，簽下了許多不平等條約。

俄羅斯在十九世紀大舉入侵東方

十六世紀，俄羅斯正式將版圖擴張至西伯利亞一帶，當時這片地區有一個西伯利亞汗國（這個國家的名稱就是「西伯利亞」的由來）。十六世紀後半，伊凡四世（又稱伊凡雷帝）允許斯特羅加諾夫家族開發西伯利亞，哥薩克領袖葉爾馬克也協助斯特羅加諾夫家族，打敗西伯利亞汗國。

十八世紀，西伯利亞礦山開採事業繁榮，但是一些受不了農奴制的農民，進入西伯利亞西部從事農業，西伯利亞西部便成為生產穀類的糧倉地帶。十九世紀末，西伯利亞鐵路開始動工，其中一個原因就是為了運送穀物糧食。

西伯利亞遭受入侵之後，最初簽訂的條約，就是剛才提過在一六八九年的**尼布楚條約**。隨著這項條約簽訂，俄羅斯與中國協議，以額爾古納河與注入石勒喀河的格爾必齊河，沿外興安嶺（俄稱斯塔諾夫山脈）連成的界線做為國界。

我們再把時間往後推移，一八五八年，清朝正為了第二次鴉片戰爭（英國稱為亞羅號戰爭）與太平天國之亂所苦，局勢一片混亂之際，俄羅斯趁機強迫清廷簽訂瑷琿條約。透過這項條約，俄羅斯取得黑龍江左岸，而黑龍江支流烏蘇里江東岸（沿海省分）則為兩國共同管理的地區。接著，一八六〇年簽訂的**北京條約**，讓俄羅斯得以完全併吞沿海省分。

之後，俄羅斯更積極向東方擴張勢力。十八世紀，白令效力於俄羅斯海軍時，進行了兩次探險，行跡涵蓋白令海峽到阿拉斯加。俄羅斯占領阿拉斯加做為殖民地，但為了解決克里米亞戰爭造成國內財政困難，一八六七年，俄羅斯將阿拉斯加賣給了美國。

另外，日本松前藩居民在十七世紀登陸薩哈林（樺太，即庫頁島），並在當地建設漁業根據地。當時，俄羅斯考慮到與中國之間的關係，並沒有積極向薩哈林

俄羅斯東進

推進，十九世紀初，俄、美公司的船隻襲擊薩哈林南端的日本漁場。起因就是在長崎貿易交涉時，日本不願讓步，引發俄、美兩國不滿所致。

其後，一八五五年，日俄簽訂通商友好條約時，並未觸及這個島嶼的統治關係，一八七五年，雙方簽訂庫頁島千島群島交換條約，協議庫頁島歸俄羅斯所有。日俄戰爭結束後簽訂樸資茅斯條約，日本與俄羅斯分別統治庫頁島南北。第二次世界大戰後，蘇聯將整個庫頁島據為己有。

第二次世界大戰後，國際仍處於混亂之際，蘇聯占領千島群島，但日俄之間為了北方四個島嶼（擇捉、國後等）是否應列入千島群島，至今尚未達成共識。關於北方四個島嶼問題，日俄交涉的考量不同，對俄羅斯而言，這件事情連帶牽涉到克里米亞半島問題，而日本政府單純不願與歐美站在同一個立場，因此採取慎重的態度來面對。由此可見，國際關係背後的種種因素，真的是十分錯綜複雜。

俄羅斯VS中亞

尼布楚條約決定了中、俄之間額爾古納河以東的國界，但以西至蒙古高原的國界尚未確定。因此，一七二七年，雙方締結恰克圖界約，劃定了外蒙古地區的國界。

這兩項條約雖然讓俄羅斯和清朝維持安定的關係，但是卻使得亞洲中部地區產生對立，十九世紀後半，中國在鴉片戰爭中戰敗，局勢混亂之中劃定了國界。

一八六四年，中、俄簽訂的塔城條約中，延伸恰克圖界約劃定的國界線至外蒙古西方，一八八一年的伊犁條約，雙方確立了伊犁地區（新疆西北部，亦即塔城條約劃定的界線西方）的國界。

接下來在一八八二至八五年，帕米爾條約和喀什噶爾界約決定了新疆西部的國界，而拉薩條約則確立了新疆西部到西藏之間的國界。除了上述和俄羅斯之間的爭議之外，從西藏西側到喀什米爾地方，則是中國與印度之間發生的國界問題。

現代中亞各國

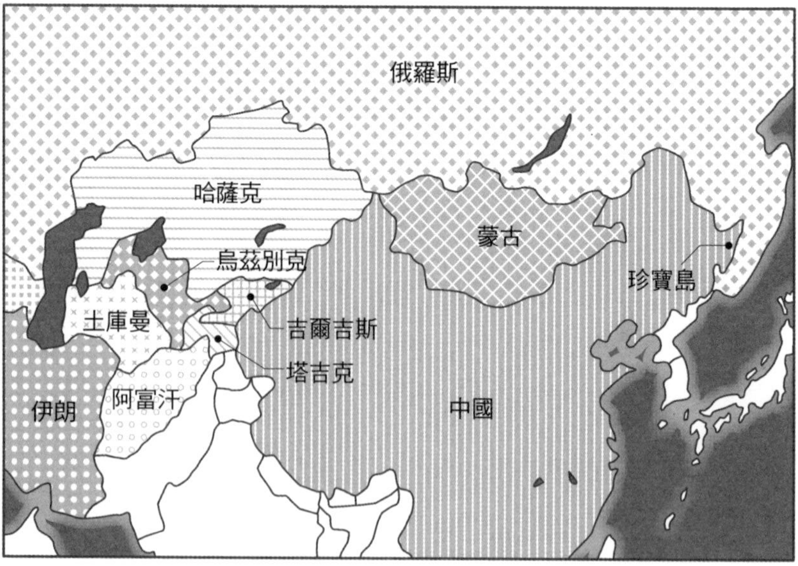

俄羅斯與中國劃定國界之後，便**更進一步展開對中亞西部的入侵行動**。

接著我們來看看現在的中亞地區，蘇聯解體前的加盟各國。首先是俄羅斯南部面積最大的哈薩克共和國，再往南看，由西至東分別是土庫曼、烏茲別克、塔吉克和吉爾吉斯。

烏茲別克和哈薩克南部地區，是阿姆河和錫爾河流域，古代稱為粟特，帖木兒帝國崩壞後，該地區分出三個烏茲別克族的汗國（希瓦、布哈拉和浩罕）。十九世紀中葉至末期，這個地區全都遭到俄羅斯併吞。

珍寶島事件——社會主義國家之間的核戰危機

一九六九年，中國的「文化大革命」（一九六五至七六年）正如火如荼展開，在中、俄國界阿姆河支流烏蘇里江靠中國這一側的**珍寶島**，**兩國發生軍事衝突**，而且紛爭的範圍逐漸擴大到整個中亞地區。中華人民共和國誕生後，原本關係友好的兩個國家，在一九五六年蘇聯推動批評史達林運動（蘇聯批判史達林政權，但中國推崇史達林的歷史地位，藉以反抗蘇聯）以來，關係漸漸惡化。

兩國同屬社會主義國家，同時也都擁有核武，這場衝突極有可能引發核戰危機，成為影響國際的嚴重問題。恰巧在這個時間點，越南領導人胡志明去世，俄羅斯總理柯西金前往河內弔慰，回程時造訪北京，確認雙方都無意繼續擴大紛爭，這場危機才就此結束。一九七二年，美國總統尼克森拜訪中國，也是為了避免核戰發生所做的外交調停。

即使中、俄之間簽訂北京條約來劃定國界，但是以河川劃定的國界，具體來說是河床的哪個位置，還有河床中許多沙洲（面積大到可以稱為島嶼）的統治權該歸屬哪一國，這些問題都沒有明確規定，因此才會引發上述的衝突。兩國之間針對國界的交涉一直停滯不前，一九八六年，戈巴契夫擔任蘇聯總統的時代，中、俄外交關係正常化，也開始正式討論國界問題。

一九九一年，遠東地區大部分的國界問題獲得解決，一九九四年蘇聯解體後，中亞地區的國界也漸趨明朗，甚至到了二〇〇四年，中、俄也互相承認尚未釐清的國界，這些都是戈巴契夫在位時帶來的良性影響。

中亞五個國家，住著上百種民族

隨著蘇聯解體，中亞出現五個新國家，就是剛才已經提過的哈薩克、土庫曼、烏茲別克、塔吉克和吉爾吉斯。這五個國家都是民族的名稱，在蘇聯時代因為便宜行事而直接做為國名，**但實**

際上，這個地區居住著上百個民族。國界與民族之間，其實沒有任何關聯，但是在獨立建國的時候，除了以民族名稱做為國名之外，「沒有」更好的提議，因此就一直沿用至今。

這五個國家當中，土庫曼（永久中立國）和哈薩克的政局較為穩定，吉爾吉斯、烏茲別克和塔吉克三國，都和伊斯蘭激進派及阿富汗的情勢有關聯，所以局勢相對持續不安定。特別是位於這三個國家國界地帶的費爾干納盆地中，估計藏著豐富的礦產資源，進而影響到各國政局持續不安定。甚至在一九九九年，日本的礦山技師還被綁架到此地，還好最後得以平安歸國。

另外，這幾個國家也都沒有堅固的民主主義基礎，經濟狀況也十分蕭條。他們全都加入俄羅斯獨立國家國協，美國在二〇〇一年開始攻打阿富汗的時候，吉爾吉斯、烏茲別克和塔吉克都提供軍事基地給美國使用，同時也積極加強與西歐各國的合作關係。

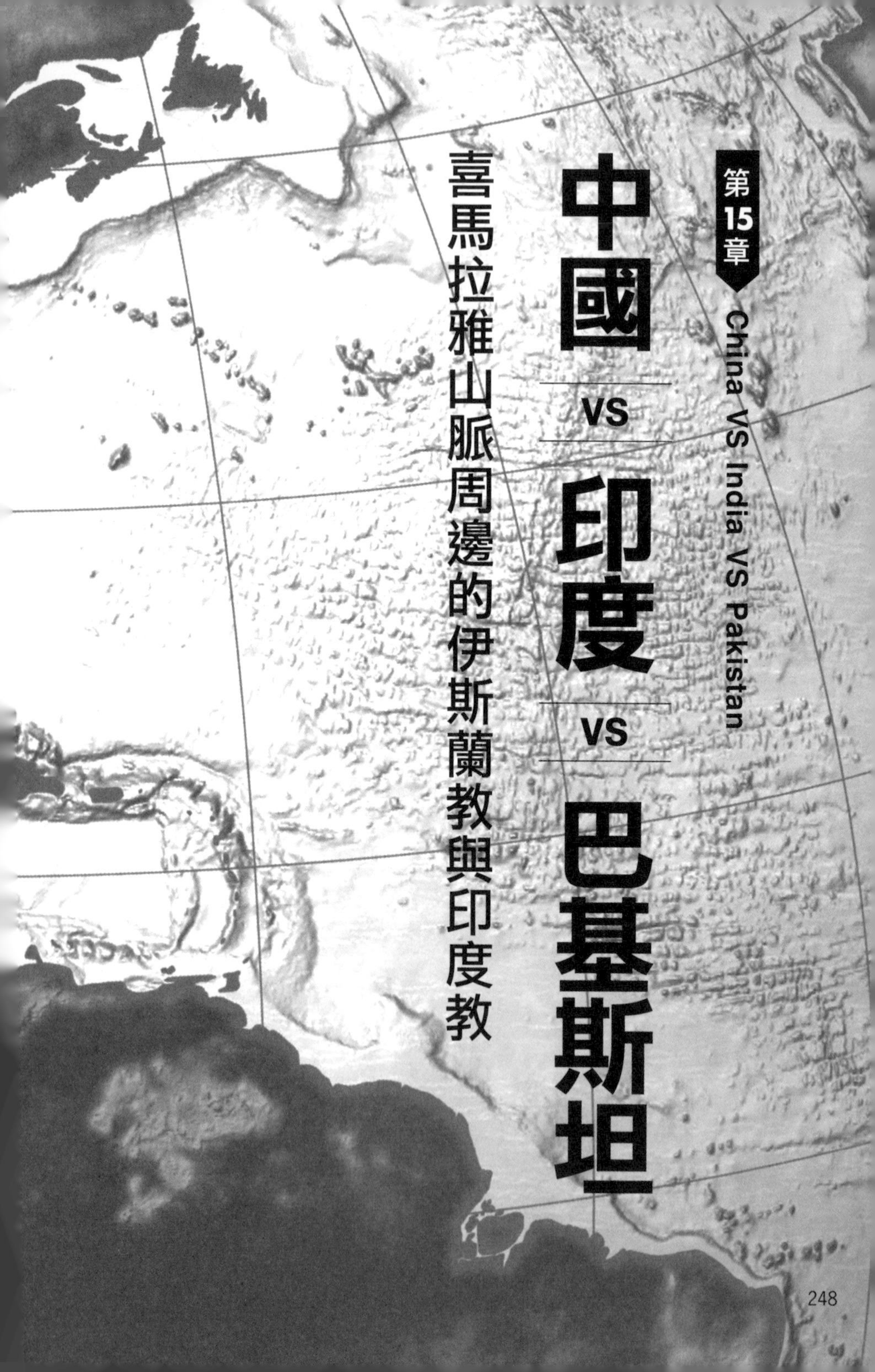

第15章

中國 vs 印度 vs 巴基斯坦

China VS India VS Pakistan

喜馬拉雅山脈周邊的伊斯蘭教與印度教

各位應該都聽過「錫金」這個地方吧?喜歡紅茶的讀者,或許知道當地盛產高級茶葉。

錫金是印度東北部的地名,「大吉嶺」是位於錫金南部的一個地區。錫金在地圖上看起來是狹長的形狀,如果說**印度和中國在這邊發生紛爭**,相信許多人無法想像。錫金過去是尼泊爾和不丹之間的一個王國,十九世紀末期成為英國的保護國,一九四七年,隨著印度獨立,英國原有的權利也轉由印度繼承,因而成為印度的領地,一九七五年正式成為印度的一個省分。

尼泊爾、錫金和不丹的北側是西藏,南方就是印度。沿著喜馬拉雅山脈的這三個國家,就夾在印度和中國之間。

對中國(清朝)而言,西藏是版圖,而錫金又是西藏的附庸國(多數西藏人亡命至此地),因此,錫金應該屬於中國。另一方面,對印度而言,英國原本是印度的宗主國,而錫金原本同為英國殖民地,在印度獨立之後,理所當然應該繼承錫金的統治權。另外,印度和中國還為了不丹東方、尼泊爾西方的喀什米爾等地的國界,至今仍處於爭執對立的狀態。

一九五四年,中國總理周恩來和印度總理在尼泊爾會談,發布了極具歷史價值的「和平五項原則」。但是,之後中國採取強烈外交政策,一九六二年雙方還是發生武力衝突,一直到現在,雙方關係仍舊十分緊張。

接下來,讓我們一起來看看,英國殖民時期留下的影響,以及兩國對立的歷史。

帝國主義統治下的中國與印度

印度和中國都是現代的新興國家，經濟與軍事能力都廣受矚目。兩國在帝國主義時代，都遭受先進列強國家殖民（或是半殖民），不僅喪失國家主權，還蒙受諸多苦難。

實際上，印度曾遭到英國完全鎮壓，當時成立的英屬印度帝國，實質上是由英國維多利亞女王兼任印度女皇。另一方面，中國在鴉片戰爭落敗之後，就一直處於飽受屈辱的地位，二十世紀初，中國領土遭到日本在內的列強，以「租借」名義強行奪走，滿清帝國相當於喪失部分主權。

中國歷經一九一一年的辛亥革命後，終於推翻滿清，成立中華民國。但是第二次世界大戰中，國民黨與共產黨持續對立衝突，其間又不斷受到日本侵略。好不容易到了二戰結束，共產黨在內戰中打敗國民黨，毛澤東宣布建立中華人民共和國。鬥爭中，國民黨領導人蔣介石敗給毛澤東，撤退至台灣，繼續維持中華民國政權。

另一方面，在英國殖民統治下，整個印度地區都以「英語」做為共通語言。但諷刺的是藉由語言統一，印度全國各地變得能夠溝通，反而更增進印度人民的團結意識，進而為印度獨立運動打下基礎。

然而，**印度國內存在著印度教與伊斯蘭教，這兩個宗教的性質迥異。**雙方都擁有許多信眾，在獨立運動展開的同時，對立的情況也日漸激烈。**最後，兩者分裂為印度和巴基斯坦兩個國家，並且各自完成獨立建國**（巴基斯坦的領土原本包夾著印度，分成東、西兩塊，後來東方的巴基斯坦自行獨立，建立孟加拉人民共和國）。

本章的主題為中華人民共和國、印度共和國和巴基斯坦‧伊斯蘭共和國獨立的過程，以及這些國家之間發生的國境問題。

中國和印度的國界附近

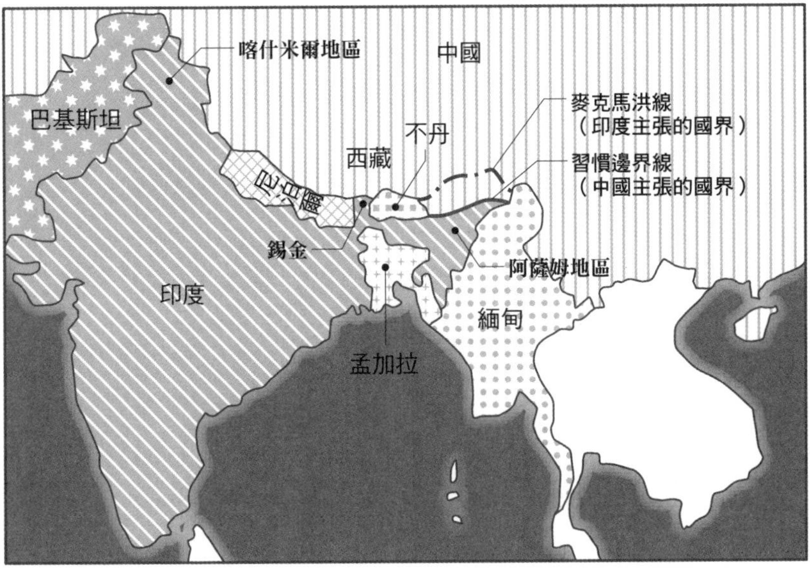

印度VS中國——西藏之爭

印度與中國之間最初遇到的紛爭發生在**西藏**。

帝國主義時代，英國統治印度，經由阿富汗向中亞方面擴張勢力，同時也企圖侵入西藏。二十世紀初期，楊哈思班率領英軍侵略西藏，以占領拉薩做為統治西藏的第一步。此時，西藏領導者達賴．喇嘛和頭號副手班禪．喇嘛，分別向印度與中國尋求保護。

一九一四年，西藏和英國簽署「西姆拉條約」（西姆拉是印度北部的都市）。西藏承認中國的宗主權，卻無法獲得認可成為獨立國家。此時，西藏和印度的國界就是著名的**「麥克馬洪線」**，但是中國並不承認那條國界，因而成為半個世紀後，一九五九年發生中印邊境戰爭的原因。

時間回推到一九五四年，中國和印度締結「中華人民共和國與印度共和國的中國西藏地方與印度的交通暨通商協議」。這項協議亦稱為「和平五項原則」，內容是「互相尊重領土主權；互不侵犯；互不干涉內政；平等互利；和平共處」。同年，中國總理周恩來訪問印度，與尼赫魯見面時，向全世界宣示雙方的基本國際關係。

但是，現實和理想總是有一段差距，在簽署這項協議五年後，一九五九年，兩國發生武力衝突，更在一九六二年正式宣戰。

一九五九年，中印邊境戰爭發生之際，西藏人發動反中暴動，**導致達賴．喇嘛十四世亡命至印度**。印度出兵攻打西藏西側的朗久村，接著雙方又在西藏東部的貢嘎山口發生武力衝突，情勢一度十分緊張，但這個時期並未演變成大規模交戰。

一九六二年，中印又在**喀什米爾地區**發生紛爭。喀什米爾地區在喜馬拉雅山脈西方，從印度的角度來看是國土的西北側再往北方推進的地區。印度和巴基斯坦也在此處發生對立衝突，詳情容後再敘。對中國而言，位於附近的新疆維吾爾自治區（中亞）到西藏，都是中國的領土，因此是個無法視而不見的「國境地帶」。

最初，中國軍隊出兵至喀什米爾，雙方正式交戰。這場戰爭由中國軍隊占盡優勢，在印度人心中留下極大的陰影。**喀什米爾東方的阿克塞欽，原本是印度實際統治的地區，在此役之後遭中國占領**。另外，雙方在東部地方從不丹到緬甸的國界，亦即麥克馬洪線附近也發生激戰。

但是，中國並未將麥克馬洪南部地區占為己有便撤兵，**結果不丹與緬甸之間，中印國界仍未確定**，直至現在。另一方面，印度也體認到這個地區的重要性，因此加強該處的民生基礎建設。

同時，在中印邊境戰爭發生之後，中國開始鼓勵國民移居阿克塞欽，強化當地的統治勢力，並且著手建設連結西藏與新疆維吾爾地區的幹線道路。喀什米爾地區便成為印度、巴基斯坦與中國之間，情勢緊張的地帶。

題外話，中國、印度與巴基斯坦，在核武開發方面，一直都受到彼此的影響。三個國家當中，中國在一九六四年，率先成功實行核爆試驗。這一年剛好是中、印邊境戰爭發生兩年後，不消說，印度對中國此舉深感威脅。

一九七一年，第三次印巴戰爭爆發，過了三年，一九七四年之時，印度成功施行核爆試驗。而巴基斯坦則是在一九九八年，才完成核武開發。

開發核武並不只是三國之間的問題，在冷戰時期，核武也是一種「牽制力」，關係緊張的各國之間，發起核武開發的競爭，是一個無法等閒視之的國際問題。

印度VS巴基斯坦——喀什米爾地區的紛爭

由於宗教不同，一九四七年，印度和巴基斯坦各自成立國家，此時，有些穆斯林留在印度，而有些印度教徒留在巴基斯坦，問題難以解決。其中衝突最激烈的地區，就是先前介紹中印邊境戰爭時，提過的喀什米爾。

喀什米爾地區的歷史，和英國統治印度有很深的關係。在英國鎮壓印度的最後階段，和印度西北部旁遮普地區，勢力龐大的錫克教發生兩場戰役。十九世紀中期，雙方交戰之時，由於查謨地區的貴族提供英國援助，後來得到喀什米爾的土地，並且成為當地的藩主（印度大君）。然而，他是一名印度教徒，但當地居民以穆斯林居多。這件事情，在一個世紀之後，成為印度與巴基斯坦開戰的原因，恐怕當事人也都始料未及。

承上所述，**由於喀什米爾地區的居民與大君，宗教信仰不同，彼此都想脫離印度或巴基斯坦，建立一個獨立國家**。就在喀什米爾遲遲無法決定歸屬之際，巴基斯坦出兵侵略該地。大君獨斷決定歸屬印度，並向印度求援，第一次喀什米爾戰爭就此爆發。這場戰爭一直持續到隔年，最後印度占領了喀什米爾地區六成土地，衝突暫時告一段落。

接著在一九六五年，巴基斯坦派遣武裝部隊進入印度統治區域，此舉引發印度與巴基斯坦開戰（第二次印巴戰爭）。這場戰爭中，印度軍隊占了壓倒性的優勢，迫巴基斯坦不得不接受停戰協定。

第三次印巴戰爭起源於巴基斯坦內部東、西方的對立，東巴基斯坦要求與西巴基斯坦各自分離，並藉此獲得自治權，一九六九年，阿瓦米聯盟（提出孟加拉自治的政黨）贏得選戰。一九七一年，巴基斯坦政府派遣軍隊，壓制東巴基斯坦的行動，但此時印度軍隊也介入這場紛爭，東巴基斯得以擊敗政府軍。西巴基斯坦與印度的國界，也發生小規模的紛爭，但這場戰爭在短時間內就結束，一九七二年，東巴基斯坦終於以孟加拉人民共和國的名義成功獨立。

孟加拉與印度之間，有一個印度教徒和穆斯林共同居住在一起的地區，但不像喀什米爾地區一樣衝突不斷，二〇一五年，多數「分散領地」的問題也獲得解決，可以做為國際間解決領土問題的範本。

現在的喀什米爾地區由三個國家統治，分別是印度實際統治的查謨・喀什米爾、巴基斯坦實際統治的吉爾吉特・俾路支斯坦省和阿扎德・喀什米爾，以及中國統治的阿克賽欽，目前局勢暫且維持安定。甚至有學者表示，喀什米爾的紛爭根本就是為了分贓而「共同策劃」的一場陰謀。但是，這三個國家全都著手進行核武開發，因此絕對不是可以安心的狀態。

另外，近年來這裡的紛爭又多出一個新的重要原因。從阿富汗回國的聖戰士，在各地主張獨立，並開始進行武裝鬥爭，國際間懷疑這些行動的背後，**都是阿富汗給予援助**。

對巴基斯坦而言，印度這麼重視喀什米爾，是為了保障本國的安全。喀什米爾就在各國的利益衝突下，歷經諸多劫難，希望今後不會再有更多慘烈的犧牲。

第16章

東南亞的紛爭

The War of Southeast Asia

大航海時代殖民勢力帶來的影響

二〇一五年是第二次世界大戰結束七十週年，同時也是一九五五年召開「第一次萬隆會議」之後的第六十個年頭。

其實，自從第一次萬隆會議之後，這六十年來就未曾再召開，直到二〇一五年才召開第二次，真可說是個奇妙的會議。

而且，雖然同樣名為「萬隆會議」，但第一次和第二次的內容卻大相逕庭。第一次在終戰後第十年召開，亞洲及非洲各國代表齊聚，連署表達反帝國主義、反殖民地主義的立場。這場會議發表了「和平十項原則」，具體內容是宣揚各國和平共存、互不干涉內政，算是相當普遍的價值觀。

然而，亞洲與非洲各國歷經「獨立的時代」之後，國際間利害關係的對立變得十分顯著，萬隆精神也隨之淡化。原本約定十年後的一九六五年在阿爾吉爾召開第二次會議，也因此取消。

二〇一五年的萬隆會議，性質已經有了大幅的變化。會議主題是「加強南南合作，促進世界繁榮」，但不可否認此時中國的勢力過於強大，對會議內容帶來壓倒性的影響，同時，第一次會議的目的是政治面的合作，但此次則變成**著重於經濟問題**。

這一章，探討的重點是歷經大航海時代，列強在東南亞地區陸續建立殖民地，在這樣的歷史背景中，第二次萬隆會議的召開過程。

「印度尼西亞」竟是荷蘭建立的國家

攤開地圖，我們可以看到太平洋地區，諸如玻里尼西亞、密克羅尼西亞和美拉尼西亞等，許多國家的名稱都是以「尼西亞」結尾。「尼西亞」在希臘語當中，是代表「島嶼」的接尾詞，「印度尼西亞」的意思是「印度的諸島嶼」。因此，我們可以得知，「印度尼西亞」這個國家的名字，與「印度」大陸相對應，意指南亞的島嶼。

印度尼西亞是以蘇門答臘島與爪哇島為中心，包含一萬四千多個小島所組成的國家，人口約兩億三千萬，其中多數為穆斯林。

印度尼西亞幅員遼闊，但陸地部分的國境，僅與三個國家相連，分別是馬來西亞、東帝汶和巴布亞·新幾內亞。這些國家全都在第二次世界大戰後紛紛獨立，其中東帝汶直到進入二十一世紀，於二〇〇二年獨立。

在此我們省略遠古時代的歷史，從十三世紀到十六世紀初開始看起，今日的馬來西亞和印度尼西亞，以及一部分的菲律賓南部，都是由滿者伯夷王國統治。這個國家的別稱是「最後最大的印度教國家」，十六世紀時開始式微。這段過程中，馬打蘭王國以爪哇島為據點，勢力日益強大，同時國內穆斯林也逐漸增加。

但是在這個時代，歐洲各國相繼往東南亞發展。他們在過去的滿者伯夷王國領地上，四處建立據點。

大航海時代初期，率先進入東南亞的歐洲國家是葡萄牙。然而到了十六世紀，葡萄牙國勢漸趨低迷，「印度尼西亞」地區逐漸成為荷蘭人的勢力範圍。諷刺的是，印度尼西亞之所以能夠建國，原因在於荷蘭殖民時期，整合了該群島地區的分散勢力，因此可謂功不可沒。

十七世紀初，荷蘭正式開始進入這個地區。當時爪哇島西部有一個萬丹王國，是一個伊斯蘭教國家。萬丹王國占領了爪哇島，將原本的首都雅加達改名為巴達維亞，並以該地做為據點管理爪哇島（第二

現在的印度尼西亞

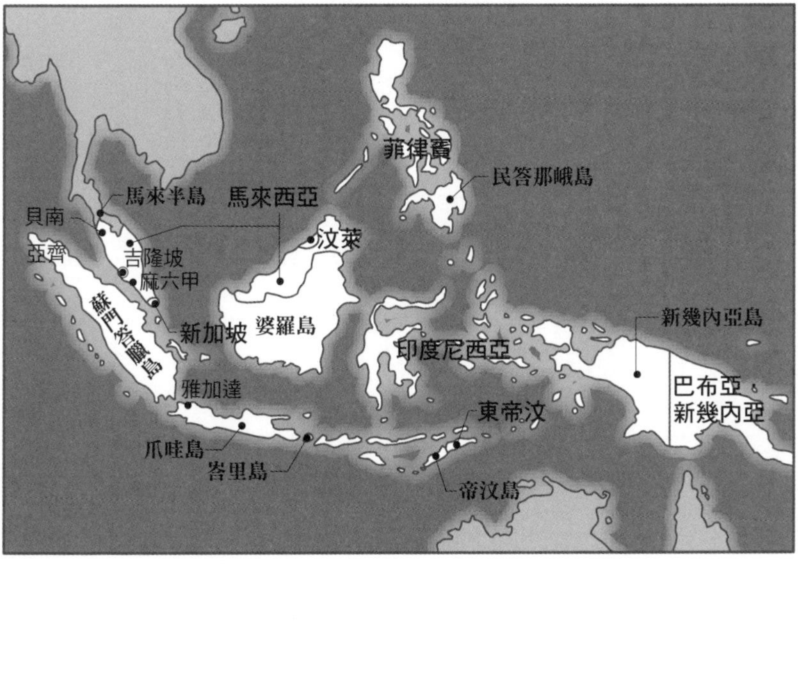

次世界大戰期間，日本占領該地，改稱為雅加達，此後一直沿用至今）。萬丹王國阻止葡萄牙在當地擴張勢力，並將他們驅離（但是東帝汶仍屬葡萄牙的勢力範圍），一六二三年，萬丹王國在摩鹿加群島與英國開戰（安汶大屠殺事件），打敗英國之後，萬丹王國便統治整個印尼西亞地區。與此同時，萬丹王國也戰勝馬打蘭王國，成功擴張內陸的勢力範圍。

同一時期，**英國的勢力擴及至馬來半島**。十九世紀初，在拿破崙戰爭當中，法國併吞荷蘭，而英國藉由與法國開戰，也將東南亞各地納入領地。一八一四年，荷蘭與英國簽訂倫敦條約，**協議馬來半島歸英國所有，而荷蘭則分配到蘇門答臘島，兩國分別各據一方**。

然而，一九一九年，英國殖民地總督萊佛士企圖取得新加坡，此舉導致荷蘭對英國的態度轉趨強硬。兩國之間仍舊持續對話，一九二四年，簽訂英荷協議。此協議明確劃定了荷蘭與英國的統治區域。

一八三〇年，荷蘭在印度尼西亞實施「強制栽培制度」，強制規定當地農民只能種植咖啡、甘蔗及香料等「經濟作物」。就連農民生產穀物糧食的土地，也必須遵守這套制度，此舉使得當地居民生活陷入困頓，農村變得愈來愈貧窮。另一方面，荷蘭利用強制栽培獲取極大的利益，推動國內的產業革命。

相隔遙遠的群島，民族主義的形成

一般來說，「民族主義」的形成是一群人民，以共通語言為中心，並且在歷史演進的過程中，接受共同的文化洗禮產生的意識形態。因此，**如果是語言多樣、文化迥異，而且人民分居於許多大小群島，要形成一個理念相同的國家，絕對不是一件容易的事情。**

二十世紀，荷蘭針對印度尼西亞的殖民地推行道德政策，將當地人教化成知識份子。同時也在該地實施強制栽培制度，當地人民生活困苦，心中不滿的情緒也急遽攀升，批評殖民體制的勢力也迅速成長。此時，**伊斯蘭教扮演了相當重要的角色。**

二十世紀，印度尼西亞地區的民族主義運動開始萌芽，除了以伊斯蘭教為主軸的組織（伊斯蘭聯盟）之外，印度尼西亞共產黨等團體，也在此時成立。第二次世界大戰期間，雖然遭受日本統治，戰爭結束之後，民族運動的核心人物蘇卡諾，以「獨立」做為口號發起戰爭，一九四九年，印度尼西亞終於成功獨立建國。

但是，印度尼西亞是一個具有多樣文化的地區，想整合成一個政權個體，絕非易事。印度尼西亞採用議會主義做為政治體制，蘇卡諾實踐「接受指導的民主主義」，整合國內的各種主義與主張，包括民族主義、宗教與共產主義，採取納沙貢體制做為治國的基本方針。

然而，實際上蘇卡諾個人是憑藉軍隊和共產黨，取得政治上的平衡來統治印度尼西亞，直到一九六五年以後，這股均衡勢力崩解後，他也隨之失去權力。

蘇卡諾掌權時期，可以說是亞洲民族主義的寵兒，一九五五年，他召集亞洲與非洲等新興國家的領導人齊聚一堂，舉辦第一次亞非高峰會。蘇卡諾任內除了解決國內問題之外，還併吞了西巴布亞，並且針對馬來西亞聯邦成立一事，打著英國殖民主義的旗幟，派遣軍隊入侵馬來西亞，一九六五年，印度尼西亞一度退出聯合國。

「華人」與「華僑」的不同

提到印度尼西亞、馬來西亞和新加坡，就不能忽略同為**「華人」**的中國人。二〇一五年過世的新加坡領導人李光耀也是華人。

在此，有一件經常讓人搞錯的事情，提醒各位讀者必須稍加注意。**「華人」和「華僑」雖然都是中國人，但是法理上的立場並不相同。**「華僑」是擁有中國國籍，但是在海外工作的人們，他們本身還保有中國國籍。相對地，在另一個國家定居，成為該國「國民」的中國人則稱為「華人」。

或許我們可以說，「華人」是一群飽受歷史洪流擺佈的人們。十九世紀，「奴隸買賣」與「奴隸制度」的時代已經結束，西方世界的白人不再強行捕捉非洲黑人。但是，這個時期世界各國都在推動工業革命，需要大量的勞動力，因此，**各國以「契約移民」的形式，讓印度人或中國人遠渡重洋來到國內，藉以取代黑人來填補缺少的勞動力**。這種形式的移民也稱為「苦力貿易」，多數中國人在此時移居到東南亞。

在這樣的情勢當中，十九世紀初成為英國殖民地的新加坡，並未徹底開發，因此人口稀少，許多中國人以各種形式移居至此。關於馬來西亞獨立的過程，後面的章節會詳細介紹，這裡只提及馬來西亞認為新加坡應該是屬於自己的領土，但馬來西亞國內大多為馬來人，而新加坡則是華人人口占壓倒性的多數，因此，新加坡便脫離馬來西亞獨立，建立起一個島嶼大小的都市國家。李光耀可說是華人當中的傑出人物。

新加坡是一個「都市國家」，擁有全世界首屈一指的經濟能力，國內街道整潔美觀，國民守法有禮，這些都是這個國家著名的特色。而這一切都多虧李光耀領導有方，著實叫人感到驚訝（然而，上述這些事實的背後，還有另一個面相的想法。新加坡不允許人民批評政府，市面上也少有與思想有關的書籍，而且教育方針只注重經濟、效率優先）。許多國家的領導者，苦於民主主義效率不彰，面對國民批判政權時束手無策，或許李光耀可以做為他們執政的範本。

一些新興國家的領導者，仿傚李光耀實施強權統治，這種政治風格稱為**「開發獨裁」**，印度尼西亞及馬來亞西就是這類型的國家。印度尼西亞是「版圖遼闊的島嶼國家」，而新加坡是「都市國家」，兩個性質迥異的國家，並排存在同一個地區，形成一個耐人尋味的現象。印度尼西亞的民族主義以及國內文化的多樣性，應該如何協調並達成共識，著實是個難以解決的問題。

華人世界演變至今日的情勢，其背景中存在著深遠的歷史問題，李光耀可以說是確實地解決了這個問題。

海峽國家馬來西亞

接下來，除了印度尼西亞之外，我們依序來看這個地區其他國家的歷史，首先從馬來西亞談起。

「馬來西亞」的意思是「馬來人的國家」，「馬來人（Murayu）」在梵語中（古印度書面體）的由來是「山脈中的土地」，自古以來，印度商人便用這個字來稱呼馬來半島。

過去，蘇門答臘島上的三佛齊王國，以巨港這座城市為中心，發展得十分繁榮。中國僧侶義淨前往印度取經時，在遊記中將三佛齊記載為「摩羅遊（Marayu）」（主要是指巨港這座城市）。

傳說中，位於印度尼西亞的三佛齊王國後代，移居至馬來半島，建立麻六甲這個國家，由這兩者的讀音可以看得出其中的關聯性。

馬來西亞這個國家，起源於一四〇〇年左右成立的麻六甲王國（這個階段仍舊只是個以海港為中心的都市國家），當地是香料貿易的中繼地，因此十分繁榮，全盛時期的版圖幾乎包括整座馬來半島，跨越麻六甲海峽直至蘇門答臘島中央部位，名符其實是個**「海峽國家」**。

一五一一年正值大航海時代，**葡萄牙人進入這個地區，占領了麻六甲**。此時，麻六甲國王將勢力範圍退縮到馬來半島南端的柔佛，在那裡建立了柔佛王國。隨後，荷蘭人也來到此地，柔佛王國對其提供各種協助，而荷蘭人也幫忙柔佛從葡萄牙手中奪回麻六甲，兩國維持著友好的關係。

然而，到了十八世紀，馬來半島南部出現許多由蘇丹（伊斯蘭世界的一種君主稱號）統治的小王國。其中一個國家發生內亂，這個王國企圖借用英國的勢力平定紛爭。剛好在這個時期，十九世紀初發生拿破崙戰爭，英國趁機統治荷蘭的殖民地，也順勢占領麻六甲。拿破崙戰爭前後，英國和荷蘭協議瓜分東南亞，並且利用小王國間的內亂，企圖將統治版圖擴大到馬來半島。

在這樣的局面下，英國殖民地總督萊佛士，允許柔佛國王在新加坡建設城寨，進一步成功取得新加坡。接著英國在一八二六年，**將先前已經取得的檳城、麻六甲，加上後來得到的新加坡，組成「海峽殖民地」，一九五八年，歸屬於印度省管轄**。

接下來的情況有些複雜，之後海峽殖民地併入馬來聯邦，整合成四個蘇丹國家，又與柔佛等地加上馬來半島的其他各區域，在十九世紀後半，成立英屬馬來亞聯邦。

此時，婆羅島上有一個汶萊王國。英國人布魯克平定了這個國家的紛亂，並討伐海盜，其後獲得汶萊到沙勞越這片地區，建立布魯克王國。

第二次世界大戰開始時，這個地區全都遭到日本占領。戰後，英屬馬來亞重新成立，英國也著手準備讓這個地區獨立，**而華人與馬來人的對立衝突也益顯著**。

首先是一九四八年，除了新加坡之外的英屬馬來亞，成立了馬來亞聯邦，雖然存在幾個問題尚未解決，但在一九五七年終於正式宣告獨立。新加坡也在李光耀的領導下，在一九六三年完成獨立建國。

然而，馬來亞聯邦的領導者阿布都拉曼，提倡聯合新加坡和汶萊等地，組成馬來西亞聯邦，一九六三年，馬來西亞聯邦成立，而汶萊並未加入。到了一九六五年，新加坡脫離這個聯邦獨立。

接下來說個題外話，「馬來西亞」這個詞彙，一開始是指東印度群島整個區域。因此，菲律賓獨立時，曾有人提議以「馬來西亞」做為新國名。最後，「馬來亞聯邦」搶先「馬來西亞」做為國名，直至現在。

印度尼西亞VS新幾內亞

大航海時代，荷蘭與葡萄牙登陸新幾內亞島，由於當地氣候條件嚴酷，兩國並未投注多少資源來開發。帝國主義時代，列強再度入侵此地，**荷蘭占領新幾內亞島的西半部，東半部的北方由德國統治，南方則屬於英國領土。**其後，英屬新幾內亞由澳大利亞繼承。

德國在第一次世界大戰落敗後，原先屬於德國統治的新幾內亞東部，以及太平洋上數個島嶼，都成為澳大利亞委任統治的領地。第二次世界大戰時，日本占領部分澳大利亞的統治區，因而導致日本與澳大利亞在當地不斷交戰。戰後，該地區成為澳大利亞統治下的聯合國信託統治領地，並且在這個體制下協議出許多制度，**一九七五年，新幾內亞終於正式宣布獨立。**

但是，由於國內使用的語言多達八百多種，各種族的團結意識強烈，彼此間產生諸多衝突，導致政局一直難以安定下來。再加上近年來，礦產資源豐富的布干維島獨立問題愈演愈烈，更增加國內局勢不安定的要素。

新幾內亞西部，在印度尼西亞稱為西巴布亞（現更名為西新幾內亞省）。第二次世界大戰後，一九四九年，荷蘭承認印度尼西亞獨立，但西新幾內亞仍舊是荷蘭領土，直到一九六一年才獨立成為西巴布亞共和國。

然而，印度尼西亞開始對這個國家採取武力侵犯。直到美國總統甘迺迪居中調停，西新幾內亞暫時由聯合國接管，直到一九六三年，將統治權轉移給印度尼西亞，六年後，舉行公民投票決定了該地歸屬印度尼西亞。

然而，一九六五年，印度尼西亞發生軍事政變，軍隊勢力掌握政權，　壓西新幾內亞的反政府民眾。一九六九年，在形式上又編入印度尼西亞統治，但該地區期望組成巴布亞・新幾內亞聯邦的呼聲日益升高，**直到現在仍舊與印度尼西亞政府，展開激烈的對立衝突**。

印度尼西亞VS亞齊——蘇門答臘島內部的對立

荷蘭入侵蘇門答臘島北部時，信奉伊斯蘭教的**亞齊人**奮力抵抗，英國也派遣軍隊給予支援。其後，英、荷簽訂協議，將蘇門答臘島的統治權轉移給荷蘭，荷蘭也開始鎮壓島上的反對勢力。

然而，後來土耳其（當時的土耳其是伊斯蘭國家的中心）和美國也開始支援亞齊，使得戰爭時間愈拉愈長。最後在二十世紀初期，亞齊的勢力終於完全遭到　壓。另外，第二次世界大戰時，日本軍進駐此地，亞齊人將其視為解放者，接納日本軍，並與荷蘭展開戰爭。

戰後，印度尼西亞獨立，並且將亞齊地區編制為蘇門答臘省，納入印度尼西亞領地。亞齊地區的居民，認為印度尼西亞此舉無疑是侵略行為，因而展開抵抗運動。隨後，印度尼西亞政府將亞齊地區設為特別省，給予自治權力，但亞齊人還是持續抵抗，並在一九七六年發表獨立宣言。之後，亞齊地區的問題演變得更加複雜，原因在於當地蘊藏著石油和天然資源。而印度尼西亞政府將這些資源的採掘權交付給國外企業，但所得利益並未回歸亞齊，此舉引發亞齊人民更加不滿。

二十一世紀，政府擴大亞齊自治區的範圍，但對立衝突並未因此減緩。緊張的情勢依舊持續，二〇〇四年，東南亞發生大規模地震，並引起巨大的海嘯，亞齊也遭受極嚴重的影響，此時亞齊解放勢力才和印度尼西亞政府暫時停戰。亞齊地區雖然承諾解除武裝，並簽署和平協議，但問題並未全面解決，檯面下仍舊暗藏危機。

印度尼西亞VS東帝汶

帝汶島位處印度尼西亞全境偏東方的位置，這個島的東半部（東帝汶）自十六世紀以來，就是葡萄牙的殖民地，**印度尼西亞宣布獨立之時，東帝汶仍舊由葡萄牙統治。**

然而，葡萄牙薩拉查政權崩解後，國內推動民主改革，並承認海外殖民地的自主權。到此情勢看似穩定，但東帝汶境內有多股政治勢力崛起，其中「帝汶社會民主協會」（該勢力主張應該準備數年，之後再宣布獨立）與「東帝汶獨立革命陣線」（這股勢力主張立刻獨立）之間展開內戰。

在這場對立當中，印度尼西亞為了防止共產黨繼續坐大，因此介入協助帝汶的右派勢力。一九七六年，東帝汶獨立革命陣線勢力遭到鎮壓，**東帝汶也因此成為印度尼西亞的第二十七個省**。日本和美國等西方各國，也認同印度尼西亞的政策，因此印度尼西亞政府更嚴格地壓制反對勢力，據說有二十萬東帝汶人遭到殘殺。

一九九八年，印度尼西亞的蘇哈托政權崩解，換成哈比比掌權，之後他以「東帝汶是否接受特別自治權」為議題，舉辦一場公投，投票結果為否定占多數，**東帝汶終於在二〇〇二年宣布獨立**。

然而，東帝汶獨立後四年，二〇〇六年，帝汶島內屬於印度尼西亞分散領地的西部地區，一群軍人因為不滿於西部地區住民受到差別待遇，因而發動罷工。印度尼西亞政府隨即解雇這群軍人，但另一方面印度尼西亞國軍中，有一股勢力因同情而支持他們的行動，進而導致印度尼西亞首都陷入混亂。為了平息這場紛爭，澳大利亞派遣軍隊進駐，但是問題並未獲得完全解決，東帝汶仍處於混亂的局面。

在馬來西亞包圍下的極小型國家——汶萊王國

婆羅島東北部有一個小國家，名字叫做**汶萊**。這個國家的住民有七成是從馬來半島，以及蘇門答臘島移居過來的馬來人，另外，華人約占兩成。

汶萊王國的歷史悠久，西元十世紀左右，這個國家開始為世人所知，他們以婆羅島為中心，與各地的港口進行交易，一度十分繁榮。十五世紀左右，這個國家開始信仰伊斯蘭教，同時，菲律賓南部也有一個伊斯蘭教國家，名為蘇祿王國，兩國為了爭奪經濟上的利益，經常在婆羅島北部周邊發生衝突。

到了十八世紀，西班牙以菲律賓為據點，英國以印度為據點，雙雙積極入侵這個地區。此時，這個地區海盜橫行，汶萊王國在英國的協助下，開始討伐海盜。之後，在討伐海盜中很活躍的英國人布魯克，以及英屬北婆羅省公司，實質上占有沙勞越和沙巴。**汶萊王國也在十九世紀末，成為英國的保護國**。

第二次世界大戰中，日本占領汶萊王國，戰後又再度回歸英國保護，一九五九年，獲得國防、外交及治安之外的自治權。

此時，北汶萊開始推動建立獨立國家的行動，但是全國並未達成共識，另外也有一股勢力要求與馬來西亞組成聯邦，也遭到英國拒絕。英國不願放棄汶萊，原因是該國領海可以開採石油和天然氣。**直到一九八四年，汶萊才實現完全獨立。**另外，這個國家和沙烏地．阿拉伯一樣，都是實施君主制度。

剛才提到菲律賓南部的蘇祿王國，在十五世紀，多數國民開始信仰伊斯蘭教。十六世紀，菲律賓拒絕接受西班牙統治，因而激烈抵抗，國民成為海盜，搶劫船隻，對西班牙造成極大的傷害。

十九世紀末期，菲律賓轉而抵抗美國的統治，但是在戰爭期間又向美國投降。**在這樣的局勢背景下，伊斯蘭教傳統的「伊斯蘭祈禱團」，可以說就是伊斯蘭激進組織誕生的基礎。**

Column 10

峇里島恐怖炸彈攻擊事件與「伊斯蘭祈禱團」

提到印度尼西亞中央部位的峇里島，「南國樂園」的印象十分強烈。正因如此，該地區在二〇〇二年與二〇〇六年，發生**恐怖炸彈攻擊事件**時，帶給人們的衝擊更是遽烈。

根據調查，犯人與伊斯蘭激進組織「伊斯蘭祈禱團」有關。這個組織是在阿富汗興風作浪的聖戰士餘黨，他們的目標是整合泰國南部、馬來西亞、新加坡、印度尼西亞、汶萊與菲律賓南部，建立一個伊斯蘭國家。

如果有人經常造訪印度尼西亞的話，就另當別論，但是對大多數的日本人而言，**很難將印度尼西亞與伊斯蘭教聯想在一起**。一般人聽到伊斯蘭教，腦海中第一個浮現的想法就是中東地區，而且覺得他們好像只會出現在「沙漠」。但是，印度尼西亞卻是一位於赤道的熱帶地區。

其實，與其說伊斯蘭教是「沙漠裡的宗教」，用「商人組成的宗教」來形容他們更為貼切。而這群商人，不只是利用駱駝進行陸地上的交易，他們還曾經乘坐「阿拉伯帆船」，越過阿拉伯海及印度洋經商，並且積極地前往印度、東南亞以及中國。

馬來西亞和印度尼西亞是接受印度文化影響極深的地區，但是伊斯蘭商人也很早就藉由商業活動，將伊斯蘭教帶到此地。而在這個地區當中，由於峇里島本來就是個盛產穀物的糧倉地帶，加上周遭海域有季風及海底有珊瑚礁，因此不需要也不適合發展通商港口，大體來說，就是與外界隔離的一座島。綜上所述，峇里島一直維持著印度教的文化，同時，島上盛行爪哇島傳統的泛靈論信仰與祖靈崇拜，也與印度教合為一體，因而孕育出獨特的文化。

對於遵崇原教旨主義的伊斯蘭教而言，難以融入爪哇島自古流傳的特有文化，這或許就是伊斯蘭激進派，將峇里島當成恐怖攻擊目標的原因。

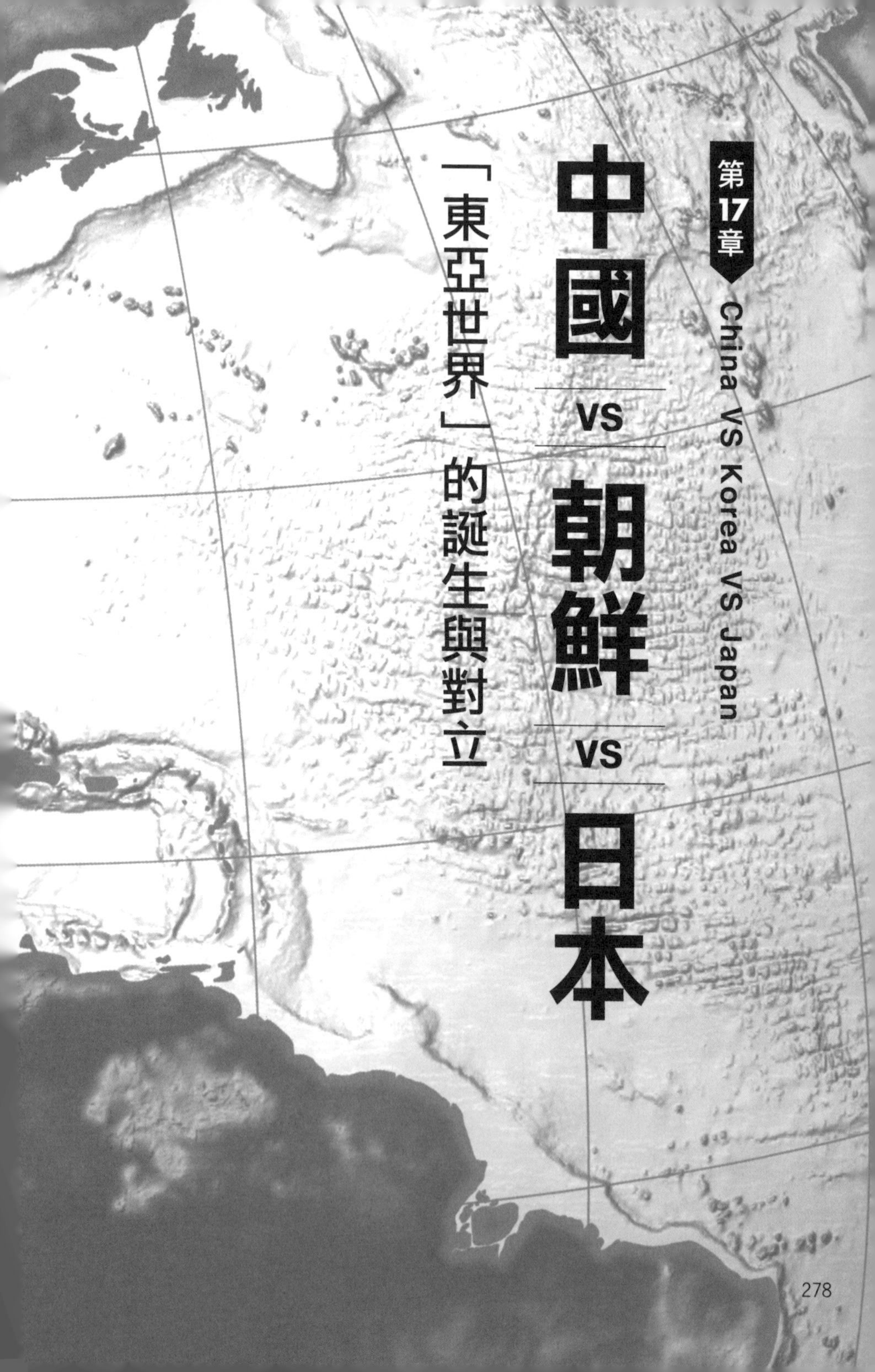

第17章

China VS Korea VS Japan

中國 vs 朝鮮 vs 日本

「東亞世界」的誕生與對立

過去，帝國主義時代的列強，憑恃強大的軍事力量，以及投入巨額的資本，藉以支配他國的經濟。但是，在現今二十一世紀，中國使用的外交手段，和帝國主義毫無二致，引起國際間關注。

放眼古今，東亞世界曾經有一個歷史悠久的「中華帝國」。這個自西元前三世紀起，就存在的強大中央集權國家，不僅在世界上其他地區不曾出現，亦可說是史無前例。再往前推約六百年，便有孔孟與諸子百家，由此可窺見中華思想之博大精深。與之相比，不可否認，日本、朝鮮及越南等地，各方面確實發展得較晚，因此這些國家只能透過「朝貢貿易（向中國皇帝進貢，並獲准成為周邊國家君主）」，向中國學習建設國家的要領，要說是理所當然也無可厚非。

然而，現在的中國，實行獨裁體制與帝國主義式的外交。國內共有十三億人口，不管是政治面還是經濟面，在國際社會中具有巨大的存在感，其影響力也不容忽視。希望中國能夠回顧自己的歷史，以古為鑑，步上一個正常國家應有的軌道。

本章的舞台是**「東亞世界」**，**亦即中國、日本與韓國**。讓我們一起來看看，這三個國家之間的交流與衝突，以及演變至今日關係的過程。

以中國為中心的「東亞世界」誕生

首先，讓我們從遠古時代談起，了解中國的起源，以及如何演變至今，擁有遼闊的領土。

西元前八世紀到前三世紀，這五百五十年間稱為春秋戰國時代，局勢非常混亂，直到西元前二二一年，**秦朝**才平定這場紛爭，統一全中國。秦朝首先面臨的問題，就是必須抵禦周邊民族，守護自己的疆土。秦朝時期的中國，最大的威脅就是生活在蒙古高原的匈奴。匈奴民族擅長騎馬戰術，因此，最好的防禦方式就是建築「萬里長城」。但是，修築長城必須動員大量農民，此舉引來農民反抗，結果很諷刺地，秦朝就為此自取滅亡。

秦朝之後成立的漢王朝時代，在西元前二世紀後期，第七代漢武帝，**開始積極向周邊地區擴張領土**。並且在朝鮮設置樂浪郡和真番郡、臨屯郡、玄菟郡等四個郡，稱為郡的行政體制，實質就是直接歸屬中國統治的概念。另外，在越南也設有日南郡等九個郡，同樣是由中國統治。

從此時開始，中國的漢字及儒學等文化影響力逐漸擴大，開始形成「東亞世界」。

東亞動盪時代

西元六至七世紀，中國正值隋、唐盛世，「東亞世界」進入動盪時代。此時日本由聖德太子（近年來，開始有學者質疑這個說法的真實性）著手建設國家，過去自從倭五王向中國進貢之後，雙方關係曾中斷一段時間，在這個時期又重啟交流。隋朝改換為唐朝之後，中國重新編制國內的政治體制，連帶也影響到朝鮮及日本。

朝鮮半島上高句麗民族遭受隋朝擊敗，其後，唐朝與新羅結盟，又消滅了百濟王朝。此時，為了重建百濟，日本派遣艦隊前往朝鮮，在白江口與唐和新

朝鮮三國時代

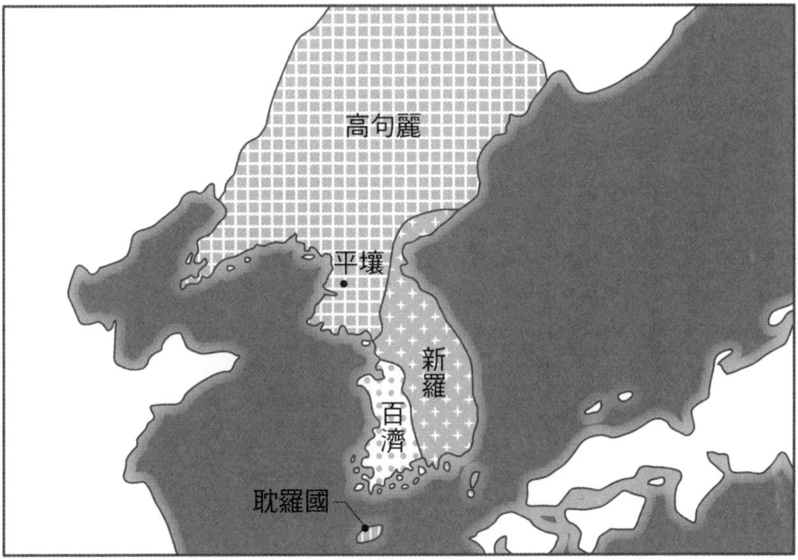

羅的聯合艦隊交戰後敗北，日本向中國擴張領土的政策因而受挫。唐和新羅乘勝追擊，消滅了高句麗。

最後，新羅與唐朝交戰獲勝，統一朝鮮半島，高句麗遺民逃亡至半島北方，並建立渤海國。近代中國歷史學者開始主張，渤海並非由朝鮮人建立，當初的創國者應該是中國人。

另外，這段過程中，**多數百濟難民移居至日本**。他們在日本建國期間，的確有所貢獻（其中也包括諸多衝突），從這段日本與朝鮮半島的歷史來看，近年來一直有人主張，日本自古就對朝鮮採取排外政策，其實頗教人感到匪夷所思。了解歷史之後，我們就會發現，現代國際關係充

朝鮮統一和渤海

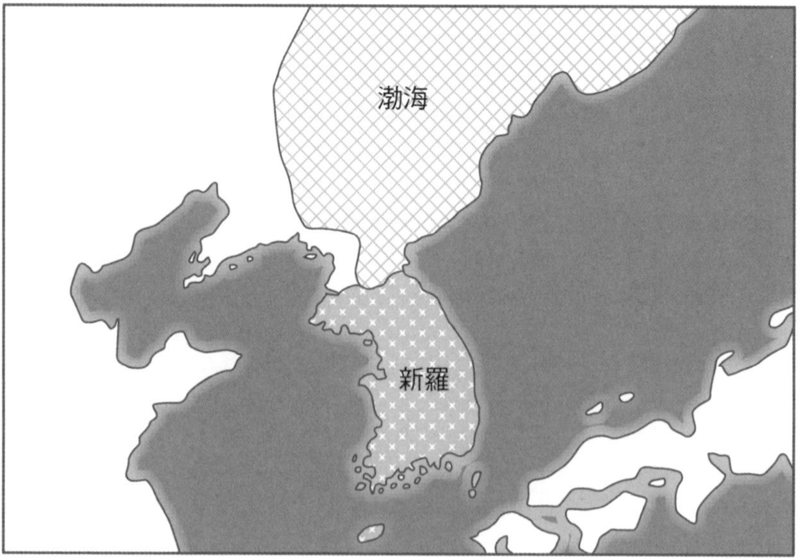

滿許多不合理的歧視和偏見。

西元十世紀，東亞世界各國的變化

西元八世紀後期，安史之亂之後，唐帝國局勢混亂，到了十世紀初期，又歷經黃巢之亂，唐朝因而滅亡。接下來中國進入長達半世紀的軍閥政權時代（五代十國），之後成立宋朝。然而，宋朝是中國歷史上政治面充滿屈辱的朝代，金和遼兩個民族一直企圖征服宋王朝，最後中國淪為由**蒙古**統治，建立元朝。

另一方面，朝鮮半島在西元九一八年，以**高麗**為名建國。目前國際間對歷史的認知，朝鮮初次建立的統一王朝並不是新羅，而是高麗。剛才提到，新羅是朝鮮半島三國時代時，最後統一整個半島的王朝，但是從渤海和高句麗後裔的角度來看，新羅的統一時代，朝鮮半島其實是渤海與新羅各據一方的「南北朝時代」。**對於渤海的認知，至今在中國、韓國與北朝鮮之間，仍是爭議不斷的重大問題**。高麗接納渤海遺民後，朝鮮民族才算初次實現統一。高麗在十三世紀中期，遭到蒙古征服，成為從屬國。

而這個時期的日本，在廢除遣唐使之後，與中國之間就不再有正式邦交關係。雖然國內沒有朝代交替的遽烈變化，但體制上漸漸從貴族社會轉為武士抬頭的時代。十二世紀後半，鎌倉幕府成立，**日本政府仍舊未與中國正式締結邦交，從這一點來看，日本其實是處於孤立的局面。**

但是，宋朝的經濟發展還是對日本造成影響，從平清盛建設大輪田泊（神戶）的時候，積極加強與中國的經濟交流。鎌倉幕府也承襲這項方針，雖然與中國沒有正式邦交，但是商人與僧侶間的交流十分頻繁。

順帶一提，上述西元十世紀的時期，越南地區的政治體制也開始產生變化。原本自漢朝以來，直至唐朝，越南都隸屬中國統治，在這個時期，越南也展開獨立運動。十世紀末期，越南在吳朝或丁朝時獨立，仍是眾說紛云，直到十一世紀李朝才真正樹立長期的獨立政權。

蒙古擴張版圖帶來的變化，促進東西交流

中國在蒙古統治時期（元朝），為東亞世界帶來極大的變化。

成吉思汗曾經將版圖擴張到西方大陸，而他的孫子忽必烈則統治了朝鮮，並且消滅中國南宋。**除了印度之外，勢力範圍幾乎包括整個亞洲大陸，加上東歐大陸一些地區，都歸屬蒙古統治。**

蒙古也企圖渡海發展，十三世紀後半，兩次遠征日本，但都以失敗告終，這就是著名的蒙古來襲

事件。隨著蒙古帝國擴大統治版圖，東西方之間的交流也理所當然地更加密切。

日本雖然成功抵抗蒙古入侵，但因為戰爭結束後，賞賜問題以及其他因素，鎌倉幕府終究還是滅亡，取而代之是室町幕府登場。朝鮮半島上也發生朝代交替，由李氏朝鮮（朝鮮王朝）取代高麗。

一三六八年，中國推翻蒙古統治，明朝因而成立。十四世紀，別名為倭寇的日本人，襲擊朝鮮與中國的海岸地區，這個時期日本的海盜横行，讓東亞各國提心吊膽。明朝第三代的永樂皇帝，派遣鄭和展開南海大遠征，嚴厲肅清倭寇，日本海盜才開始收斂，朝鮮李成桂因討伐倭寇有功，因而掌權建立朝鮮王朝。

隨著倭寇海上掠奪的事件愈來愈少，室町幕府也開始向明朝進貢。日本官方承認的歷史中，在此時終於又與中國恢復邦交。十五世紀，幕府的權威逐漸轉弱，貿易方面也轉為大阪商人主導，這些貿易活動一直持續至十六世紀為止。

另外，十四世紀，沖繩（琉球）地區出現一個統一政權（琉球王國），明朝與日本的交易也變得更加頻繁。琉球商人的足跡遍布中印半島、爪哇及蘇門答臘，為琉球王國帶來經濟上的繁榮。

但是，到了十六世紀，豐臣秀吉掌握大權，他擁有極大的野心，眼見中國明朝式微，打算取而代之讓日本成為亞洲的中心。於是便派遣遠征軍前往朝鮮及中國，但是這項計畫終告失敗。同時，秀吉對基督教的傳教行為抱持危機意識，另一方面又鼓勵商人出海經商，直到江戶初期，幕府禁止人民擅自出海為止，日本的海外貿易一直十分興盛。

江戶時代，日本雖然與清朝、朝鮮及荷蘭維持交流關係，但是卻積極制限對外交流，甚至在十九世紀中葉施行「鎖國」政策。

帝國主義時代的東亞世界

十八世紀後半，英國率先發動工業革命，除了注重工業發展之外，同時也引發交通與通訊方面的技術革命。不僅快速改變歷史，也為各產業帶來突破性的進步。**在歐洲列強勢力侵入亞洲前，東亞世界就已經起了極大的變化。**

十八世紀，中國在清帝國統治下，可以說是當時全世界最安定，同時也是最繁榮的地區。雖然傳教士帶來歐洲的先進文化產物，但是當時的中國人認為，中華帝國就是世界的中心，完全沒有向外國學習的必要。

對中華帝國而言，鴉片戰爭的落敗，是作夢也沒想過的結果。之後的和談條約中割讓香港等地，中國人初次嘗到屈辱。緊接著第二次鴉片戰爭，也就是英法聯軍，以及甲午戰爭又再度戰敗，中國才真正意識到現代化的重要性。

另一方面，中國在鴉片戰爭落敗，也對日本帶來極大的影響。幕府末期，佩里渡日，強制日本解除鎖國（編注：江戶幕府末期，美國東印度艦隊司令馬休·佩里率領艦隊，以武力威脅幕府開國，也稱為「黑船來航」事件）。其後，**中國、朝鮮、越南及日本這幾個東亞世界國**

日本領土的擴張

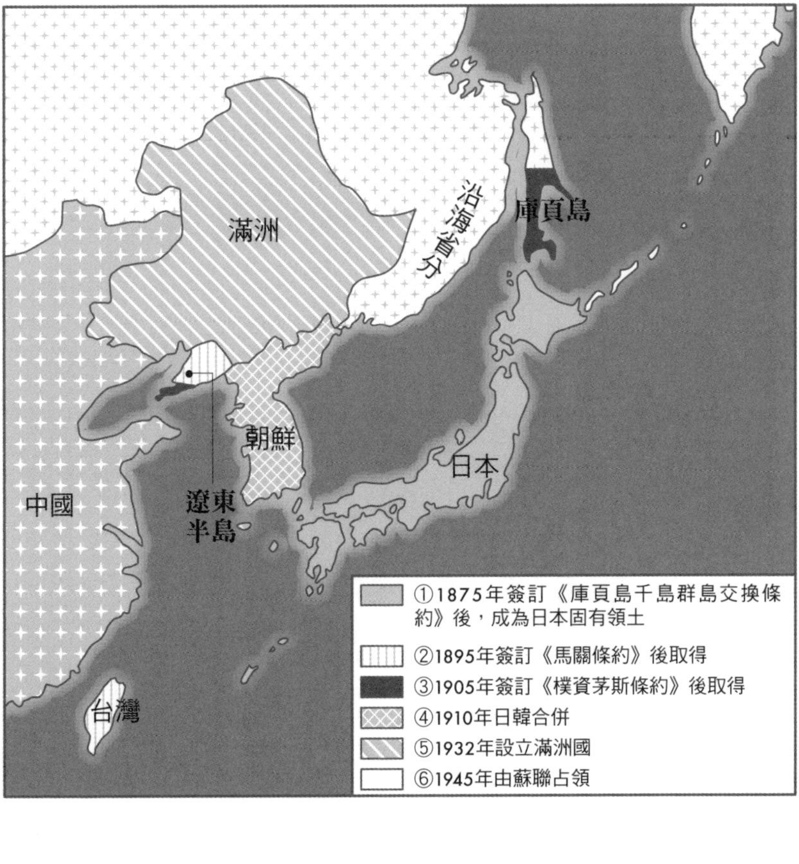

沿海省分
庫頁島
滿洲
朝鮮
日本
中國
遼東半島
台灣
①1875年簽訂《庫頁島千島群島交換條約》後，成為日本固有領土
②1895年簽訂《馬關條約》後取得
③1905年簽訂《樸資茅斯條約》後取得
④1910年日韓合併
⑤1932年設立滿洲國
⑥1945年由蘇聯占領

家中，日本是最先達成現代化改革的國家，進而開始侵略朝鮮及中國。日本的侵略為朝鮮和中國帶來永世難忘的屈辱，然而，對日本而言，在當時的國際氛圍下，若是沒有採取任何行動，不知道歐美列強將如何對待日本，整個東亞也不知道將面臨什麼樣的下場。

日本在甲午戰爭及日俄戰爭中獲得勝利後，勢力愈來愈強大。一九一〇年併吞朝鮮，一九三二年建立滿洲國。一九三七年，中日戰爭爆發；一九四一年，太平洋戰爭爆發，日本與世界各國對戰，最後以落敗收場。

二戰期間，社會主義國家蘇聯日益壯大，朝鮮與中國都分裂為兩個國家（朝鮮分裂為大韓民國（簡稱韓國或南韓）與朝鮮民主主義人民共和國（簡稱北朝鮮或北韓）；中國分裂為中華人民共和國與台灣），東亞各國歷史版圖產生極大的變化。

韓國與中國在一九九二年建立邦交，之後兩國以經濟為中心，關係愈來愈密切。但另一方面，韓國與北朝鮮的對立關係（戰爭狀態）自從一九五三年以來，基本上便無太大變化。因此，韓國與美國的軍事援助關係，也愈來愈穩固，這樣的情況對中國而言，是個相當頭痛的問題。

中國自一九八〇年代，展開「具有中國特色的社會主義」經濟政策（簡而言之，就是國家主導的資本主義），在很短的時間內，便達到富國強兵的實力。然而，中國政府為了隱匿國內發生的諸多矛盾，展開嚴厲的資訊管制，並施行愛國教育（反日教育），企圖藉此強化國民的團結意識。

歷史上，許多國家經常利用對外國的仇恨，來掩飾國內發生的矛盾與衝突，美其名為歷史的教訓，其實背後隱藏的意義非常諷刺。若說這世上不存在沒有矛盾衝突的社會，是否就代表民族主義意識高漲，以及激起對外仇恨，是無可避免的政策？

現今，中國、韓國與日本，這三個國家的經濟面緊緊相扣，難以輕易打破現況，激起對立。即使國際間的經濟行為，勢必存在利害衝突，但我仍希望這三個國家，能夠維持不採取軍事介入的關係。

歷史告訴我們，倘若只專注於憎恨與仇視，對全人類絕對沒有好處。希望東亞世界能夠領先全球，拋棄民族主義意識形態的束縛。或許，仿傚歐盟結合成經濟共同體，是化解各國心結的第一步。

Column 11

留存至今的共同文化與漢字

現代的東亞世界，日本、中國（中國與台灣）和朝鮮（韓國與北朝鮮），各國間，關係明顯十分緊張，或許可說處於國家等級的衝突，一觸即發的氛圍當中。一般國民間，仇恨言論與對立行動也時有耳聞。距離較遙遠的地區，或許可以用客觀的角度來面對「鄰國關係」，但如果是國界相接的國家，總會因為領土問題及歷史認知，無法跳脫民族情感，冷靜看待國際情勢。

然而，東亞世界包括南方的越南，都具有共同的珍貴文化特色，其中最具代表性的一點就是「漢字」。漢學原本源自於中國，流傳至朝鮮、日本和越南，但是在這四個地區，卻「發展」成完全不同的文化，這一點十分耐人尋味。

在身為漢學本家的中國境內，簡體字已經成為一般廣泛使用的官方文字，研究歷史的學者，必然需要閱讀古代文獻，但絕大多數的中國人卻不具備這項能力。朝鮮半島在十五世紀創造諺文，如今也是半島上普遍使用的文字，而一般國民早已遺忘漢字，但是朝鮮諺文的發音，仍舊可以發現非常多由漢字轉化而來的現象。日本的平假名與片假名，都是由漢字演化而來，在東亞各國中，可以說是現今最熟悉古代漢字的國家。越南在成為法國殖民地之後，就將漢字轉化成羅馬字，而這種做法也像諺文一樣，從發音來觀察，馬上就能了解漢字的影響力有多麼深遠。

除了漢字以外，儒教與佛教之間也有許多共通的要素，上述這些國家，其實能夠共組「東亞文化圈」，向全世界主張這是一個同文同種的地區。但是，歷經兩千年以上的對立與衝突，東亞各國已經形成根深蒂固的民族主義意識。長久以來的積怨，並非輕易就能化解。或許應該說，對於執政者而言，國民心中的積怨，正是最適合用來鞏固民族團結的操作因素。

第18章

The War of Latin America

拉丁美洲各國的紛爭

印第安人、白人與黑人
交織而成的獨特世界

一九七八年，若望・保祿二世即位成為第二百六十四代教宗，他是波蘭裔，出身於斯拉夫民族的國家。羅馬教廷在相隔四百五十五年後，再度揭起熱議。之後，二〇〇五年即位的教宗本篤十六世是德國裔，也是教廷睽違七百二十年，於生前退位的教宗。本篤十六世成為教宗，再次讓世人感到驚訝。接著在二〇一三年，新上任的方濟各教宗是阿根廷人（義大利裔移民），他是**首位拉丁美洲出身的教宗**，想當然爾，又引起全世界高度關注。

以往羅馬教宗大多都是義大利裔，但上述提及的三位教宗，全都不是義大利裔，這或許代表世界上的人們，希望宗教能夠跨越種族與國籍，不再拘泥於無謂的傳統。

目前歐洲各國似乎以法國為首，開始脫離宗教束縛，也就是希望降低基督教對政治的干預。特別是法國，更是一個注重理性主義思想的國家，過去發生的法國大革命，某個角度說也算是教會與世俗勢力的對決，由此可見法國很早就有政教分離的想法。

另一方面，南美大陸原本就是天主教的勢力較強盛，這樣的歷史背景，或許正是促成首位美裔教宗誕生的主因。阿根廷北方是南美大陸面積最大的國家巴西，正因為領土遼闊，讓巴西具備舉辦世界盃足球賽與奧林匹克運動會的實力。二十一世紀，巴西更成為經濟發展成果顯著的金磚國家（簡稱BRICS，由巴西、俄羅斯、印度、中國與南非共和國組成）一員。本章將為各位介紹，拉丁美洲世界在歷史上曾歷經什麼樣的紛爭，以及目前存在的問題。

移居拉丁美洲的東西方民族

現在的年輕人，或許沒看過動畫影集《尋母三千里》。這部動畫描述義大利裔少年馬可，為了尋找遠在他鄉的母親，長途跋涉前往阿根廷，展開一場令人感動的旅程。故事的背景是義大利剛完成「統一」，踏入近代民族國家之列的時期，整個國家都相當注重民族主義素養。這部動畫的原著是《從亞平寧山脈到安地斯山脈》，整部作品都充滿民族主義思想。當時，多數義大利人為了求職謀生，移居至阿根廷，少年馬可的母親也是其中一人。

十九世紀，歐洲各國紛紛建立民族國家，各國間展開經濟競爭，並致力於擴張國家實力。在當時，**拉丁美洲各國是先進國家的食糧與原料供給地，同時也是這些先進國家販售工業產品的市場**。因此，拉丁美洲在國際社會上，占有相當重要的地位。日本人也嚮往這片新天地，紛紛造訪該地區。一九〇八年，一艘日本籍客輪笠戶丸，就運送了近八百名日本人前往拉丁美洲。到了現代，當初移居拉丁美洲的第二代或第三代後嗣開始返鄉，大多居住在日本群馬縣大泉町。

拉丁美洲與盎格魯美洲的不同

人類在距今九千多年前，開始移居美洲大陸南北部，大約是阿拉斯加和西伯利亞的陸地還相連的時期。移居這片大陸的人們，經過幾個世代的努力，創造了馬雅文明和阿茲特克文明，其後更建立印加帝國。隨著哥倫布發現美洲大陸，西班牙和葡萄牙的**征服者**相繼來到此地，征服了這些文明古國。

自從哥倫布登陸美洲，人們就以**「印第安」**來稱呼這個地區的原住民。「印第安」一詞，源自西班牙語的「印度人」，因為哥倫布抵達這個地區時，深信美洲就是「印度」。

另一方面，位於北美洲的美國，也稱當地原住民為**「印第安人」**，這個稱呼當然也是源自「印度人」。過去，美國在墨西哥以北地區剛立國的時候，展開「西進運動」，並自詡此舉是「昭昭天命」。在這場運動當中，美國人向西擴張版圖，並且陸續奪走印第安人的居住地。

美洲大陸可以劃分成南、北兩個大區塊，美國與加拿大原本是英國人的主要殖民地，他們在此開拓疆土、建設國家。由於英國人是由「盎格魯．薩克遜」民族組成，故北美即稱為「盎格魯美洲」。與之相對，墨西哥以南，由西班牙和葡萄牙殖民的地區，由於深受這兩個拉丁民族組成的國家影響（有些國家與地區例外），故稱為拉丁美洲。

軍人主導拉丁美洲各國獨立

歐洲人向海外發展的目的，主要是獲得香料、貴金屬等珍貴資源，同時也積極展開殖民活動。

拉丁美洲原本是印第安人居住的地方，歐洲人（主要是西班牙人）入侵時，憑藉著馬匹與槍砲等強大武力，征服這個地區，並且強迫印第安人為他們從事種植

拉丁美洲的現況

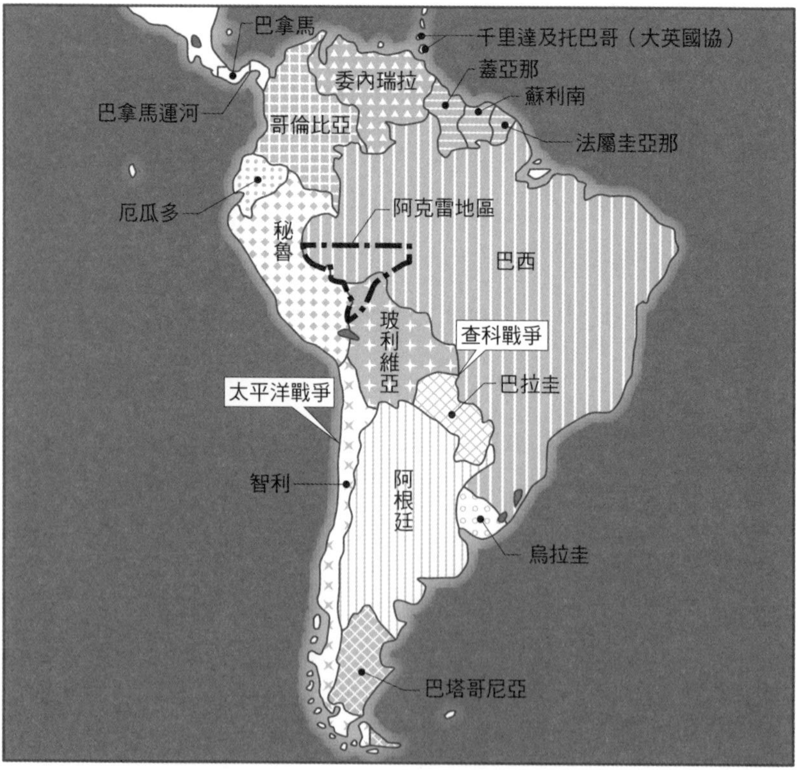

業及礦業。由於嚴苛的勞動條件，加上歐洲大陸帶來流感病毒感染，印第安人的人口大幅減少。其後，歐洲人又從非洲大陸運送大量黑人來到美洲新大陸，奴役他們從事重度勞動工作。**拉丁美洲因而成為印第安人、黑人與白人，不同種族居住的獨特世界。**

哥倫布發現新大陸之後，最初是一些「冒險家或征服者」，在這裡進行開發與經營，西班牙政府為了統治這片新大陸，派遣總督擔任當地最高指揮官，帶領高級官員和神職人員前往管理。這些從伊比利半島移居過來的人們，當時稱為「半島人（意指來自伊比利半島的白人）」，而在當地出生的白人則稱為「克里奧人（意指殖民地白人移民的後裔）」。這些人接受歐洲啟蒙主義思想洗禮，在十九世紀成為當地的獨立領導者。美洲大陸獨立初期，並沒有一個正式的政權勢力，因此，一些掌握軍事武力的「軍閥」，在各地擁兵自重，當時人們稱之為「高地酋」。

十八世紀末，法國大革命與拿破崙戰爭　發，歐洲各國局勢陷入混亂，同時也影響到殖民地，各地紛紛宣布獨立。拉丁美洲世界最初獨立的國家，是加勒比海沿岸的海地。這個時代的獨立運動，並沒有「民族主義」的意態形態存在。**墨西哥以南的獨立戰爭，都是一些軍人身分的啟蒙主義思想家主導**，他們以西班牙的總督轄區為據點，開始建設獨立國家。

這些獨立行動的中心領導者有兩位，一位是**聖馬丁**，他的父親是阿根廷出身的軍人，另一位名為**西蒙．玻利瓦爾**，他是委內瑞拉名門望族。當然，領導獨立的並不只有這兩位，在此以這兩人的事蹟為主，同時說明總督轄區的發展變化。

脫離西班牙獨立的拉布拉他各國

秘魯總督轄區位於南美大陸，靠近太平洋沿岸中央部位，過去統治這個地區的印加帝國，國勢十分強盛。十六世紀中期之後，波托西地區周遭山脈的銀礦開發，成為西班牙的經濟支柱。在這樣的情勢下，管理秘魯的總督統治了整

十六～十八世紀的拉丁美洲

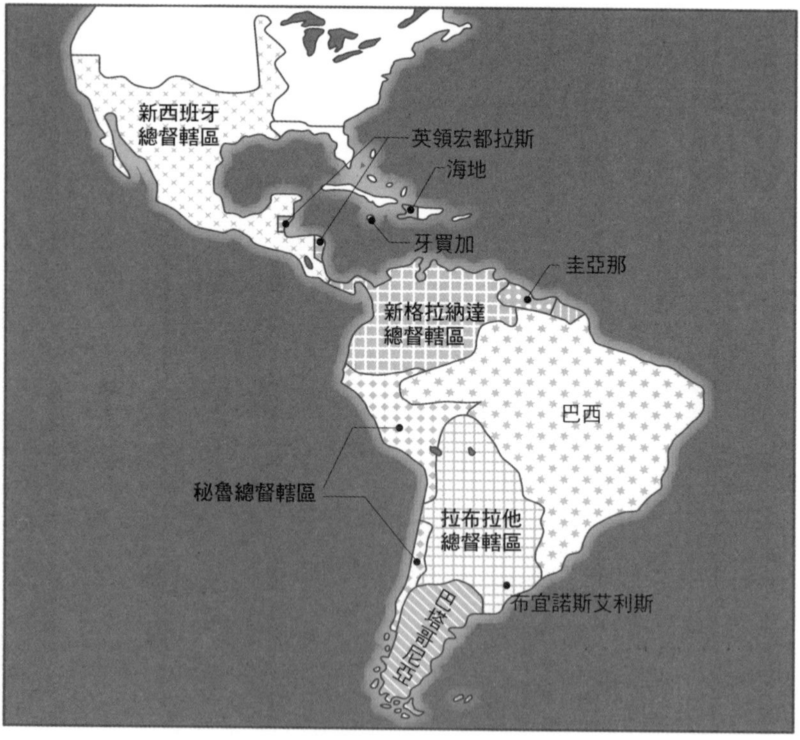

個南美大陸。

十八世紀，西班牙在南美新設了兩個轄區，分別是新格拉納達總督轄區（哥倫比亞、厄瓜多及委內瑞拉）及拉布拉他總督轄區（阿根廷、巴拉圭、烏拉圭和玻利維亞），而秘魯總督的管理區域因此遭到壓縮。即使如此，該地區仍是西班牙勢力的重要據點，該地守備森嚴，直到最後才成功解放。

阿根廷、巴拉圭和烏拉圭，合稱為拉布拉他各國。拉布拉他河是當地賴以維生的重要河川，也是殖民地居民的命脈，這三個國家，也聯手開發這條河。

拉布拉他河的下游，現在是阿根廷首都布宜諾斯艾利斯，在一五三〇年代開始建設。後來遭受當地原住民襲擊而放棄，其後，拉布拉他河的中游，發展出一座城市名為亞松森，後來成為巴拉圭首都。

布宜諾斯艾利斯在一世紀左右之後，重新開始建設，但周遭沒有本國所需的礦物，經濟情況一直很低迷。十八世紀，經濟政策改變，可以和本國直接貿易，貿易量增加。此時，拉布拉他河對岸，就在巴西南方有一片葡萄牙殖民地，為了與其抗衡，西班牙在此地建設了一座要塞，名為蒙特維多，之後成為烏拉圭的首都。

這三個國家互相維持邦交，一邊開拓當地，從這時起，就有一些對立發生。巴拉圭地區的原住民個性較溫和，與白人之間關係融洽，也開始聯姻，但拉布拉他河下游幾乎沒有聯姻關係，各自發展出不同的風土民情。西班牙本國分別在巴拉圭和拉布拉他河下游（拉布拉他地區）設置「總督」，為了將玻利維亞納入總督轄區，更增進雙方的對立。

當地衝突開始於一八〇六年，當時仍屬於西班牙統治的拉布拉他總督轄區，遭到英軍攻擊，後來當地的軍隊獲得勝利。當時西班牙總督旗下正規軍的勢力十分強大，讓當地人充滿自信，其後，**原本在西班牙本國大為活躍的聖馬丁也回到阿根廷，為當地正規軍帶來莫大的勝利戰績**。

乘著這股氣勢，殖民地自治議會，下達命令要他鎮壓上秘魯（玻利維亞）。為了討伐當地，聖馬丁越過安地斯山脈後，馬上就征服智利，緊接著解放秘魯。但是，在與上秘魯正規軍交戰時，由於兵力不足，他向西蒙．玻利瓦爾求援。一八二二年，兩人會談，但西蒙．玻利瓦爾並未允諾出兵支援，聖馬丁感到非常失望。於是他回到歐洲，在法國過著隱居生活。

聖馬丁離開南美之後，西蒙．玻利瓦爾取代他的位置，並在一八二四年，阿亞庫喬一役打敗正規軍，解放了上秘魯。這個地區也以西蒙．玻利瓦爾的名字命名為「玻利維亞」。

另外，阿根廷的國家名稱，在西班牙語中是「拉布拉他（意思是「銀」）」，轉為拉丁語發音即為「阿根廷」。

西蒙・玻利瓦爾推動解放「大哥倫比亞」

南美大陸西北部，分別有**厄瓜多**、**哥倫比亞和委內瑞拉**這三個國家，過去這三國合稱為**「大哥倫比亞共和國」**。因為這三個國家所在的地區，原本整合為「新格拉納達總督轄區」。經過委內瑞拉名門出身的領導者，也就是剛才提過的西蒙・玻利瓦爾解放後，得以獨立。

他曾醉心於歐洲的啟蒙思想，但是看到拿破崙成為皇帝，背叛革命初衷後，心中的理想隨之幻滅，因而決定將自己的生命奉獻於解放新大陸。他在南美發揮了優秀的軍事才能，但也曾經敗給本國的正規軍，暫時逃亡至牙買加。

一八一九年，西班牙正規軍戰敗，哥倫比亞地區獲得解放，哥倫比亞、委內瑞拉和厄瓜多地區成立大哥倫比亞共和國。雖然後來未能與聖馬丁合作，但很快地他又解放上秘魯。此時，南美大陸幾乎已經完全解放。

但是，即使他呼籲南美各國必須團結合作，但這個理想終究沒有實現，最後他在失意中結束一生。而原本由他整合的大哥倫比亞共和國，也分裂成三個國家，整個拉丁美洲世界又花了很長一段時間，才步上安定的軌道。

順帶一提，「大哥倫比亞」之一的厄瓜多與秘魯之間，**為了亞馬遜叢林地帶的國界問題而產**

生對立。這兩國的國界問題一直持續很長一段時間，直到一九四二年，美國和巴西等國涉入協調才告一段落。但是，一九七八年，厄瓜多派兵攻打秘魯，一九八一年兩國正式發生武力衝突。

這兩國的對立在聯合國之中也不斷上演，厄瓜多為了牽制秘魯，和玻利維亞及委內瑞拉緊密合作，不停施加壓力，雙方的關係十分緊張。一九九八年，兩國簽訂和平協議，厄瓜多放棄占領亞馬遜，終於和秘魯維持友好關係。

軍閥勢力之爭，資源與國界的紛爭

南美獨立之後，並沒有為**智利**、**玻利維亞和秘魯**三國，帶來政治上的安定，**當地的高地酋（軍閥）勢力之爭仍舊持續著**。特別是智利北方的安托法加斯塔地區，上述三個國家的國界並未明確劃定。當地的礦物資源（硝石、烏糞石〔可製作肥料〕及銅等等）逐漸受到世人矚目，而這三國之間的對立也愈來愈明顯。

這個地區的紛爭，一開始智利的硝石公司引發智利與玻利維亞對立。一八七九年，智利派遣軍隊到安托法加斯塔，而玻利維亞早已和秘魯私下簽署相互防衛協定，因此兩國共同抵禦智利的侵犯（太平洋戰爭）。一開始，智利陷入苦戰，但隨後憑藉強大的海軍勢力，占領了秘魯的利馬，最後這場戰爭由智利獲得勝利。一八八三年，雙方簽訂談和條約，智利併吞了該地區。玻利維亞因為這場戰役成為內陸國家，但是透過這份條約，得以建設一條鐵路從拉巴斯通往港口都市亞力加，並且擁有自由使用港口的權利。

但是，變成一個內陸國家之後，玻利維亞人民的不滿，一直持續到現今，即使可以使用港口，但問題仍未完全解決。一九七五年，玻利維亞要求智利割讓迴廊地帶，但雙方交涉破局，因此斷絕邦交。另外，秘魯也提出類似的交涉，對於過去秘魯割讓給智利領地表達不滿。

關於智利的領土，以下再做進一步的介紹。

智利是一個南北狹長的國家，十九世紀中葉，向南方擴大版圖直至**麥哲倫海峽**。同時，智利在此地建設了一個據點都市，名為旁塔阿雷納斯。一八八一年，阿根廷與智利簽訂了國界劃定條約，雙方確認這道海峽屬於自由航行海域。直到巴拿馬運河開通為止，約有半個世紀，麥哲倫海峽是連接大西洋和太平洋的重要航道。

麥哲倫海峽南方，有一部分是阿根廷的領地。同時，南方各島嶼之間，還有一道比格爾海峽，自從周遭海域發現石油之後，這個地區的歸屬問題就浮上檯面。阿根廷拒絕承認國際法庭所做的判決，最後直到一九七九年，梵蒂岡介入調停才達成決議，判定比格爾海峽周遭數個島嶼，屬於智利領土。

玻利維亞VS巴西、巴拉圭——內陸國家的苦惱

玻利維亞在太平洋戰爭中敗給智利之後，便失去通往太平洋的出口，而**在內陸方面，也與巴西、巴拉圭之間，因為領土問題而存在著紛爭**。

玻利維亞與巴拉圭的戰爭，史稱**查科戰爭**（或者大廈谷戰爭）。查科是一個地名，位於巴拉圭河東方。巴拉圭和阿根廷分處於皮可馬約河南北岸，以該河流做為兩國的國界。

一八八四年，阿根廷鎮壓印第安人的時候，將查科地區併吞為本國領土，但目前巴拉圭擁有查科地區北部，同時也引起各種問題。另外，玻利維亞因戰爭失去通往太平洋的出口，為了利用巴拉圭河，經由拉布拉他河航向大西洋，因此開始入侵這個地區。同時，由於該地也有油田，周邊各國的對立也變得更加激烈。

一九二八年開始的戰爭，雖然曾經暫時休戰，但整體持續了三十五年之久，據說其間有十萬人喪失性命。一九三八年，雙方簽訂和平協定，巴拉圭主張的領土幾乎完全保留。這場戰爭對兩國帶來極大的影響，同時也延長雙方政情不安的時間。

另外，玻利維亞與巴西在**阿克雷地區**也發生衝突。這個地區幾乎都是叢林，一八六七年，巴西與玻利維亞之間簽訂國界條約，決定當地屬於玻利維亞所有。但是，當地的橡膠採集業者群起

反抗玻利維亞，發動了數次叛亂之後，巴西派出軍隊進駐，隨著人口增加到一定數量，巴西宣布阿克雷歸本國所有。經過雙方再次交涉，最後由巴西出資購買該地區。

蓋亞那 VS 委內瑞拉

蓋亞那、蘇利南和法屬圭亞那，過去合稱為圭亞那三國。圭亞那在原住民的語言代表「潮濕之地或水源豐沛之地」的意思。

這個地區歷經荷蘭、英國與法國相互爭搶，最後在拿破崙戰爭結束後，分割成三塊。英國占領了蓋亞那，荷蘭取得蘇利南，後來這兩個地方都各自獨立建國，只有法屬圭亞那，仍舊持續殖民地的狀態。

同時，這三個國家之間，到現在仍為了國界問題而爭執不休。接下來，讓我說明一下蓋亞那，和西方鄰國委內瑞拉的關係。

一八九九年，蓋亞那與委內瑞拉劃定國界，委內瑞拉雖不滿意結果，但是又害怕與英國交戰，因此一直隱忍著沒有讓問題擴大。**一九六六年，蓋亞那脫離英國統治，完成獨立之際，委內瑞拉人便入侵蓋亞那**，之後更派遣軍隊進駐。一九八二年，雙方協調結果，認定爭議地區屬蓋亞那領地，但委內瑞拉並未因此放棄占領該地的野心。

在這段紛爭的期間，蓋亞那地區的民族主義開始形成。同時，該地區又發現金礦與鋁土礦，以致於巴西、蘇利南和法屬圭亞那因此產生對立。

第19章

The War of Pacific Ocean

太平洋上的紛爭

帝國主義時代——列強統治的領域直達地球另一邊

太平洋另一端的「南海」，局勢一直很不穩定。中國主張擁有這片海域的管轄權，但是從地圖上來看，這片海域如果是中國的領土，就像一條伸出的舌頭般不自然。若說這裡的管轄權真的隸屬於中國，我想各位應該會覺得心存疑惑。回顧歷史，距今一百五十年前左右的帝國主義時代，列強在太平洋上也是採取這樣強硬的手段來擴張版圖。再看看現在中國的作為，過去帝國主義的列強各國，心裡應該會感到十分複雜吧。

帝國主義時代，有一名軍人兼學者提倡「海權」的重要性。這個人就是《海權對歷史的影響》（The Influence of Sea Power Upon History）的作者馬漢（Alfred Thayer Mahan），這本書記載古代羅馬布匿克戰爭到美國獨立戰爭，並從中分析「海權」對戰爭有什麼影響。距今一百五十年前的軍事技術和國際關係，無法單純和現代的情況相比較。但是，在經濟活動方面，「海洋」所扮演的角色，與一百五十年前相比，卻有著重大的意義，軍事技術與戰術，也能夠與新時代相對應。

現在，中國如此強硬的態度，並不僅展現於爭奪南海周邊權益，甚至可以說整個「太平洋世界」各國都深受影響。這一章的主題，圍繞著太平洋海域各國的歷史。讓我們一起來探討，有別於在陸上擴張霸權的國家，這些掌握海權的列強，發展至今的過程。

玻里尼西亞、美拉尼西亞和密克羅西亞的差異

太平洋群島以及住民，大致上可以依住民的分布，分成三個區域。這裡暫且不說明詳情，只是先確認地區和範圍。

首先介紹**玻里尼西亞**，這個名稱的意思是「許多島嶼」，位於這些島嶼最北方的夏威夷，是美國第五十個州，素有南國樂園之稱。夏威夷的西側是澳洲大陸東方的紐西蘭，東側則是智利的領地復活節島，這座島上擁有著名的摩艾像，這三個島嶼構成一個三角形（玻里尼西亞文化圈），範圍內的各島嶼就是玻里尼西亞。其中較有名的島嶼是大溪地、薩摩亞和東加，但厄瓜多屬加拉巴哥群島並不包括在內。

這個地區曾經是法國、德國和美國等列強的殖民地。法屬大溪地島的西南方有一處穆魯羅阿環礁，曾是用來測試核爆的實驗場所。

美拉尼西亞位於赤道以南，東經一百八十度西方的群島，希臘語的意思是「黑色群島」，因為島上住民的膚色偏黑而得其名。

該處有巴布亞．新幾內亞、斐濟群島，以及萬那杜等國家，過去因為澳大利亞和紐西蘭成為英國殖民地，因此，這片海域諸島嶼也大多是英國殖民地。

最後是**密克羅西亞**，這個地名是「小巧的群島」的意思。此處位於赤道以北，東經一百八十度與一百三十度之間的群島，不包括日本的沖之鳥島。美屬關島和塞班島包含在其中，但該海域大多為德國殖民地，第一次世界大戰結束之後，日本開始進入這個地區。

大航海時代的探險舞台——太平洋

「太平洋」的英語是「the Pacific Ocean」，意思就是「和平之海」。世界上第一位發現太平洋的歐洲人，是西班牙的征服者巴波亞，接著抵達這片海域的人是麥哲倫，由於拜天候穩定所賜，他順利抵達菲律賓。為了感謝上天的眷顧，他將這片海洋命名為「和平之海」。但是，諷刺的是這片海域在日後，卻成為許多戰役的舞台。

太平洋群島的原住民有玻里尼西亞人和美拉尼西亞人，麥哲倫在十六至十七世紀首次航行至此，其後多位探險家也來到太平洋。十八世紀，英國人庫克船長展開三次航海大探險，往北渡過白令海峽抵達北極海，往南到達南極海，就此揭開太平洋的全貌。在這幾次航行中，他也曾通過日本近海，而日本在十九世紀，才在美國的壓力下，結束鎖國政策。

接下來是題外話，發現夏威夷的人也是庫克。當初他以贊助的貴族為名，將這些群島命名為三明治群島，後來庫克遭到當地原住民殺害。後面章節我們會提到發表占領澳洲宣言的人，正是庫克船長。

十九世紀中期，美國戰勝墨西哥，領土擴張至北美大陸西海岸，不久後便開始計畫航向太平洋。當時美國使用鯨魚油做為燈油，大西洋的鯨魚幾乎捕盡，因此轉向太平洋捕鯨，同時也在此時登陸夏威夷。如同加勒比海地區一樣，美國人也著手開墾夏威夷，做為種植甘蔗的田園。

帝國主義時代，太平洋成為列強割據的地區，美國先是占領夏威夷西北方的中途島，再利用地緣關係併吞了夏威夷。同一年，一八九八年，美國支持古巴獨立，與西班牙開戰，勝利之後也取得（購買）菲律賓和關島。

但是，這個時代在太平洋海域的居民，也有人一心追求和平。最著名的人士就是在法屬大溪地進行創作的高更。在他晚年時期，面對原本和平的海洋殖民地原住民，遭到法國官吏殘暴對待，忿而加入反抗運動，最後不幸喪命。

日本人與太平洋的關係，最初是在十七世紀初，支倉常長受命於伊達政宗，搭乘西班牙籍船隻，橫渡太平洋，並且造訪羅馬。十九世紀初期，美國船隻救了約翰萬次郎，他在美國生活一段時間後回到日本，向當時已邁入晚期的江戶幕府報告海外情勢。

另外還有大黑屋光太夫漂流至俄羅斯等事蹟，但當時日本基本上與海外斷絕交涉，因此，日本與太平洋可以說是完全沒有關聯。然而，這個時期的歐洲人已經開始探索太平洋，漸漸揭開這片海域的全貌。

大戰中，太平洋群島曾經全都屬於日本的領土！

第一次世界大戰中，德軍補給陷入壓倒性不利的狀況，最後嘗到悲慘的敗北。在中國青島要塞一役也敗給日本，許多俘虜被帶到日本。

另一方面，德軍在太平洋海域上，將德屬群島配置的德軍船艦集結起來，攻擊玻里尼西亞地區的法屬島嶼，同時橫渡太平洋，在南美智利近海的戰役中，打敗英

太平洋群島

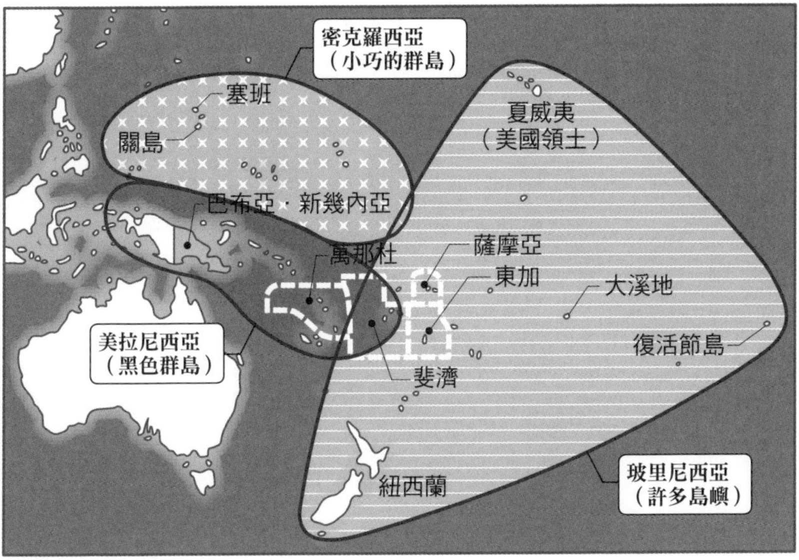

國艦隊。但是，德軍艦隊在太平洋上，其實處於相當不利的情況。當德軍艦隊打算回國，繞過南美合恩角進入大西洋時，在福克蘭外海發生海戰，敗給了英軍艦隊。

之後，日本成為戰勝國，承接了德國在太平洋上的領地。但是，在世界經濟大恐慌之後，針對日本在中國擴張勢力的各項政策，美國以及其他各國發布對日經濟封鎖，因此日本轉向統治東南亞，企圖藉此打開一條活路。日本與美國的海戰至此已是一觸即發，一九四一年，日本派出擇捉島單冠灣的聯合艦隊，在十二月八日襲擊珍珠港，日、美正式開戰。之後，日本又在馬來外海海戰中擊敗英軍艦隊，在二戰初期，全國民心大受鼓舞。

太平洋海域的列強勢力

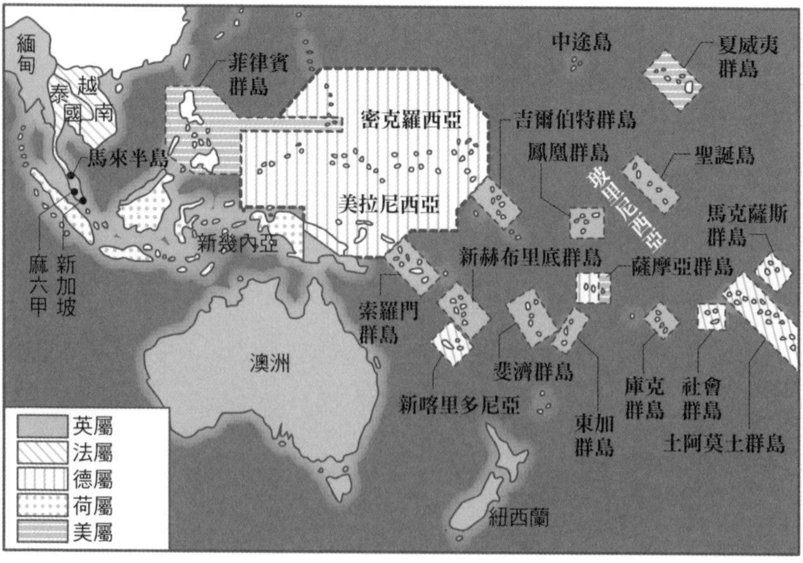

但是，很快地在一九四二年，中途島海戰中，日本敗北後，戰況急轉直下。日本為了截斷美國與澳大利亞的海上交通線，將戰線擴大至美拉尼西亞。此舉開啟日本與澳大利亞的戰端，到了一九四二年後半期，美國、英國、荷蘭與澳大利亞組成的同盟國，漸漸逼退日軍。

之後，美國占領塞班島，擁有這個中繼點之後，美軍便可以直接空襲日本本土。一九四五年，美軍在廣島與長崎投下原子彈，日本於八月十五日投降。**戰敗後的日本，理所當然放棄東南亞各占領地區，也包括太平洋上所有領土。**

現代的太平洋

第二次世界大戰，美國擊退日本。戰後，美國在太平洋握有極大影響力。然而，壓倒性的權力隨即遭受打擊，美國在越戰中落敗。此後，蘇聯在這個地區的影響力逐漸擴張，中國的實力也愈來愈強大。另外，**二戰結束後有一段時間，各國在太平洋上各島嶼實行核爆試驗**，也引起島上居民對先進國家的不信任。

在太平洋各島嶼還未形成獨立國家的時期，握有該地區統治權的先進國家，組成了南太平洋委員會（現為太平洋共同體），調整該海域的勢力範圍。但隨著各島嶼獨立建國的「國家」愈來愈多，對於法國的核爆試驗提出嚴正抗議，同時也對南太平洋委員會的管理表達不滿，主張該海域的島嶼應該擁有自主權，最後終於得以建立南太平洋論壇（現為太平洋島國論壇）。

初期，參與的各國間互不信任，因此該論壇難以步上軌道，隨著澳大利亞和紐西蘭加入，整個組織才擁有具體的約束力。其中一個例子，就是一九八五年協議簽署「南太平洋非核區條約」。但即使如此，太平洋各地區整體性的問題，仍舊並未獲得解決。

以下舉出幾個國家及地區，從歷史的角度切入，思考太平洋地區諸多問題的其中一個面相。

大英國協成員巴布亞・新幾內亞面臨的問題

巴布亞・新幾內亞，出乎意料是一個君主立憲國家，身為**大英國協的會員國**，巴布亞・新幾內亞和其他許多相同成員國一樣，承認英國女王為本國君主。這個島的名稱由來，是過去到此探險的西班牙人，發現該地住民的身體特徵，和非洲幾內亞灣地區的住民相似，因此將此地命名為「新幾內亞」。

帝國主義時代，該島嶼分割成三個部分，西半部為荷蘭（現為印度尼西亞領土）統治，東北部是德國領地，東南部則屬於英國。二十世紀初，東南部的英屬巴布亞成為澳大利亞領地，第一次世界大戰之後，東北部德屬巴布亞，也成為澳大利亞的委任統治領地。第二次世界大戰之後，委任統治改為信託統治，上述分割成三塊的巴布亞，整合成澳大利亞屬巴布亞，在一九七五年宣布獨立。

然而，位於新幾內亞島東部的布干維島，從地理位置及文化方面來說，都屬於索羅門群島的一部分。索羅門群島南部原為英屬領地，一九七八年宣布獨立，但北部為德屬領地，戰後交由澳大利亞委任統治及信託統治，巴布亞．新幾內亞合而為一，在一九七五年獨立建國。因此，巴布亞．新幾內亞在獨立時，**布干維島也積極展開分離運動**。布干維島擁有世界上少數盛產銅礦的礦山，各國當然不願意輕易令其獨立。

關於巴布亞．新幾內亞，還有一個殖民地時代的問題點，值得提出來探討。過去，該地區的新赫布里底群島，現在是**萬那杜共和國**。

這裡在二十世紀初期，經過英國與法國協議，由兩國共同管理。因此，該地區又劃分為實行法語教育，以及實行英語教育的區域，**實際上的情況應該是兩國分治**。一九七〇年代，當地英語圈各島嶼群起發動獨立運動，最後也成功宣布獨立，但是法語圈的桑托島表示反對，並且發動叛亂。

這場叛亂後來遭到巴布亞．新幾內亞的軍隊鎮壓，最後在一九八〇年，當地才成立萬那杜共和國。國內英、法語圈兩股勢力，最後妥協分別由兩個語言圈選出總統與總理大臣。一九八〇年代，該國總理大臣傾向親近蘇聯，並與其締結漁業協定，此舉不僅引起萬那杜國民的危機意識，更讓周邊各島嶼提高警覺。最後，國內政局更加混亂，一直到現在還未安定下來。

接下來的話題完全是題外話，據說高空彈跳的起源，是這座島上的成年儀式，這一點可以看出文化的蔓延，是一種值得深入探討的現象。

英國的流刑殖民地——澳大利亞的歷史

太平洋海域有一些國家，合稱為「大洋洲」，其中面積最大的國家就是澳大利亞。綜觀這個國家的成立過程與歷史事件，可以導出許多問題，幾乎就等於一部世界史。

首先是一七七〇年，庫克宣布占領澳大利亞，經過十三年，到了一七八三年，美國脫離英國統治，宣布獨立。之後又過了五年，一七八八年，**失去新大陸殖民地的英國，在澳大利亞建設了一個流刑殖民地。**

所謂流刑殖民地，意思就是將罪犯送至遙遠的殖民地，當時世界各國都經常實施這樣的刑罰。俄羅斯就在西伯利亞蓋了一座著名的監獄，另外，法國也將許多提倡社會主義的國民，流放到新喀里多尼亞。

英國也不例外，對罪犯採取流放刑罰。但是當時英國的刑責十分嚴苛，偷竊一條手帕，就必須服七年流刑。看到這裡，應該有些讀者會想起《悲慘世界》裡的尚．萬強，只是偷了一個麵包就必須入監服刑。英國原本將清教徒送至美國東海岸，後來連處以流刑的囚犯也遣送到該處。隨著美國獨立，英國必須再找一個新的地點流放罪犯。

美國開始「淘金熱」的時候，許多夢想著瞬間致富的澳大利亞人前往當地。澳國政府為了防止人口外流，也開始探勘國內的金礦，到了十九世紀中葉，澳大利亞國內也發起一股淘金熱。

雖然因此增加國內人口，同時也引進大量中國人做為礦山勞動力，再加上甘蔗種植業也有人力需求，太平洋其他島嶼的勞動人口也紛紛前往澳大利亞，引起澳國本國勞動者極為不滿，政府因而開始限縮引進勞動人口。這樣的情況稱為**白澳政策**，一直持續到第二次世界大戰結束後的一九七〇年代為止。現在澳大利亞是個多民族、多文化主義的國家，但仍舊不時有打著排擠有色人種旗幟的政黨出現，引發不少問題。

澳大利亞的外交，一直到二十世紀仍然十分依賴本國英國的支持。第一次世界大戰時，也派遣許多年輕人到前線。

然而，到了第二次世界大戰時，澳大利亞與英國的關係，開始有了極大的轉變。英國的亞洲艦隊敗給了日本，澳大利亞本身也受到日本軍攻擊。原本集中關注英國及歐洲戰線的澳大利亞，不得不轉向投入亞洲戰場，當美國設置在菲律賓馬尼拉的司令總部失守後，澳大利亞提供墨爾本地區安置美軍。

二戰結束，澳大利亞的外交基本方針，從原本仰賴英國轉為重視與美國的關係，同時與日本的貿易量也逐漸增加。另外，馬來西亞與新加坡等，原本是英國殖民地的國家，也和澳大利亞重新恢復交流。

Column 12

海洋領域的紛爭

人類與大海的關係非常密切，各位應該都還記得世界史最初的課程，曾經提到希臘與波斯發生「薩拉米斯海戰」。這場戰爭中，波斯艦隊兵力大多是腓尼基人，而且貢獻非常重大。希臘人和腓尼基人，原本就為了地中海的貿易而有衝突。腓尼基人以迦太基為據點，勉強倖存下去，其後又在布匿克戰爭中與羅馬展開對戰。

接著提到羅馬人，他們曾經創造一個統治全地中海的龐大帝國。羅馬人一向將大海當做萬民之本，因而將擴張領海當成維持國家生計的基本要件。這項傳統一直維持到中世紀，直到大航海時代，西班牙和葡萄牙率先拓展海上霸權，之後簽訂托德西拉斯條約，將全世界的海洋劃分出勢力範圍。針對此舉，十七世紀時期，荷蘭出身的法律學者格勞秀士執筆寫下《海洋自由論》，藉以批判西、葡兩國獨占海洋的行為。

其後，歐洲各國開始致力於航海事業，其中以英國的發展最為顯著，他們向荷蘭學習海洋經濟貿易實務，以東印度公司為中心，向全世界擴張勢力。英國在發展航海事業初期，利用「私掠船」維持經濟利益，而且這些船隻都是得到國家授權的海盜船。除了英國以外，各國在大西洋海域也開始發展黑人奴隸貿易，綜合以上時空背景，十九世紀後半，英國實現了「大英盛世」。同一時期，美國剛獨立建國，國內一名軍人兼學者，名為阿爾弗雷德．馬漢，寫下《海權對歷史的影響》一書，說明不管在軍事面或經濟面，海洋都扮演著十分重要的角色。

十八至十九世紀，人們創造出「領海」與「公海」的概念。領海意指某一個國家擁有監督權的海域，然而領海距離的認定，牽涉到各國之間的利害，因而引發衝突，直至第二次世界大戰結束都沒有達成共識。另外，對於領海的解釋，也有一些新的主張產生，例如：「臨接海域」這項概念，認為有時候領海主權必須延伸至公海，目的在於監督海上的衛生（海洋汙染或疾病）與關稅（走私等），又或者是「經濟海域」，用以劃定關於海中資源的所有權。

雖然二十世紀已是發展航空的時代，但近年來中國明顯展現出對海洋領域的野心，由此可知，海洋並未失去原有的重要性。現今這個時代，我們應該以歷史為鑑，避免讓海洋再度成為戰場。

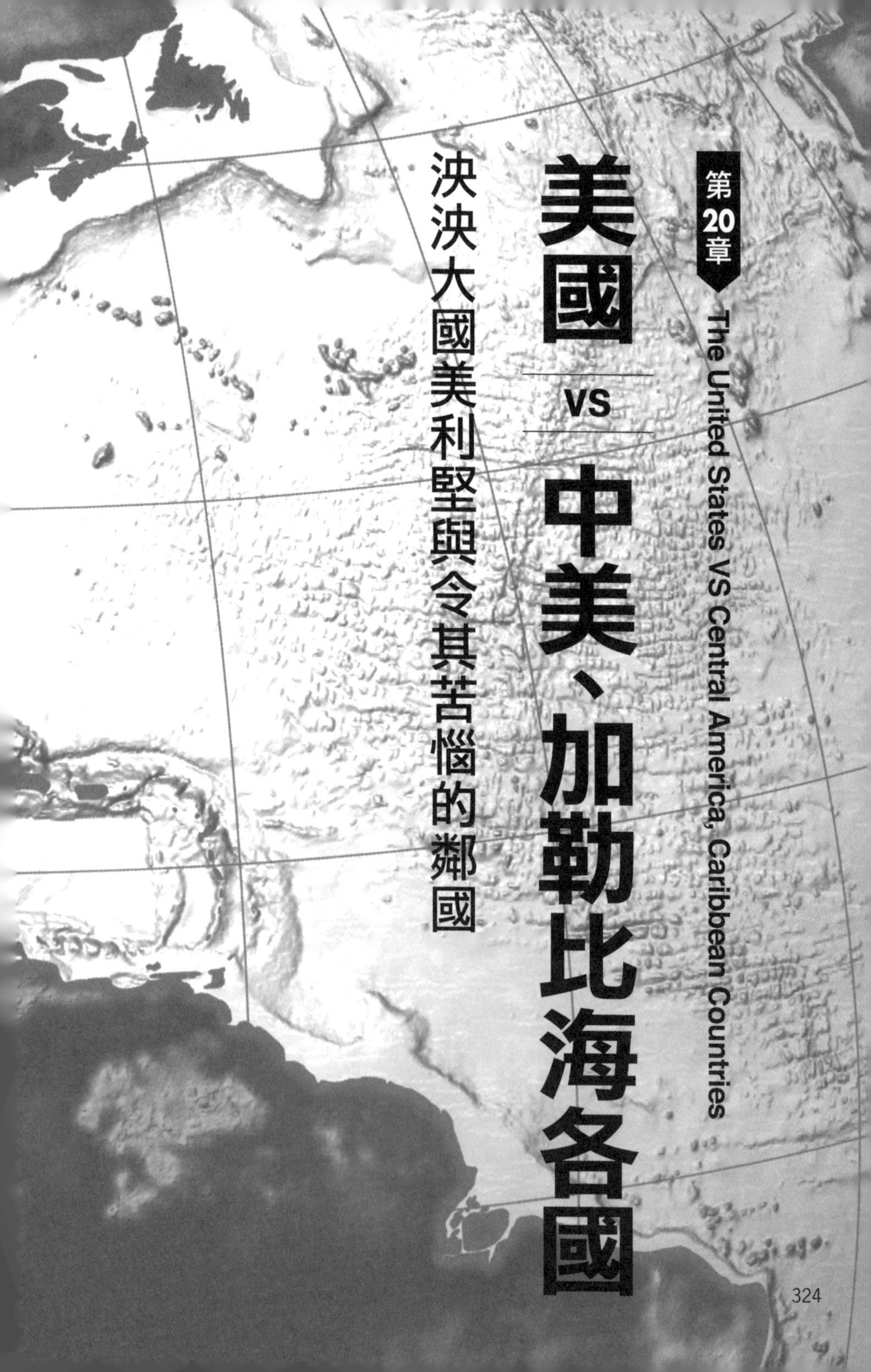

第20章

The United States VS Central America, Caribbean Countries

美國 vs 中美、加勒比海各國

泱泱大國美利堅與令其苦惱的鄰國

二〇一五年七月二十日，**美國與古巴在睽違五十四年後，再次恢復邦交**。二〇一四年底左右，新聞就開始報導，兩國的交流漸趨正常，這一則消息在當時就引起極大震撼。

一九五九年，古巴發生革命，國內親美政權垮台，兩國也因而斷絕邦交。三年後，一九六二年，美國發現古巴接受蘇聯援助，開始建設飛彈基地，當時美國總統甘迺迪要求蘇聯總統撤回對古巴的援助，並且針對蘇聯船隻進行嚴密的海上封鎖，藉以施加壓力。這件事情幾乎引發第三次世界大戰，後來蘇聯讓步才解除危機，這就是撼動全世界的**「古巴飛彈危機」**事件。

其後，古巴與美國斷絕一切往來，在國內推動社會主義體制。同時接受蘇聯的經濟援助，維持政權體制。然而，在蘇聯解體之後，古巴也失去原有的援助，到了二十世紀末，國內經濟狀況陷入極度困頓的窘境。另一方面，古巴出身的棒球選手在美國大聯盟，表現十分出色，因此，即使兩國處於對立衝突的關係，卻也有著難以切割的情感。

就地理位置來看，加勒比海沿岸各國與美國距離十分接近，同時歷經過殖民統治和冷戰時期的緊張氣氛影響，各國間的關係並不和諧。這一章的主題，就是這些國家形成對立的歷史。

殖民時代的加勒比海地區

一四九二年，哥倫布抵達加勒比海地區。西班牙隨即展開經營新大陸的行動，但我們經常聽到的話題，大都圍繞著西班牙消滅阿茲特克文明和印加帝國，以及使用高壓手段逼迫印第安人屈服。加勒比海域和美洲大陸並無太大區別，一直都被迫面臨悲慘的考驗。這一章的主要舞台，就是美利堅合眾國與加勒比海各國，加上墨西哥等美洲中部六個國家。這個地區在殖民時代，合稱為新格拉納達總督管轄區。

西班牙人跟隨著哥倫布腳步，進入這個地區，最初打算在當地經營礦山。但因為成果並不顯著，隨後便改為發展**甘蔗種植產業，藉以生產砂糖**。當時，勞動條件有多惡劣，應該不需要我再贅述，再加上統治者從舊大陸帶來黑死病及流感，讓當地印第安原住民苦不堪言，情況嚴重到加勒比海各島嶼當中，有些原住民因此滅絕。

隨著印第安人數量愈來愈少，西班牙人為了補足美洲大陸所需的勞動力，於是將腦筋動到非洲的黑人身上。十七世紀到十九世紀初期，約有六千萬名黑人（近年人數修正為一千五百萬人，但實際數量仍舊難以估算），強制被帶到美洲當做奴隸。當時，英國藉由奴隸交易，獲得龐大的利益。

西班牙持續在加勒比海各島嶼開發殖民地，**眾所皆知，十七世紀，這片海域有「海盜」猖獗肆虐**。只要西班牙船隻裝載金銀珠寶，以及新大陸生產的貨物出航，經常會遭遇英國與法國的海盜襲擊。其中特別是英國的「私掠船」，是國家授權的海盜，更是肆無忌憚攻擊西班牙貨船。

到了十七至十八世紀，歐洲舊大陸發生的戰事也波及到新大陸。英國與法國之間的「殖民地戰爭」，也將西班牙捲入其中，兩國爭相搶奪海地和牙買加的領地。

前面的章節提過「新大陸」陸地方面的歷史，而海域及島嶼的情況也相去

美洲中部及加勒比海沿岸各國

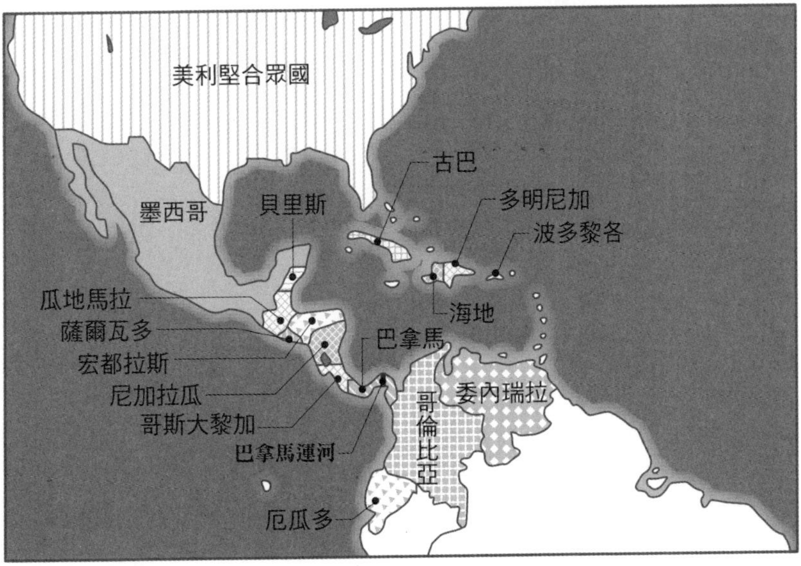

不遠。西班牙本國派遣總督，擔任殖民地最高指揮官，任命半島人出任官員，掌握當地的統治權。然而，在持續發展經濟活動的同時，這個地區出生的克里奧人（土生白人），開始握有經濟與軍事實力，發言的影響力也隨之提高。其中有些人遠渡法國，接受啟蒙主義思想的薰陶。

當舊大陸發生法國大革命，緊接著拿破崙入侵西班牙本國，同時也對美洲殖民地引發極大影響，進而形成各國群起獨立的原因。此時，最早實現獨立建國的國家，**是法國領土海地**。帶領海地獨立的領袖，是名為杜桑．盧維杜爾的黑人，他是一位才能出眾的軍人，過去深受啟蒙運動洗禮。一八〇四年，在他的領導下，海地成功宣布獨立。杜桑在獨立前夕遭到逮捕，遣送到法國之後在獄中過世。海地是**史上第一個成立的黑人共和國**。

此時，加勒比海域的古巴與波多黎各都是西班牙領土，十九世紀前半，幾乎所有地區都完成獨立。但是，即使獨立建國，各地的局勢並沒有多大的變化。半島人確實失去統治權，但統治者的角色，只是換成了因既得利益而主張保守的地主，和軍人聯手掌握政權，在這樣的情況下，自然難以期望社會體制的改變。即使在法國大革命當中，貴族與神職人員徹底遭受批判，但是在原本的殖民地區仍然握有極大的權力。

美國對美洲中部實施金元與巨棒並行的外交政策

美國獨立之後，發表門羅主義，藉以牽制舊大陸對新大陸的干涉，但美國本身卻積極向西方拓展勢力。這項政策主要成因，是美國與墨西哥之間發生美墨戰爭（一八四六到四八年）。戰爭的結果，讓美國獲得加利福尼亞州，**成為同時鄰接太平洋和大西洋的國家**。

緊接著，歷經南北戰爭（一八六一到六五年）之後，北方產業資本主義掌握經濟大權，美國政府更將矛頭指向新目標，就是拉丁美洲。拉丁美洲各國主要是發展農業種植，而美國就是這些穀物（糧食）的主要輸出國，因此，美國希望能夠加強與拉丁美洲的關係。十九世紀後半，美國在這個地區的農場投注龐大資本，讓雙方的關係更加密切。

十九世紀後半，原本屬於西班牙殖民地的古巴，民族主義意識逐漸抬頭，開始策劃獨立運動。美國站在支持古巴的立場，與西班牙開戰，隨著古巴獨立的同時，美國在古巴憲法中增訂一條「普拉特修正案」（承認美國有權干涉古巴內政），**實質上古巴就成為了美國的從屬國**。另外，在同一個時期，美國也取得位於太平洋另一側的菲律賓與關島。

美國在南北戰爭後，開通了一條橫貫大陸的鐵路。但是，即使利用鐵路運輸，可以比船舶節省許多時間，但是船運在運費和其他方面還是占有優勢，因此，美國體認到必須開發一條連接大西洋和太平洋的運河，**巴拿馬運河**建設計畫就此展開。過去，成功開鑿蘇伊士運河的雷賽布，也曾經挑戰建設巴拿馬運河，但後來因為天候條件惡劣而放棄。直到二十世紀，美國再次啟動這個開發計畫，此時，哥倫比亞反對美國這項開發案，強迫促使巴拿馬獨立，並簽訂運河條約。之後又歷經十年，直至一九一三年，巴拿馬運河才完成建設（一九一四年開通啟用）。

以上就是美國利用投注資本的手段，從經濟面展開入侵的「金元外交」，在不得不使用武力的時候，則施展「巨棒外交」政策。二戰期間，美國總統富蘭克林・羅斯福以友好的姿態，實施「睦鄰外交」，藉此讓美國繼續介入美洲中部各國政局。對美國而言，與拉丁美洲的關係十分重要，特別是加勒比海就像是美國的內海，因此，美國一直希望能夠加強彼此的經濟關係，卻沒想到拉丁美洲竟然會出現反美政權。

「從屬國」變成「敵國」——美國與古巴的關係

古巴在「獨立」之後，政局仍舊持續動盪不安的狀態，一九四〇年代以來，巴蒂斯塔擔任古巴總統，雖然並未實施強權統治，但也為國內帶來安定的政局。然而，長久以來依賴美國資本，**古巴實質上就等於是美國的殖民地**。過去因武裝起義被捕的**卡斯楚**，獲得巴蒂斯塔特赦後，和**切**・

格瓦拉聯手發動古巴革命。革命的過程充滿苦難，但是獲得農民普遍支持，後來在一九五九年，革命軍勢力終於成功打倒巴蒂斯塔政權。但是，此時卡斯楚才正要面臨新的試煉。

對於古巴革命帶來的轉變，美國當然施加各種壓力。其中最有名的事件是，甘迺迪就任總統後，策動流亡至美國的反古巴革命軍攻打豬玀灣。但是，這場行動慘遭失敗，美國為此顏面盡失。其後，美國對古巴展開經濟制裁，而蘇聯乘機加強對古巴的援助，一九六二年，甚至在古巴設置飛彈基地，引起著名的**「古巴飛彈危機」**。

一連串的衝突，倘若引發第三次世界大戰，恐怕將帶來一場核子戰爭。在甘迺迪強硬的施壓下，赫魯雪夫雖然答應撤除飛彈基地，避免造成更大的危機，但此時美國與古巴的關係已經完全斷絕。甘迺迪為了避免遭受古巴革命的波及，提倡「爭取進步聯盟」，藉以推動拉丁美洲世界的民主化與經濟發展。但是，繼任的美國總統無心跟進，最後這項政策只執行到一半就告終。

另一方面，古巴在卡斯楚領導下，推展農業集團化等多項社會主義政策。許多醫師或資本家因而逃亡到美國，對古巴的經濟造成很大的打擊，只能依靠蘇聯援助，度過這場危機。

緊接著，古巴以第三世界的領頭羊角色，派遣軍事顧問團，到世界各地支援革命勢力，其中以非洲安哥拉解放運動時，古巴派兵支援一事最為著名。然而，一九八九年到九一年之間，**冷戰結束與蘇聯瓦解，對古巴帶來極大的衝擊。**

失去蘇聯援助，對古巴的經濟情況影響甚鉅。離開古巴，渡過海峽來到佛羅里達半島的難民人數增加。古巴國內承認美元是法定貨幣，因此，持有美元與未持有的人之間，產生一種奇妙的對立。在共產黨一黨獨大的體制下，土地私有與信仰自由也逐漸開放，社會主義體制的「平等」也漸趨瓦解。

另一方面，美國開始對古巴祭出懷柔政策，首先解除部分經濟制裁，並且開放美國人前往古巴。透過放寬限制，兩國在二〇一五年，睽違五十四年，又再度恢復邦交。

史上第一個黑人共和國——海地，實施「解放神學」

接下來，我們談談海地這個國家。海地所在的島嶼，西班牙語稱為伊斯帕尼奧拉島，法語稱為聖多明哥島。哥倫布第一次航海時，「發現」這個島嶼時，就命名為伊斯帕尼奧拉島。十七世紀末，這座島的西半部遭法國占領，改名為聖多明哥島。

一八〇四年，海地在杜桑．盧維杜爾（杜桑本人在一八〇三年，已死於法國獄中）領導下，**成為史上第一個獨立的黑人共和國**。然而，海地內部仍是各大勢力割據，整個國家還是呈現分裂的狀態。再者，拉丁美洲各國仍舊不承認海地是一個獨立國家，法國也向海地求償，做為承認其獨立地位的代價，這一切都讓海地面臨困境。

十九世紀後半，海地以蔗田產業為中心，建立經濟基礎，但此時德國已經開始計畫侵入此地。美國一向將加勒比海視為本國的內海，因此在一九一五年，派遣海軍占領海地。這個時期，多數海地人逃亡古巴，或是鄰國多明尼加。美國占領海地的期間，整頓當地的政治機構，並執行軍事訓練，其後，富蘭克林．羅斯福總統實施「睦鄰外交」，美國海軍也在一九三四年撤出。

第二次世界大戰後，海地的局勢依舊不穩。在一片混亂中，一九五七年，掌握實權的杜瓦利埃，利用軍隊及祕密警察，實施近乎恐怖政治的獨裁統治。杜瓦利埃過世後，他的兒子繼承政權，直到一九八六年，海地都處於政治黑暗時期。

一九八七年，阿里斯蒂德透過民主選舉，成為海地總統。他所推動的**「解放神學」**（鼓勵神職人員積極投入社會改革的運動），受到拉丁美洲各國支持。一九九一年，阿里斯蒂德正式就任，成為海地總統，但因為反對勢力發動軍事政變而失勢，一九九四年再度復位，卻又遭到推翻。他的政治生涯，可以說是一波三折。

以上描述的情況，正是拉丁美洲各國的真實狀況。另外，阿里斯蒂德推動的解放神學，在各地區都有支持者加以實踐。

薩爾瓦多VS宏都拉斯——導致出動軍隊的足球比賽

連接美洲大陸南北的狹窄地帶，現今共有七個國家存在。包括脫離哥倫比亞獨立建國的**巴拿馬**（正確來說，是因美方介入而獨立），還有從英國統治下獨立的**貝里斯**（過去稱為英屬宏都拉斯），其他幾個國家在一八二一年獨立後分裂成**瓜地馬拉**、**薩爾瓦多**、**宏都拉斯**、**尼加拉瓜和哥斯大黎加**。最後這五國，過去在獨立初期，曾是中美洲聯邦共和國，後來因為高地酋之間的對立，在一八三七年決定分裂。

這些國家之間，彼此都有各種不同的問題，這裡讓我來介紹**發生在宏都拉斯與薩爾瓦多之間的衝突，別名為「足球戰爭」**。戰爭的開端正是一場足球比賽，而整場戰役歷時六天（也有人稱為一百小時戰爭）。這場戰爭相當令人匪夷所思，背後的原因並不僅限於宏都拉斯和薩爾瓦多，透過這場戰爭，可以窺見各國之間的問題。

薩爾瓦多是中美洲面積最小，但人口最多的國家，工業發達，咖啡種植產業也十分興盛。但是，政府推動擴大咖啡農田的政策，導致許多農民失去土地，憤而移居到鄰國宏都拉斯，在那邊重新落地生根。另一方面，宏都拉斯過去採取開放移居政策，同時也推動國內大規模農業的合理化，但如此一來，移居者的存在就成為一個問題。

另外，拒絕聯邦制而分離獨立的中美洲五國，為了經濟發展必須互相合作，因而組成中美洲共同市場（瓜地馬拉、薩爾瓦多、宏都拉斯、尼加拉瓜和哥斯大黎加）。然而，組織內部發生經濟差別待遇，使得工業化發展較晚的宏都拉斯大為不滿。

另一點是國界的問題，這個地區大多以河川做為國界，但是雨季與旱季時，河川的流向不相同。薩爾瓦多與宏都拉斯之間的國界變化更是顯著，致使雙方經常發生衝突。

在這樣的情勢中，宏都拉斯政府決定將居住於國界模糊地帶的薩爾瓦多人驅逐出境。正好此時是世界盃足球賽的資格賽，兩國最後演變成出動軍隊的戰爭。

這場戰爭最後是薩爾瓦多獲勝，但是從宏都拉斯回國的薩爾瓦多人，不只造成國內經濟混亂，對政治也形成左右派勢力的對立，從此薩爾瓦多的經濟陷入不安定的局面。

另一方面，宏都拉斯因為這場戰爭，民族主義意識開始抬頭，從此與中美洲各國混亂劃清界線，國內局勢得以保持穩定。薩爾瓦多與宏都拉斯的對立，在其後又持續了十年，直到一九八〇年雙方的關係才有改善的徵兆。

美國重大醜聞——伊朗門事件

在拉丁美洲世界投入資本的美國企業，與當地政府勾結的事情不勝枚舉。剛才提到的古巴就是一例，另外在尼加拉瓜也發生過值得一提的特殊事件。

尼加拉瓜在獨立初期，因為獲得美國的支援，占有中美洲東海岸地區（該地稱為蚊子海岸，過去是英國保護區）。因此，尼加拉瓜與美國的關係非常密切，兩國也協議在該地區建設一條連接太平洋和大西洋的運河（最後並未實現）。

美國政府持續干涉尼加拉瓜的政局，直到一九三七年，美方支持的索摩查將軍成為尼加拉瓜總統。其後，索摩查家族便一直統治尼加拉瓜。一九七九年，尼加拉瓜出現反對美國干預的勢力，最具代表性的人物就是桑地諾將軍。

後來，桑地諾遭到索摩查將軍暗殺，索摩查家族採用更高壓的統治手段，尼加拉瓜的經濟也完全掌控在該家族手中。此舉導致國民對索摩查家族更加不滿，一九六一年，人們以桑地諾將軍為名，**組成桑地諾民族解放陣線**，一九七九年將索摩查家族驅逐出境，掌握尼加拉瓜的實權。然而，這個政權內部也充滿對立，並沒有為尼加拉瓜帶來穩定的局勢。

桑地諾政權與蘇聯、古巴關係密切，相對地，親美的反政府勢力組成**反抗軍**。這支反抗軍以宏都拉斯做為據點，與桑地諾政權持續展開內戰，到了九〇年代，經過雙方妥協，局面才漸趨穩定。

內戰期間，美國實施了一項政策，造成震驚世界的大醜聞。一九七九年，伊朗發生伊斯蘭革命，導致美國與伊朗斷交。此時，美國在黎巴嫩發動的作戰當中，有一些美軍遭到真主黨（伊斯蘭教什葉派分支，支持伊朗的教派）俘虜囚禁。為了解決這件事，美國開始與伊朗交涉，當時，兩伊正在作戰，伊朗處於劣勢，於是**要求美軍提供武器，做為釋放人質的條件。而美國又將販賣武器的部分獲利，用來協助尼加拉瓜反抗軍。**此時擔任與伊朗和尼加拉瓜反抗軍交涉的官員，正是日後成為總統的老布希，但真相至今尚未解密。

連接太平洋與大西洋的要衝——巴拿馬運河的紛爭

最後，我想和各位談談巴拿馬。先前已經提過，這個國家有一條運河——巴拿馬運河，貫穿國土，連接太平洋與大西洋。**巴拿馬運河的完工，對美國各方面都造成不小的影響。**

整個十九世紀，這個地區都是哥倫比亞的領地。最初提議建造這條運河的人，是完成蘇伊士運河的法國人雷賽布，因為這項功蹟，讓他當時在全世界的名望如日中天。然而，美洲大陸的自然環境與風土民情，與埃及大不相同，再加上美國與英國從中阻撓，最後他的建設計畫以失敗告終。

接下來，美國以金元外交和巨棒外交雙管齊下，在拉丁美洲世界毫不掩飾地推動帝國主義政策，同時也著手建設運河。一九〇三年，透過美國的介入，巴拿馬脫離哥倫比亞獨立，成為「獨立國家」（實際上是美國的從屬國），之後，與美國簽訂巴拿馬運河條約，一九一三年，運河終於建造完成。這條運河不只對經濟具有極高的重要性，在政治面也能發揮很大的作用。美國又以安全考量為由，認可軍隊在此地擁有自由行動的權力，**事實上，這條運河等於是由美國管理**。

巴拿馬國民對美國這種肆無忌憚的行動感到十分不滿，最後終於發起反抗暴動，但隨即遭到美方鎮壓。二戰結束，一九五六年，埃及總統納賽爾將蘇伊士運河收歸國有，這件事情使得巴拿馬國民大受刺激，國內反美意識也隨之高漲，**一九七七年，雙方簽訂新的運河條約，協議在一九九九年將運河及施政權歸還巴拿馬**，最後美國也依約實行。

激進的反美國家——委內瑞拉

這一節的主角是委內瑞拉，這個國家位於南美大陸，但是就地理位置來看，也屬於「加勒比海」沿岸國家。委內瑞拉面臨加勒比海，過去曾經出現一位總統名為查維斯（二〇一三年去世），他在位期間讓美國相當頭痛，對美國而言，這號人物或許比古巴總理卡斯楚更加棘手。

委內瑞拉原是大哥倫比亞共和國的成員，在一八二一年脫離西班牙獨立，國內分成聯邦派和集權派兩股勢力，其後，又分裂成哥倫比亞、厄瓜多和委內瑞拉。如同拉丁美洲其他國家一樣，委內瑞拉的政治和經濟也持續處於一片混亂。二十世紀，國內發現油田之後，原本貧窮的委內瑞拉，一舉成為富饒的國家。但是，政治情勢完全沒有改變，持續著獨裁政權與軍事政變的混亂狀態。石油資源帶來的龐大利益，並沒有回饋到委內瑞拉國民身上，社會中的不滿情緒愈來愈高漲。

在混亂的政局及國內人民不滿中，一九九九年，**查維斯**就任總統。他在上任初期就受到美方施壓，**因此對當時美國總統布希產生敵對意識**，後來與反美國家維持密切的關係，包括古巴、玻利維亞、尼加拉瓜、厄瓜多、中國、俄羅斯和伊朗等國，聯手徹底批判美國。查維斯十分尊敬西蒙·玻利瓦爾和卡斯楚，甚至將國名改為委內瑞拉·玻利瓦爾共和國。

但是，在查維斯的領導下，仍未有效解決委內瑞拉國內的貧困問題，二〇一三年他便因病過世。雖然查維斯傾力創造一個全新的社會主義國家，但是在他有生之年，這個理想並未能實現。

尾聲——透過美國，觀察歷史的波瀾

第二次世界大戰結束後，美國在全世界推動「全球化」政策，開創出前所未見的國際關係。冷戰時期，美國扮演著資本主義世界的守護神，參與韓戰和中南半島戰爭（包括越戰和介入柬埔寨內政），前幾年也介入干涉中東問題。當然，美國也加入北大西洋公約組織，對以蘇聯為首的東歐集團，造成相當程度的威嚇。

美國從獨立戰爭以來，建國歷經兩百年，從來未曾打過敗仗。但是，一九七五年，**在越戰當中，美國出乎意料地初次嘗到敗績**。美國投入這場戰爭長達十年，最後卻沒有獲得勝利。之後，美國最大的敵人蘇聯，彷彿重蹈美國的覆轍一般，在阿富汗的戰局中也陷入僵局，最後導致蘇聯解體。另一方面，在越南戰爭期間，中國展開文化大革命，國內一片混亂，這場鬥爭直到中共領導人毛澤東過世後，才平息下來，之後以「改革開放」為主軸，發展至今日成為強國之列。

戰後七十年來，國際關係已經產生極大的變化。然而，這段期間，就只有美國大規模派遣軍隊到世界各地。當然，不管是蘇聯、中國、英國，還是法國，也都曾經派遣軍隊到具有歷史淵源的地區，但是沒有任何一個國家，像美國一樣引起大規模的軍事作戰。不過，美國本身也知道，不能再採取像過去一樣的強硬作風，因此，幾次軍事行動，都以「盟軍」或「多國聯軍」的名義出兵。

伊斯蘭建國之後，開始擴大統治區域，伊拉克併吞科威特，俄羅斯併吞克里米亞半島，中國向南海擴張勢力，這些因為領土與國界而產生的對立，今後仍舊會持續下去。而不必我多言，每一場紛爭的背後，一定都存在著民族主義的影響。

即使如此，現代廣為流傳的「全球化」一詞，或許可以超越民族主義，或許消弭各民族間的差異，不再只是遙不可及的理想。每一天，歷史都寫下新的一頁，而今後將寫出什麼樣的篇章，希望能夠和各位讀者，帶著守護的心情，一同看下去。

後記

本書以「敵對國」為主題，講述鄰國之間，或是為了爭奪勢力的國家，產生領土問題及國界紛爭。

以下是我個人的經驗，因為談到土地，就讓我想起這件事情。當初我買了一棟建物包含土地的分讓住宅，丈量土地時，我到現場監督。我只買了三十坪土地，但是測量時卻精細到以公分做為單位，我向不動產業者詢問，為什麼要量到這麼細微。他們告訴我，即使只是三十坪的土地，如果是位於市中心的話，雖然報價時是以每坪的單價報價，但換算成一公分的差距，可能就是幾億日圓的價差。我這才深刻體會到，即使是個人私有土地，明確標示出土地所有權的範圍，也具有極重大的意義。

另外，對過去的農民而言，土地就是「財產」。我們在上歷史課的時候，經常聽到「掌權者徵收農民的土地，劃為公有」或是「經過這場戰爭，某個國家奪取了該地區」，這些看似輕描淡寫的描述，卻對當地農民造成劇烈的影響。土地被奪走的農民，等於失去家裡寶貴的財產，日後只能成為佃農，向他人租借土地來耕作，獲取微薄的收入來維生。當我發現自己站在講台上，把這些事情講授完之後，就好像事不關己一般，我變得討厭自己身為教師的一面。

撰寫這本書的目的，是希望各位能夠對國家等級的土地問題，也就是對領土能有更深入的認知。由於單憑一本書，沒辦法提及全世界所有的問題，因此我把重點擺在國界的形成過程，以及在每一片土地上發生的爭議，希望各位讀者能夠經常去思考這些問題。

人類開始記錄「歷史」，大約只有五千年（人類大約在七百至五百萬年前誕生於地球）。人類接受大地的恩惠直到現代，世界上約有兩百個左右的「民族國家」。從最初開始農耕生活，之後建立社會與國家，人類制定了各種秩序和規定，並且活在這些框架之下。每一個國家都為了保障國民能夠生活在和平的環境中，不惜與「敵國」開戰，並且發展軍事產業，國界地區總是充滿緊張的氣氛。

有時候我很想問問天神，當初是基於什麼理由，破壞了巴別塔，但我知道眾神不會告訴我答案。或許在遙遠的未來，我們必須靠自己的智慧，去解決因眾神這個決定所產生的諸多紛爭。這本書若是能夠幫助讀者，從歷史的教訓中，學習到一絲面對未來的睿智，身為作者的我，也將為此感到榮幸。

二〇一五年九月

關真興

世界史是打出來的！〔暢銷新版〕
看懂世界衝突的第一本書，從20組敵對國關係，了解全球區域紛爭，掌握國際脈動對我們的影響
ライバル国からよむ世界史

作　　者　關真興
譯　　者　李建銓
特約編輯　陳慧淑
審閱校訂　徐欣薰
封面設計　巫麗雪
內頁排版　簡至成
地圖插畫　郭晉昂
行銷企劃　林瑀
行銷統籌　駱漢琦
業務發行　邱紹溢
責任編輯　賴靜儀
總 編 輯　李亞南
出　　版　漫遊者文化事業股份有限公司
地　　址　台北市松山區復興北路331號4樓
電　　話　(02) 2715-2022
傳　　真　(02) 2715-2021
服務信箱　service@azothbooks.com
網路書店　www.azothbooks.com
臉　　書　www.facebook.com/azothbooks.read
營運統籌　大雁文化事業股份有限公司
地　　址　台北市松山區復興北路333號11樓之4
劃撥帳號　50022001
戶　　名　漫遊者文化事業股份有限公司
二版一刷　2021年4月
二版三刷(1)　2021年6月
定　　價　台幣420元

ISBN　978-986-48943-5-2

國家圖書館出版品預行編目 (CIP) 資料

世界史是打出來的〔暢銷新版〕：看懂世界衝突的第一本書, 從20 組敵對國關係, 了解全球區域紛爭, 掌握國際脈動對我們的影響= ライバル国からよむ世界史 / 關真興著 ; 李建銓譯. -- 二版. -- 臺北市 : 漫遊者文化事業股份有限公司, 2021.04
352 面 ; 14.8×21 公分
譯自 : ライバル国からよむ世界史
ISBN 978-986-489-435-2(平裝)
1. 世界史
711　　110004025